黑龙江省
经济学
著名家
卓越经济
学研究
贡献

熊映梧经济思想研究

徐　旭◎编著

中国社会科学出版社

图书在版编目（CIP）数据

熊映梧经济思想研究/徐旭编著. —北京：中国社会科学
出版社，2017.5
ISBN 978 - 7 - 5161 - 8925 - 2

Ⅰ.①熊…　Ⅱ.①徐…　Ⅲ.①熊映梧—经济思想—研究
Ⅳ.①F092.7

中国版本图书馆 CIP 数据核字（2016）第 221716 号

出　版　人	赵剑英
责任编辑	卢小生
特约编辑	林　木
责任校对	周晓东
责任印制	王　超

出　　　版	中国社会科学出版社
社　　　址	北京鼓楼西大街甲 158 号
邮　　　编	100720
网　　　址	http：//www.csspw.cn
发　行　部	010 - 84083685
门　市　部	010 - 84029450
经　　　销	新华书店及其他书店

印　　　刷	北京明恒达印务有限公司
装　　　订	廊坊市广阳区广增装订厂
版　　　次	2017 年 5 月第 1 版
印　　　次	2017 年 5 月第 1 次印刷

开　　　本	710×1000　1/16
印　　　张	19
插　　　页	2
字　　　数	310 千字
定　　　价	78.00 元

凡购买中国社会科学出版社图书，如有质量问题请与本社营销中心联系调换
电话：010 - 84083683

前　言

　　熊映梧先生是中国生产力经济学主要创始人、世界生产力科学院院士。

　　近 20 多年来，在他生命的黄金时期、治学生涯的辉煌时期和硕果累累的贡献时期，这位龙江著名经济学家、中国经济学界精英，引起了国内外经济学界的关注和重视。一位资深的老经济学家称赞他是"中国改革与发展时代经济学界的一颗新星"。

　　1929 年 10 月 3 日，熊映梧出生在"唯楚多才俊"的鄂西松滋县的一个小镇。在那里，他上过私塾和洋学堂。1943 年，熊映梧念初中的时候，日本鬼子侵犯鄂西一带，他被迫去了重庆，入国立第二中学读书。抗战胜利后，几经转折和艰难寻求，于 1949 年 3 月进入华北大学。经过短期学习，1949 年 10 月，被分配到哈尔滨外国语学院工作，这所学院后来成为黑龙江大学。做了四年行政工作，看到轰轰烈烈的全国经济建设高潮，他坐不住也沉不住气了，异想天开地想当一名经济学家。其实，这是他少年时期扎根于心的一定要推翻"三座大山"和科学救国鸿鹄之志的必然展现。

　　在那个百业待兴和人才奇缺的年代，先干后学、边干边学和干中苦学是常态。熊映梧更是这样。他教了三年政治经济学之后，于 1956 年到中共中央高极党校政治经济学专业学习，两年毕业后获得本科学历证书。1962 年到中国人民大学《资本论》研究生班又研修一年。

　　同侪和学生们问他：您是怎样成为一位著名的经济学家和大经济学家的呢？熊映梧的回答很简单，"伟大时代的造就，同仁真诚的帮助，个人不懈的追求"。

　　熊映梧在《中国经济学之根在本土》论文中指出："一个有出息的士兵要有当元帅的壮志。同样，一个有大志向的经济学人，也应有成为世界一流大经济学家的宏愿。"当然，立下了雄心壮志之后，就一定要坐得住冷板凳，不急功近利，而是踏踏实实地埋头苦干，不懈追求，不获成功绝不罢休。就是因为有这样的宏大愿景，他才成就了一名经济学家。

熊映梧先生的学术生命 1978 年才开始。他花了 25 年的宝贵时光，走过了"模仿—彷徨—彻悟—创新"的漫长道路。在 50 岁那年，他感慨铭心地写道："坎坷半世心不衰，腰弯骨损志不改。拼将余生著新说，毁誉存亡置度外。"事实上，他不仅是"拼将余生"，而且是拼搏其一生。

熊映梧先生的经济思想集中、鲜明、深刻地体现在其诸多著作之中。如生产力经济学系列的《理论经济学若干问题》（1988 年荣获黑龙江省社会科学优秀科研成果一等奖）《生产力经济概论》（1986 年荣获黑龙江省社会科学优秀科研成果一等奖）《生产力经济学原理》（荣获 1988 年度孙冶方经济科学著作一等奖）《当代中国社会生产力考察》（荣获中国生产力学会 15 年优秀成果特等奖）《适度经济增长的理论与对策》（荣获中国生产力学会 15 年优秀成果特等奖）和《中华民富论》等，以及《用发展观研究马克思主义经济学》《熊映梧集》《熊映梧选集》《市场经济与国企改革》和《为新时代经济学催生》，等等。

打开熊映梧的著述不难发现，经济观、改革观、发展观、增长观、产权观、国情观、系统观、民富观和整合观等，出现频率非常高。正如韦森在《重读哈耶克》一书中指出的："长远而言，是观念，因而也是传播新观念的人主宰着历史发展的进程"；"观念的转变和人类意志的力量，塑造了今天的世界"。熊彼特也曾说过："意识形态愿景的持续存在是件好事，因为如果没有学者们努力工作的愿景，任何科学都不会出现新的进展。"熊映梧先生就是这样一位与世界上最伟大的经济学家们在科学的和先进的世界观和方法论上如此相同、相通和相融的经济学家。

可以说，熊映梧教授众多的论著，都是他运用科学的整合观和整合法进行研究的辉煌成就。《中华民富论》就是他生产力经济学"六部曲"的整合，是博大精深、具备世界名著特质的经典整合。《为新时代经济学催生》一书，更是经典文选系列整合的范例。从创建中国学派的新时代和新世界的新经济学愿景来说，更是超越了《中华民富论》的大整合。没有整合观、整合法和整合力，是难以成就任何重大创新的。因为不经过整合和再整合过程，就不可能出现任何创新或创造。

熊映梧先生经常说：我是中国经济学派，除参与创建生产力经济学、提出《中华民富论》之外，还攻克各种难关，积极创建新世界、新时代和新世纪的有中国特质的新经济学，以解决改革发展和实现中华民族伟大复兴中的重大课题。我完全相信，经过几代经济学家的共同努力，在21世纪一定可以创建成一个具有世界先进水平的中国经济学流派，以期更好领导、整合、凝聚和促进拥有中国特质、中国风格、中国气魄的经济学家队伍，从而成为经济学家新时代的全球经济学家大国。

走在时代前列的经济学家熊映梧先生，早就看到了经济学家的生存和发展规律。这也是他为什么不厌其烦地再三呼唤，不畏艰险身体力行地勇于实践、履行时代赋予的伟大使命，一直在创建龙江学派和中国名牌经济学家队伍的根本原因。

2015年4月8日，是熊映梧先生逝世12周年祭日，我们谨以万分怀念、极为崇敬的心情，将他在中国经济学派的理论贡献和经济思想，尤其是他对龙江经济学人的深远影响，著述成书敬献给他。

粗略地统计，熊映梧先生学术著作18部，学术论文200篇，论著总共600多万文字。本书通过十二章内容来研究、评价和鉴赏这位龙江著名经济学家的经济思想和卓越贡献。尽管本书编撰收录的内容并不能涵盖熊映梧先生的全部文献，但基本囊括了体现熊映梧先生经济思想的主要和重要文存。

俄罗斯哲学学会第一副会长 A. H. 丘马克夫曾说："哲学是某种最宽广的、超出自己学科范围的对于该学科的对象及人类所面临的问题的整体性观点，它同时也反映了其他知识领域的最高成果，离开哲学，无论是重大发现，还是整个学科本身的发展，都是不可能的。"为此，本书用了三章篇幅，全面、系统地总结和归纳出熊映梧教授经济思想中最具哲学认知、哲学提炼和哲学思维的三观，它们分别是第一章熊映梧的经济观、第二章熊映梧的发展观和第三章熊映梧的改革观。这三章都是从哲学视角来学习、研究、认知、评价、阐释和总结中国著名经济学家熊映梧教授在成功创建生产力经济学、创新发展马克思主义理论经济学、为中国改革发展创新等作出的卓越贡献和历史功绩，更是熊映梧先生经济思想在哲学层面的集中体现。

为了更好地研究和理解熊映梧先生的经济思想，我们沿着熊映梧先生经济思想形成和发展的轨迹来认知和鉴赏他的历史贡献和现实意义。从第四章早期三部著作的再评价，第五章第一部生产力经济学理论著作，第六章中国第一部社会生产力考察专著，第七章中国结构优化的适度经济增长论，直到第八章社会主义市场经济与国有企业改革论，都是为熊映梧先生一生追求的整合之作，即第九章中华民富论所做的经济思想和理论研究的长期积累和准备。熊映梧先生就是一直秉持着马克思主义世界观和方法论，坚持用发展的观点研究中国的政治经济学，紧紧抓住生产力经济学研究对象和方法，在充分考察中国社会生产力发展现状的基础上，提出必须通过实行"结构优化的适度增长"，最终实现中华民富伟大目标的龙江经济学派带头人。

更为难能可贵的是，在全球化整合发展的新时代，熊映梧先生不仅在其五卷论文集中应用整合观和整合法，更是为创建新时代和新世界的经济学"拼尽一生"。他在第 12 届世界生产力大会演讲中说：此次得到世界生产力科学院的肯定，授予我院士称号。我把它看作一种鼓励，看成一个新的起点，我要拼将余生，继续做一个与新世纪俱进的经济学家，余生全力研究新千年经济学的头号课题——"改善人类与自然的关系"。以上内容集中在本书第十章用整合观整合法创新新时代经济学和第十一章当选世界生产力科学院院士之中。

第十二章以探索规律　揭示真理　创建理论为崇高使命，通过社会各界对熊映梧先生评价及缅怀文献，表达对老先生的崇敬，激发龙江经济学人继续创业创新的历史责任。

"自从亚当·斯密奠定了经济学的学院地位以来，经济学一直作为社会科学中的显学而光彩夺目了二百多年，直到今天仍然为政府和大众所注目。每个人都期望把经济学应用到实践中去解决现实问题，尤其是当一个国家遭遇经济难题的时候，这种期望往往会更加迫切，甚至期待着出现如同救世主一般的经济学家和经济理论……我们为历史上伟大的经济学家们的卓越贡献而叹服，更为这些努力却没有收到良好的效应而惋惜。"①

新中国成立以来，在龙江这块土地上进行的恢宏、丰富、深刻的伟

---

① ［德］尼格拉斯·庞巴、维夫赫德·海兹主编：《46 位大经济学家和 36 本名著》，70 年代俱乐部翻译工作室译，海南出版社 2003 年版，第 397 页。

大实践中，历练、造就、涌现和提升了以熊映梧先生为代表的一大批经济学人。他们的理论研究、学术思想和社会贡献令人惊喜不已。这就使我们必须尽快地全面研究龙江经济学人的重大贡献、精神境界、成长规律、人生价值、名牌效应，共同创建、集中再造龙江经济学人群体、流派和能级，以期充分发挥其整合效应。这也是经济学大师熊老先生的生平遗愿！

目 录

第一章 熊映梧的经济观*

全球学理论的代表人物、俄罗斯哲学学会第一副会长 A. H. 丘马克夫强调指出："很清楚，哲学通过形成人们的世界观，对这类决策的研究形成过程产生间接的影响。不管这门或那门学科解决的是什么样的具体问题，对于与这些问题相伴的各种过程、现象，也就是对于整个局势（包括最终结果）的哲学观点，永远是解决这些问题必不可少的条件。哲学是某种最宽广的、超出自己学科范围的对于该学科的对象及人类所面临的问题的整体性观点，它同时也反映了其他知识领域的最高成果，离开哲学，无论是重大发现，还是整个学科本身的发展，都是不可能的。"

为此，本书前三章从哲学视角，学习、研究、认知、评价、阐释和总结熊映梧教授在创建生产力经济学、创新发展马克思主义理论经济学、中国改革发展等方面做出的卓越贡献和历史功绩。

一 《我的经济观——生产力首位论》

熊映梧教授的《我的经济观——生产力首位论》原载《我的经济观》（第 2 卷）（江苏人民出版社 1992 年版），后又发表在《生产力研究》1993 年第 1 期。下面是全文摘录。

我在中国经济学界首次提出：经济科学要把生产力的研究放在首位。依据这一基本观点，我们创立了另一门理论经济学——生产

---

* 本书中出现的"我"或"我们"，除特别说明外，均为熊映梧先生自称。本书叙述忠实熊映梧先生著作原文。故注明文献出处，以便读者查阅。

力经济学。历史经验表明，可以在经济文化落后的国家建立社会主义制度；但是，要巩固社会主义制度、实现社会主义的目的，就必须有发达的生产力。因此，社会主义的根本任务是发展生产力。奇怪的是，在许多社会主义国家的理论界及政界，长期忽视生产力，热衷于生产关系的不断革命，急于向共产主义过渡，结果遭到重大挫折，付出了巨大的代价。吸取这个教训，我们必须始终坚持发展生产力这一根本任务。为了实现这个根本任务，必须认真研究生产力的发展规律，特别是深入调查中国社会生产力的实际状况，提出有根据的中国经济发展对策。我不赞成高速度经济发展战略，早在80年代初即提出"两种经济增长模式"的理论和"结构优化的适度经济增长"战略。

我在中国经济学界第二次标新立异地提出"《资本论》也有历史局限性"的观点，力主根据新情况，大大发展马克思主义。事实上，我们提出的社会主义商品经济理论，就是对《资本论》原理的重大修正和发展。我国完善社会主义公有制的经济改革，也是史无前例的创举，自然将大大丰富马克思主义的内容。亿万人民的伟大社会主义实践，不是使工人阶级的思想贫困化，而是丰富化、多样化。

我的余生将贡献给寻求中国富强之路，创作《中华国富论》。近代中国先进人士苦心探索国富的途径，可惜不少人犯了抄袭外国模式的错误，先照抄欧美模式，后照抄苏联斯大林模式，吃了大亏。中国经济学家应当有自主意识，用自己的头脑思考，用自己的双腿走路，首先弄清中国国情，进而充分利用外国的先进经验、科学理论，从中寻找一条符合本国传统与现状的强国富民之路。这应当是"建设有中国特色的社会主义"题中应有之义。我已年过花甲，力不从心，但愿更多的青年有识之士来研究这个重大的历史课题。

我从1953年开始从事经济学的教学和研究工作，但在1978年以前由于众所周知的原因，很少发表论著；而在80年代，出版的专著有9部（其中合著4部）、发表的论文逾百篇，有些同行说我是"多产作家"。其实，我的经济观可归结为一点，即"生产力首位论"。

我认为，学问包括两部分：一部分是知识，即前人创造的种种观点和见解，搜集和整理的资料和文献，等等；另一部分是新创造的理论和观点，发掘出来的新资料，为人类知识宝库增添的新内容。光有知识，没有自己独到的见解，还算不上合格的学问家。当然，知识不足谈不上创新。我对我自己，对我的学生的要求是：一要有知识，二要有见解。作为一个科学家，不仅要了解本门学科及相关学科已有的知识成果，更重要的是要对本学科做出贡献。拿这个标准来衡量我几十年的研究成果，的确只有一条：生产力首位论。以下我将以此论为核心命题，从各个侧面阐述这个真正属于我自己的知识和创新的见解。

二　三十年观察与思考的结论：必须牢牢抓住发展社会生产力这个根本

经济学是一门务实的科学，与社会生活息息相关。50 年代前期，经济建设比较顺利发展的时候，像我这样的一位经济学界的初出茅庐者思想极其幼稚，书本上和报刊上讲什么都信，很少提出疑问。"大跃进时代"，我为"美好的前景"所激动，写过一些文章宣传"共产风"。60 年代初的现实教育了我，"饿肚子"使我的头脑冷静下来，从那时起我开始认真地思考了一些经济理论问题；"史无前例"的"文化大革命"的十年，更是让我学到了许多在书本上学不到的宝贵知识。这些个人和社会都交了巨大学费才换来的深刻教训主要是：搞社会主义必须抓住发展生产力这个根本不放。

1980 年 11 月，我在《认真总结历史经验，严格按照生产力发展规律办事》这篇学术报告中明确指出："积三十年的教训，我们一切工作都必须抓住发展生产力这个根本。""马克思恩格斯设想的社会主义与我们现在的社会主义大不一样……他们设想的是发达的社会主义，生产力很发达，在这个基础上建立公有制，实现公有制与社会化是相适应的。"历史的进程与马克思恩格斯的设想并不一致，一批社会主义国家先后在经济文化落后的国度里出现。这就给这些社会主义国家带来了一项特殊的艰巨的任务：在经济文化上尽快赶上并超过发达的资本主义国家。正像列宁所讲过的：社会主义要战胜资本主义，归根结底，就要创造比资本主义更高的劳动生产率。可惜，我们不是遵照生产力发展规律去实现上述的历史任务，而是靠生产关系的"不断革命"、靠"大跃进"、靠土法大炼钢铁、深翻地、放高产卫星，等等，企图在几年内实现国家工业化甚至现代化，很快实现"赶英超美"的空想目标，一步跨进共产主义的天堂。大家看到的是欲速则不达，"大跃进"一类的蛮干，严重地破坏了生产力，使中国长期陷入深重的危机之中，致使中国的社会生产力元气大伤。

我在《经济工作中"左"倾错误的重要理论根源》一文中强调指出两点：一是不顾生产力发展的实际状况乱改生产关系；二是破坏生产力系统内部的结构乱搞建设……我在《生产力经济概论》一书中写道："生产关系落后于生产力，会阻碍生产力的发展；生产关系'超越'生产力，也会阻碍生产力发展，甚至破坏性更大"。实践已经作出回答：生产关系"超越"生产力会造成很大破坏，"超越"越多，破坏性越大。

30多年忽视发展生产力的后果，集中表现为：我国仍然是一个穷国。跟旧中国相比，新中国只不过是贫穷程度有所减轻，至今我国还是第三世界的一员。在《论穷与富》的论文中，我写道："贫穷与富裕，在我们这个时代尖锐地并存着。社会主义国家能否消灭普遍贫穷的社会弊病，是决定社会主义成败的大问题。"我们必须清醒地看到，穷社会主义是无力战胜富资本主义的……在《用发展观研究马克思主义经济学》一书的"后记"中，我写道："在党的十三大报告中通篇突出了发展生产力这个主题。报告精辟地分析了中国社会生产力的现状，并以此为基本依据，确认中国尚处于社会主义初级阶段。这个阶段是逐步摆脱贫穷落后的阶段，是实现工业化和生产的社会化、商品化、现代化的阶段，也就是大大发展生产力的阶段。因此，在初级阶段要把发展生产力作为全部工作的中心。"我还特别强调了党的十三大报告确立的"生产力标准"，即"是否有利于发展生产力，应当成为我们考虑一切问题的出发点和检验一切工作的根本标准"。

很遗憾，中国经济学界长期忽视生产力。形象地说，不少人是一只眼睛盯着生产关系，另一只眼睛闭着，或者藐视生产力。我曾经在

1980 年指出，当代马克思主义经济学者的致命弱点就是忽视生产力。身为中国的经济学家，对于中国社会生产力的现状及其发展趋势不甚了了。对于中国经济问题还有什么发言权呢？20 世纪以来，特别是第二次世界大战以后，世界生产力有了巨大的发展，由此引起了当代资本主义许多新变化，并且形成新的世界经济格局。如果再固守以 19 世纪生产力状况为基础而形成的过时观念，用以观察和处理国家问题和国内问题，就难免发生严重的错误。痛定思痛，我们必须踏踏实实地发展生产力，尽快地改变和解决"穷社会主义"的境况。

由此可见并充分证明了我在近十多年来专心致志地研究生产力，不是由于职业偏好、个人兴趣或钻冷门，而是深感于时代的需要和国家的使命，这是总结了历史教训而得出的哲学认知和必然选择。

三　第一次标新立异：提出生产力首位论

我在经济学中经过了近 30 年的艰苦摸索和哲学反思，悟出了一条真理，形成和坚定了一个哲学观念，即经济科学必须把生产力研究放在首位，作为核心和根本。

《经济学动态》1978 年第 11 期发表的《理论经济学研究中的几个问题》一文中，我含蓄地提出："当前在理论经济学的研究中应当把研究社会生产力发展的规律性放在首位。"文章写道："既然生产力是社会变迁的终极原因，生产力的发展引起生产关系的变革，进而引起上层建筑的变革，那么，生产力当然有其自身的规律性。认为生产关系适合生产力，生产力才能发展，生产关系不适合生产力，生产力就不发展，实际上就否定了生产力决定生产关系的历史唯物主义基本原理。这些年来，许多事实证明，不承认生产力发展的规律，好多基本经济理论问题就搞不清楚。"当时的《经济学动态》是一份发行范围甚小的内部刊物，巫宝三老先生曾问："这篇有新见解的文章为什么不能公开发表？那时，鼓吹经济学研究生产力还是犯忌的，所以一般学术刊物不敢发表这类'异端邪说'。"

在 1980 年 1 月 26 日《光明日报》上发表我的《经济学科杂谈》一文中，比较鲜明地再次强调了研究社会生产力问题。我明确指出：本来，经济科学的研究对象是社会经济结构，而社会经济结构是一个多层次的复杂系统，可是我们的研究长期停留在生产关系这个表层，不再深入下去。自然科学对物质结构的探索，从分子论推进到原子说，现在对原子核的认识已深入到第四层次，经济科学真是相形见绌。我对"社会经济基础是生产关系"的传统观念提出疑问，并且援引恩格斯1894年1月25日写给符·博尔吉乌斯的信作为根据。事实证明，恩格斯的论断是全面的和科学的。世界上有发达的资本主义国家与不发达的资本主义国家之分，它们的生产关系类型是相同的，生产力水平却有高有低，也就是经济基础有强有弱。社会主义国家也有较发达与不发达的区别，差别也是在生产力的水平方面。我国在1956年就基本上建立了社会主义的生产关系，但时至今日，工农业还远未达到现代化，生产力水平大大落后于同时代的资本主义国家，也落后于一些社会主义国家。假定单单根据生产关系断言我国已经奠定了社会主义的经济基础，那是很容易滑到"穷社会主义"斜路上去的。

我主张探索社会经济结构中更深层次的问题——生产力的内部结构及其变化规律。"我认为，马克思主义经济学在现代停滞不前，没有重大突破的根本原因之一，就是忽视了对生产力的研究和探索，因而失去了许多对重大问题的分析能力。"我举出关于资本主义社会无产阶级贫困化的例子，一些学者闭着眼就不看现实，简单重复马克思、列宁在一个世纪或半个多世纪前的词句，作出一些与现代资本主义国家工人实际生活水平不符的论断，从而大大败坏了马克思和列宁学说的声誉……

如果说，以前一些论著提出研究生产力问题还只是"游击战"，那么，在北京大学《经济科学》1980年第2期发表的我的《经济科学要把生产力研究放在首位》一文，可称得上向传统观念发起"总攻"的大战役。该文一开头就尖锐地指出："忽视生产力是现代马克思主义经济学者致命的弱点"；"马克思主义经济学者承认生产力在社会发展的决定作用，然而，在经济科学的研究中却长期忽视生产力。这种状况严重地威胁着马克思主义经济学的生机，使我们在迅速发展的社会经济现实面前显得软弱无力。现在是修正这种偏差的时候了"；"历史经验告诉我们，丢掉了生产力这个根本的东西，光在生产关系上做文章，使马克思主义经济学走进了死胡同……""今天马克思主义经济学如要摆脱困境，求得繁荣和发展，就必须跳出自己画的地牢——只研究生产关系，到社会再生产运动的广阔天地去，向经济生活的广度和深度进军！"

"生产力首位论"的发表，在沉闷多年的中国经济学界引起了颇大的震动，无疑是向传统经济学的公开宣战。对此文褒贬者甚多，支持者认为"生产力首位论"是一大突破，反映了时代的大趋势。而反对者则斥之为"违背了马克思列宁的教训"，甚至给我戴上了"雅罗申科分子"的高帽。顺便说一下，中国学者从未读过雅罗申科的论著，却批评人家的观点，真是可悲至极。我一向对"空对空"的笔墨官司十分厌恶，在一片无聊的吵闹声中退回我的书房，继续潜心钻研生产力理论，用一系列的论著去科学回答争论中提出的主要理论问题。

首先，我不得不回答"马克思主义经典作家是否把经济学的研究对象局限于生产关系"的问题。坦率地说，积30年的痛苦教训，我对本本主义是深恶痛绝的。但是在论战中又不得不"借钟馗打鬼"。所以，我也引经据典地指出：马克思恩格斯从来没有说过政治经济学的研究对象仅仅是生产关系。在《资本论》第一卷第一版序言中，马克思写道："我要在本书研究的，是资本主义生产方式以及和它相适应的生产关系和交换关系。"恩格斯在《反杜林论》中，给政治经济学下了一个明确的定义："政治经济学，从最广的意义上说，是研究人类社会中支配物质生活资料的生产和交换的规律的科学。"显然，资本主义生产方式以及与其相适应的生产关系和交换关系，支配物质生活资料的生产和交换规律，是包括生产力和生产关系等多种经济关系的……

其次，我力主用"理论经济学"取代"政治经济学"这个过时的概念。理由如下：

第一，"政治经济学"是在经济学幼年时期形成的概念，具有特殊的历史含义。据考证，首创"政治经济学"一词的是法国学者蒙克莱第安（1575—1621年），后来在英法广泛流传开来。"政治经济学"这一词组的"政治"（Political）来源于希腊文（Politikos），苏联《政治经济学》说它的意思是"社会结构"；波兰经济学家奥斯卡·兰格说它是"社会的"意思，他认为"社会经济学"这个名称在波兰文里更符合这门学科的真正内容；而德国学者则习惯于使用"国民经济学"的概念，露莎·卢森堡说：所谓"政治经济学"，不过是国民经济学一词的外来语。

第二，"政治"一词，在马克思主义辞典中具有完全不同于以往的意义。孙中山说，"管理众人的事便是政治"；而列宁说，"政治就是各阶级间的斗争"。因此，再沿用"政治经济学"这个古老的名称，自然容易引起误解。而西方经济学在本世纪已经普遍用"Economy"或"Economics"取代"Political Economy"。

第三，"政治经济学"是早期"混合状态"经济学的名称。如今，经济科学已经发展到包括上述三类经济学科的大学科，必须予以正名。用"理论经济学"取代"政治经济学"有两个好处：一可以划清经济学与政治的界限，二可以区别研究基本经济理论的学科与其他经济学科。

我提出"经济科学要把生产力研究放在首位"，是对一切经济学科而言的，尤其是理论经济学。不少经济学者认为"生产力是一个技术范畴"，理论经济学不应当把它作为研究对象。我在一系列论著中，花费了很长的篇幅来论证"生产力不是技术范畴（工艺范畴），而是一个基本的社会经济范畴……"历史唯物主义认为：社会生产力决定生产关系，进而决定整个社会的面貌；生产力是社会变迁的终极原因。如果说生产力是工艺学范畴、技术范畴，岂不成了技术决定社会面貌和社会变迁，唯物史观变成了技术史观吗？……

我认为，社会生产力是一个复杂的经济系统（System），二要素论、三要素论或多要素论。仅仅是描述了社会生产力的表层特征，未揭示其本质。社会生产力作为一个整体系统存在，才成其为生产力并且正常运行。"整体性"可以说是社会生产力系统的最基本的特征。马克思有一个著名的观点：协作创造一种新的生产力……

"生产力动态考察论"——这是我在创立生产力经济学时标榜的又一个新的方法。过去关于生产力构成的二要素论与三要素论之争，以及后来的多要素论，其共同点是把数百万年多种社会形态的生产力统统装进一个模式中去。显然，刀耕火种时代的生产力同电子时代的生产力差别极大，怎么可以同日而语呢？

我在《生产力经济学概论》第三章"对生产力的动态考察"中，强调"生产力始终处于社会再生产运动中"，应揭示生产力的一般规定性与特殊规定性。"从抽象形态看，可以说生产力是诸多生产要素有机结合的一种物质力量，是一种改造自然、生产物质资料的力量。"

如果具体地考察一下，不难看到生产力的各种因素在不同的时代采取不同的形态，具有极不相同的组合形式……

马克思恩格斯在《共产党宣言》中科学而公正地评价："资产阶级争得自己的阶级统治地位还不到一百年，它所创造的生产力却比过去世世代代总共创造的生产力还要大，还要多。"

当今世界面临着一场远比前几次产业革命更伟大的新技术革命，以电子技术为首的包括核技术、航天技术、生物技术、激光技术、新能源及新材料的高技术产业群，必将创造一代新的生产力（暂且称为现代生产力），从根本上改变社会面貌和世界格局。

由上述可见，历史上依次出现的四代生产力——原始生产力、手工生产力、机器生产力、现代生产力，固然有某些共同的一般规定性，但是，更重要的是各个时代生产力的特殊规定性。"生产力运行的经济规律论"，是确认生产力是一个社会经济范畴的必然结论。近一个世纪以来，自称信仰唯物史观的某些"马克思主义经济学者"，竟然否认生产力运行规律是经济规律，他们把经济规律定义为"生产关系变化的规律"。我在同类似的一系列否定生产力的传统观念论战的时候，反复阐述了以下几个基本观点：

一是生产力有其自身运动的客观规律，否则它就不能决定生产关系的变化，成为社会变迁的终极原因。所谓"生产关系适合生产力，生产力才能发展；生产关系不适合生产力，生产力就不能发展"的观点，把生产力说成是完全受生产关系支配的被动的东西，是根本违背历史唯物主义的。事实上，不管生产关系是否适合生产力的状态，生产力总是按照自身的规律不可阻挡地向前发展的。从长期看，生产关系对生产力的反作用，只能是加速或延缓生产力的发展。

二是生产力运行规律是反映经济生活中"第二级本质"的经济规律。我把经济规律分为三类：（1）生产力运行规律；（2）生产关系变化规律；（3）生产关系与生产力相互关系的规律。只要先揭示生产力运行的规律，才有可能认清生产关系变化的规律，以及生产关系与生产力相互关系的规律……

三是生产力运行规律可分为"总体规律"与"局部规律""普遍规律"与"特殊规律"。按其发生作用的空间范围来划分，有些生产力运行规律是对国民经济主体发生作用的，如通常讲的按比例发展规律，而有些生产力运行规律只对局部的范围起作用，如上述中各种生产要素变化的规律。按其发生作用的时间来划分，有些生产力运行规律是从古到今都起作用的，如生产力升级换代的规律；有些生产力运行规律则只是在特定的历史阶段发生作用的，如手动生产力运行规律和机器生产力运行规律。

四是相对于其他经济规律而言，生产力运行规律是反映经济生活第二级本质的规律，是认识其他经济规律的基础；如果说生产关系变化的规律主要是反映生产关系的质变的话，那么，可以说生产力运行规律较多的是反映经济活动中的量变。

在此，我必须阐释生产力系统与社会系统、自然系统之间的关系。一方面，我强调了生产力是一个独立的经济系统，有其自身运行的规律；另一方面，我把生产力系统放在更大的社会系统与自然系统中去研究。

我在《生产力系统与社会系统》一文中，详细考察了生产力系统与社会大系统中其他几个子系统间的相互关系，主要是生产力与上层建筑的关系，生产力与生产关系的相互关系，生产力与人口的关系。在论述生产关系要适合生产力状况（性质、水平）的普遍规律时，我着重阐述了以下几点：

一是这个规律首先意味着生产力决定生产关系，否认或忽视这一点，将导致否定这个规律。

二是生产关系要具体地适合生产力的要求。例如，生产社会化达到一定高度，要求生产资料公有化。但是，并非任何一种公有制都能实现生产要素的最佳配置，以促进生产力发展。至今，我们尚未找到取代国有制更好的公有制形式，所以，"搞活大中型国有企业"的话题年年讲、月月讲、天天讲，还是未找到有效的办法。

三是生产关系落后于生产力，会阻碍生产力的发展；生产关系"超越"生产力，也会阻碍生产力的发展，甚至破坏性更大。

四是变革生产关系，为发展生产力扫清障碍，有两种形式：革命与改良。在人民已经成为社会主人的条件下，采取渐进的改良办法，依照法律程序调整生产关系及相关的管理体制，可以避免剧烈变动带来的破坏性，保证社会生产力持续稳定地发展。

五是关于上层建筑与生产力的关系，我强调了它们的直接关系。我否定了斯大林的"折光论",认为上层建筑,特别是政治性机构对生产力运行有巨大作用。"政治可以冲击一切"的高调,不是把我国的国民经济冲击到了崩溃的边缘了吗?这也证明了生产力确实包括在经济基础之内,上层建筑可以对它直接发生重大的反作用。我还可以补充一句,近十多年来有了改革开放的明智决策,才有了国民经济的大发展。

六是关于人口与生产力的关系,我强调了中国人口总量巨大的问题。在《当代中国社会生产力考察》一书中,我指出:"适度的人口数量,合理的人口结构,受过良好教育的劳动者,才能使中国后来居上,跻身世界先进行列。反之,过多的人口及不合理的人口结构,未受过良好教育而又过多的劳动者,将成为生产力运行的沉重包袱。在这种情况下,中国经济是很难起飞的……"

七是生产力系统与自然系统——这是我们的《生产力经济学原理》中的一章。该书写道:"一般来说,没有特定的自然环境,就没有人类及其生产活动,当然也就没有什么生产力了。因此,可以说适当的资源、环境是社会生产力生存和发展的自然基础。"现代生产力的发展,尤其需要合理利用自然资源,保护生态环境。因此,我们在制定社会经济发展战略、开展经济建设的时候,务必把遵守自然规律和遵守经济规律统一起来,以求得社会经济—生态环境的平衡发展。

再者,现代经济的巨大发展,科学技术的飞跃进步,也为协调经济与环境的关系提供了充分的可能性。环境经济学家艾伦·利特霍尔说:"以世界为一个整体来说,人类无论在哪方面都尚未接近它的自然限度。只要花费不到2%的世界生产总值,用于反污染的措施上,那么环境就能保持清洁和良好。地球的自然资源同人类的消费比较来说是极为丰富的。当前我们遇到的短缺现象,都是由于我们技术上和经济上的限制造成的。"我还是十分赞同英国生态经济学家爱德华·哥尔德史密斯的意见:人们需要一种更为广阔的经济科学理论,来满足新时代的要求。也就是说,不能孤立地研究经济问题,当今迫切需要经济学家与自然科学家、工程技术专家、社会学家等协同努力,调整人类和自然的关系,以及人与人的关系,以谋求全球社会经济的协调发展。

八是在结束我的生产力经济学理论研究的话题时,还必须说明一点:前期,在《生产力经济学概论》(1983年版)及《理论经济学若干问题》(1984年版)等论著中,我还不赞成单独建立一门"生产力经济学"，而是力主彻底改造政治经济学，正名为理论经济学，以生产力和生产关系为研究对象。后来，我接受了中国生产力经济学的倡导者于光远老先生的建议，平行发展两门理论经济学：政治经济学——联系生产力和上层建筑研究生产关系；生产力经济学——联系生产关系和上层建筑研究生产力。

九是我把余生几乎全部用于生产力经济学的研究。我立下一个宏愿：创作生产力经济学的"三部曲"——关于生产力科学的理论、历史与现状。上天不负有心人。我已经完成了两部——《生产力经济学原理》（黑龙江人民出版社 1987 年版，国家教委审定为中国高校文科选用教科书，荣获 1988 年度孙冶方经济科学著作奖）和《当代中国社会生产力考察》（人民出版社 1991 年版，国家社会科学"七五"规划重点课题），还有一部《中国社会生产力历史考察》，正在组织力量进行研究，希望在"八五"期间完成这一课题的研究工作，把生产力经济学的三部曲唱完。

四 第二次标新立异：主张"用发展观研究《资本论》"

20 世纪 80 年代的中国经济学界，乃至整个学术界最大的一场学术风波，大概莫过于关于《资本论》研究的争论：争论聚焦于我所提出的用发展观研究《资本论》的主张是否正确的问题。

我在《社会科学》1983 年第 7 期上发表了《用发展观研究〈资本论〉》[①] 一文不久，海外一些报刊加以转载和评论，新华社记者把这些反应反馈回北京，引起了有关部门和方面的注意。

《用发展观研究〈资本论〉》（以下简称《发展观》）一文，不是即兴之作，而是从事《资本论》研究 30 年（1953—1983 年）的心得。《发展观》首先高度评价了《资本论》的学术价值及历史意义，明确指

———————

① 事实上该文最初发表于 1981 年第 8 期《江苏社联通讯》上，题目就是《用发展观研究〈资本论〉》。连同另一篇文章《政治经济学与生产力（提纲）》，是黑龙江大学经济系副教授熊映梧同志应江苏省经济会邀请在南京所作的两次学术报告的内容。——笔者注

出：这部博大精深的著作在人类思想史上占有极其重要的地位，是我们进一步发展经济科学的主要依据和科学指南。

第一，《资本论》集中了二百年来经济科学的丰富成果，并且加以改造和创造性地发展，把经济科学推向了一个新的高峰。

第二，《资本论》深切地揭示了资本主义社会经济运动的一系列规律，使社会主义学说从空想变成了科学。

第三，《资本论》揭示了社会再生产运动，特别是商品经济和市场经济的一般规律，因而它的理论意义远远超出了资本主义社会范围，对于建设社会主义的人们也有重大的指导意义。

第四，《资本论》及其续篇《政治经济学批判》的序言、导言所阐述的政治经济学方法论，具有重大的科学价值。

以上概括了《资本论》的伟大意义和历史价值，当然，这只是笔者的肤浅之见，也许是"挂一漏万"。我想，对于《资本论》的肯定评价，马克思主义经济学者是大同小异的，只有深浅之别、高低之分，不会有太大的原则分歧。《发展观》着重讨论了《资本论》这样伟大的经典名著有无历史局限性的问题，这也是引起激烈论战的焦点。

我直截了当地提出："《资本论》这样伟大的著作有没有历史局限性呢？换句话说，《资本论》是科学著作还是天书呢？当然，谁也不会公开地说《资本论》是天书，但是，否认它有历史局限性，把它奉为永恒的绝对真理体系和万古不变的信条，这难道不是事实上把《资本论》当作天书了吗？"

我认为，《资本论》同任何伟大的科学著作一样，它是特定时代的产物，也是不可避免地有其历史局限性。

其一，《资本论》的某些原理，是从资本主义前期的实际情况中概括出来的，它们未必适用于资本主义发展的一切阶段。

我举出"资本积累与无产阶级生活状况"这个"老大难"问题。在马克思生活的那个时代，是属于资本主义社会的早期，的确是资本积累是以工人的贫困为前提条件的。但是，是否存在一条"在一极是财富的积累，同时在另一极……是贫困、劳动折磨、受奴役、无知、粗野和道德堕落的积累"的绝对规律呢？我的答案是否定的。

具体分析一下就可以看到，马克思所讲的资本积累的绝对规律其实是相对的，它是和以下三个条件相联系的：

一是在资本主义前期，社会生活水平比较低，资本数量比较小，限制和压低工资，琐碎的欺诈行为，乃成为提高剩余价值率的必要手段。

二是乡村人口占社会人口的大多数，而且乡村经济是小生产占优势。随着资本积累，资本主义大生产排挤小生产，广大农民破产，沦为无产者，成为相对人口过剩的主要来源。资本主义前期大量过剩人口（基本成员是破产的农民）的经常存在，劳动市场经常供过于求，是资本家压低工资、工人贫困的一个重要原因。

三是与资本主义发展不充分相联系的，是工人阶级本身不成熟。因而，资本家可以利用各种办法肆无忌惮地奴役工人，任意压低和克扣工资。显然，现代资本主义社会已今非昔比，上述条件已发生重大的变化……

总之，正如恩格斯再三强调的，"工人阶级处境悲惨的原因不应当到这些小的欺压现象中去寻找，而应当到资本主义制度本身中去寻找"。我们在研究资本家与雇佣劳动者的关系时，如果不着眼于资本主义剥削的实质，而把注意力转到工人生活状况方面，试图从所谓"无产阶级相对贫困化与绝对贫困化"推导出资本主义必然灭亡的结论，那真是"差之毫厘，谬以千里"了。

其二，《资本论》的某些个别结论，根据不足，未能成立。例如，生产价格的构成中为什么不包括地租呢？我认为，按照马克思所讲的"从抽象上升到具体"的逻辑方法，理应在"地租篇"把地租也作为一个重要因素纳入生产价格的范畴之内。

归根结底，地租（包括绝对地租和级差地租）是剩余价值的一部分，是有别于利润的一种剩余价值的特殊形态。这也符合《资本论》的最后结论："单纯劳动力的所有者、资本的所有者和土地的所有者，他们各自的收入源泉是工资、利润和地租。"……我根据实际情况对马克思主义的生产价格和地租理论作了四点修正……

其三，《资本论》及其他一些著作对未来的某些预测，尚属于"未来学"的范畴，有待今后的社会实践来检验……

其四，马克思在《资本论》中采用的方法基本上是"静态分析"，因而不免有局限性……

在阐述了《资本论》的伟大意义及其历史局限之后，我还指出：自《资本论》第一卷于1867年出版以来，在普及、宣传、研究和注释这部伟大著作方面做了大量工作，这是必要的和有益的，今后还要这样做。但是，在《资本论》的研究方面存在一个值得关注的问题，即缺乏唯物辩证法的发展观。人们自觉或不自觉地把《资本论》奉为经济科学的"顶峰"，后人只能是"高山仰止"，不可攀登，更不可超越。好像后人只能重述《资本论》的原理和词句，不能说《资本论》还有什么缺点，不敢想象发展《资本论》的原理。用这种精神状态去进行《资本论》的教学与研究工作，恐怕很难再做出什么创造性成果。我问道：为什么物理学可以超过牛顿，并且继续超过爱因斯坦而向前发展，经济科学就不能再发展了呢？

未曾料到，《发展观》一文在中国学术界引起如此巨大的风波。一时间，批判文章纷纷出笼，或发评论，或发声讨纪要，辱骂者有之，恐吓者有之，或无中生有，或歪曲上纲，或赤膊上阵，或含沙射影，甚至把"文化大革命"语言也启用了。例如，有一篇文章作了"上挂下连"式的批判之后，发出这样的质问："熊文究竟要做什么？"听到这样耳熟的声讨后，不免产生一种条件反射，那尚未说出口的下一句大概是："是可忍，孰不可忍！""狼子野心，何其毒也！"面对这种气候和叫嚣，我是抱着"曾经沧海'不怕'水"的沉着态度。有人问我：为何敢于如此"胆大妄为"，屡屡标新立异？我回答说：追求真理的强烈欲望，压过了恐惧心理。

两年后，我发表了答辩文章《再论用发展观研究〈资本论〉》（《社会科学》1985 年第 7 期），文中写道：笔者认为，世间万事万物，包括伟大的人物和伟大的学说、著作，都是在一定的历史环境中产生的，在一定的历史时期内发挥不同程度的作用，此乃"历史局限性"之谓也。有人说他赞成《资本论》的原理要发展，但又不许讲《资本论》有历史局限性。我反问道：如果《资本论》没有历史局限性，一部《资本论》治天下（不知道是否包括"外星人"社会?），还需要什么发展呢？科学发展史表明，每一位伟大的科学家以其卓越的贡献，在人类历史的长河中树立了一座座光辉的里程碑，但谁也未曾达到终点。一代一代杰出的经济学家接力赛跑式地不断发展着经济科学，但是谁（包括马克思等）也没有穷尽真理。科学史上不乏空前伟大的名作，但是从无绝后的天书。

"总之，《资本论》的原理需要发展，马克思主义的一切原理都要发展。发展意味着不断总结新的经验，修正和完善已有的结论，并且不断增添新的内容，不断创立新的学科和新的流派。共产主义的伟大事业，亿万人们的伟大实践，将会产生众多的科学家、思想家、政治家和各种专家，工人阶级的理论体系不是趋于僵化、贫困化和荒漠化，而是日益丰富化、多样化和创新化！"

在《略论马克思主义大发展的涵义和条件》（《社会科学》1998 年第 7 期）一文中，我进一步阐发了《发展观》及《再论》的观点。首先强调了党的十三大确认的"马克思主义需要新的大发展"的科学论断。"当今马克思主义的大发展，就经济科学来讲，至少应当表现在四个方面，即增添新内容、开创新学科、采用新方法和推向新阶段"。关于马克思主义大发展的条件，我先提出了三条：社会需要、学术自由、学者的自我解放。我还明确指出："中国一些学者的悲剧在于：深受祖宗家法的束缚；不敢自主地思考；不能独立自由地研著。虽然社会科学部门和机构也不乏精英之才，却鲜有创新、创造和创建；更为可悲的是内耗极大，难以合作、缺乏民主。我们恳切希望哲学社会科学界能够消除内耗、携手创新、百花齐放和百家争鸣。为发展哲学社会科学、推动社会进步和学术创新做出卓越贡献。"

我第二次标新立异所引起的巨大冲击波，可以说"余波尚存"，拭目以待吧！

五　创新和务实：经济学家不可缺少的两个品质

我牢记陈岱孙老先生的教诲："经济学是致用之学，要务实。"我的体会是，不创新，经济学就要停滞、僵化；不务实，经济学就要流于空谈。

从 1982 年创作《生产力经济概论》开始，我就注意研究社会主义国家推行"高速度经济发展战略"的历史教训。在该书第七章"生产力发展和经济增长"中，从总结历史教训入手，提出了"两种经济增长模式"（"两种再生产模式"）的理论：

一是"速度型"，即由于经济发展速度加快而引起的经济增长。或者说，在社会再生产过程中只发生量、产值和规模等数量的变化。例如，过去社会主义国家按工农业总产值计算经济增长率，那么，总产值（C、V、m）中任何一部分的增大，都可以表现为总产值的增长。生产资料消耗的增多，反映到总产值中则由于 C + ΔC 而增大；生产中活劳动消耗的增加，反映到总产值中则由于 V + ΔV 而增大；当然，总产值也会由于剩余价值增加（m + Δm）而增大。因此，经济发展速度的加快，可能出现如下三种情形：一是意味着社会财富的减少，或者叫作虚增实亏；二是表明新增加的投入和产出相等，经济效益等于零；三是实质性的经济增长。所以，在考察某一年度的经济增长率时，要做投入一产出的比较分析，不务虚名，但求实效……

二是"结构型"，即由于产品结构、技术结构、产业结构的改善和提高引起的经济增长，或者说，在社会再生产过程中，只发生结构性的质态变化。从生产力发展史来看，生产力的升级换代，比其数量的增加重要得多。

人类社会经济的进步，主要表现在以下结构性演变中：

第一次："从原始的"渔猎采集经济结构过渡到以手工技术为基础的"农牧手工业结构"。从此人类脱离了野蛮状态，创造了古代的农业文明。

第二次：从古代的"农牧手工业"结构过渡到以机器技术为基础的"重工业、轻工业、农业结构"，进入了工业文明时代。

第三次：当今，正在从机器生产时代向以电子技术为首的高技术产业群过渡，将创造更加辉煌的"知识文明"。

所谓"速度型"与"结构型"，不过是对纷繁复杂的现实经济运动作理论上的抽象，前者从数量上反映了社会再生产运动的变化，后者从质态上反映了社会再生产运动的变化。事实上两者往往是并存的，不过，有时前一种变化较为显著，有时后一种变化更为突出，客观上存在多种交错并存的情形：

其一，结构基本不变，速度变化。例如，在技术条件和产业结构基本不变的情形下，增加或减少资金和劳动的投入量，则将使国民经济的发展速度加快或减慢。通常谈论的简单再生产与扩大再生产，都是假定结构不变，专门探讨投入和产出的数量关系。

其二，速度基本不变，结构变化。技术条件发展变革、产业结构出现重大调整的某一时刻，可能出现这种情形。那时，一些旧产业衰落，一些新产业刚刚诞生，表面上经济增长放慢掩盖了一时不可察觉的结构变化。

其三，速度和结构朝同一方向变化。这是经济发展史上的常例。从长期来看，产业结构的优化必然导致经济增长加快。近代史上几次产业革命，引起了社会经济的腾飞。

其四，速度与结构朝相反的方向变化。"大跃进"创造了空前未有的"高度增长"，同时又造成了国民经济的主要比例关系严重失调，带来了一场大灾难。在两三年的"大跃进"之后，随之而来的是两年的"大倒退"。这种罕见的事情，往往是由于违背客观规律或天灾人祸引起的特例。

综合有关两种经济增长模式的观点，得出如下结论：经济发展速度的加快，未必是社会生产力的提高，也不一定能带来相应的经济效益；产品结构和产业结构的优化，则将促进生产力提高，带来良好的经济效益。在"速度型"与"结构型"的经济增长模式的多种组合中，最佳状态——结构优化的高速经济增长；最劣状态——结构恶化的高度经济增长；次佳状态——结构优化的适度经济增长。

最理想的当然是"结构优化的高速经济增长"，但这是不常见的；我们又必须避免最劣状态，绝不能再有"大跃进"运动；唯一可取的选择是采取"产品结构、技术结构、产业结构不断优化的适度经济增长"战略。

后来，在《"翻两番"的经济学思考》（《人民日报》1985年7月8日）《宏观调控的重要一环——选择适度的经济增长率》（《经济展望》1985年第1期）等文中，再三强调了"结构优化的适度经济增长"的观点。在举国上下争相"翻两番"的热潮中，我明确指出，"翻两番"可能有三种后果：

一是基本上在维持现有的技术条件、产品结构和产业结构的情形下翻两番，到20世纪末，我国仍将处于技术经济落后的状况。

二是片面追求产值的高速增长，为翻番而翻番，而且相互攀比，你追我赶，这就可能重复"大跃进"的教训，再造成一次经济危机。

三是在技术进步和经济效益提高的过程中翻两番，这样到20世纪末，既达到了数量指标，又使我国的国民经济的素质有较大的提高。

我明确指出，翻两番是国民经济发展的总体战略目标之一，绝不意味着全国每一个部门、每一个村庄、每一个企业都必须翻两番。各地在制定中长期发展规划时，务必从实际出发，讲求实效。

我认为，适度的经济增长率才能使国民经济按比例地、持续地发展，经济增长率过高或过低都不符合客观经济规律的要求。既然7%—8%的年增长率可以保证实现翻两番的目标，何必再去追求不可靠的、可能带来不良后果的两位数的增长率呢？

近几年的经济生活的波折，证明了"有限目标论"和"适度经济增长论"，是符合中国国情的。有些学者评论说，这两论反映了熊映梧学风的特质。

六　余生的奢望：创作《中华民富论》

我已经是年过花甲的人，可以说在学术生涯中酸甜苦辣都尝够了，但不甘心退居山林安度晚年，反而更增大了"拼将余生著新说"的强烈愿望。这真是"江山易改，禀性难移"啊。

"模仿—彷徨—彻悟—创新"，大致勾画出了我的治学道路。正如《理论经济学若干问题》（中国社会科学出版社1984年版）一书后记中写的：我在五十年代前期，刚刚步入经济学界，完全是照搬苏联的《政治经济学教科书》，可以说根本没有自己的独立见解。我曾在一篇短文中挖苦那种教条主义的学风："今天为这几句语录作注释，明天又为那几段名言作解说，干了一辈子理论工作，没有说过几句自己的话，毫无真知灼见，又有什么意义呢？"这话也是自我批评。"大跃进"年代，我也曾为"左"倾思潮所激动，热情宣传过"共产风"。接踵而至的三年经济困难深深地教育了我，"饿肚子使我的头脑清醒过来"，开始思考面对的问题。那时，我也不知天高地厚，竟然反对"毛泽东思想是马列主义的顶峰"的定论，批评这种论断"不符合唯物辩证法"，结果招来一场省级的大批判。接着是史无前例的浩劫，我被当作"包庇下来的老修正主义分子"遭到"文化大革命"从开始到结束的"全程批判"。这种极为难得的磨炼，使我从理论上的彷徨走向彻悟——跳出只注释和解说的小圈子，到狂风巨浪的广大天地里去创新。"文化大革命"结束我已年届半百，所谓学术创造上的最佳时期早已逝去。但是，受到党的十一届三中全会精神的鼓舞，我拿出"拼将余生著新说"的劲头，在中国经济学界猛冲猛打和创业创新了十多年。扪心自问和深刻反思，我觉得自己无愧于一个有良心的正直的经济学家的称号。

第一，我遵循马克思的教导，认真进行"公正无私的科学探索"，不屈服于任何压力和诱惑。

第二，我在某些方面或领域做出了一些新的贡献，不辱使命，不虚此生。

但这仅仅是从个人角度的省察，按"低标准"衡量而得出的认知或结论。如果从全民族、国家大局和时代高度来看，我深感内疚和很不满意。为什么中国这样一个历史悠久、文化灿烂、人才济济和博大精深的头号大国，却走不出一位具有世界影响力的经济学家呢？著名的人类学家麦克斯·格拉克曼说过："科学是一门学问，它能使这一代的傻瓜超过上一代的天才。"中国数以万计的经济学者为什么不能超过上一代的天才，创造出可以同亚当·斯密的《国民财富的性质和原因的研究》（简称《国富论》）、大卫·李嘉图的《政治经济学及赋税原理》、卡尔·马克思的《资本论》相媲美的科学巨著呢？

人们对于影响人类数千年的孔夫子抱着"高山仰止"的态度是很自然的。但是，这也有消极的一面，即拜倒在权威脚下，不求进取，不敢攀登科学的高峰。我很赞赏司马迁在《史记·孔子世家》中对孔子的评论，他用"高山仰止，景行行止"来颂扬孔子的道德文章，或如后人尊崇孔子为"万代宗师"一样；接着司马迁又加上一句："虽不能至，然心向往之。"我以为，我们对待历史上的大学者一要尊敬，二要有超过他们的雄心壮志。我曾多次宣传这样一个观点：神学是一代不如一代，科学总是后人超过前人。正是在这种观念的启迪下，我萌生了贡献余生，创作《中华民富论——四十余年的观察与思考》。这也许是自不量力，落个徒劳无获。但是，我宁愿在崎岖且有很大风险的科学道路上奔波和攀登终生，即便毫无所得，甚至跌个鼻青脸肿、头破血流，也不愿意舒舒服服地坐在书房里咀嚼前人的学术成果。

《中华民富论》的构思起点是弄清国情。半个多世纪以来，我们对中国国情的判断经历了如下巨变：新民主主义论—从资本主义到社会主义的过渡时期论—进入社会主义社会论—从资本主义到共产主义的过渡时期论—建设高度文明高度民主的社会主义论—社会主义初级阶段论。

由此可见，我们对国情的判断有如下几个特点：一是变化很大，论断很多，认识很不稳定。特别是结束十年动乱、转入以社会主义建设为中心的新时期后，党的十二大提出了建设"高度文明、高度民主的社会主义国家"的纲领；时过五年，党的十三大提出了"社会主义初级阶段论"，说"我国从 50 年代生产资料私有制的社会主义改造基本完成，到社会主义现代化的基本实现，至少需要上百年时间，都属于社会主义初级阶段"。二是关于国情的"六论"，两头比较接近实际，中间几论偏离很大。三是对国情的判断往往不是从实际出发，经过认真的科学研究引出结论……

其实，新中国是从封建社会而来，是在有几千年历史的发达的封建主义废墟上建立的社会主义制度。因此，应当如实地把我们现实的社会性质概括为"封建后的社会主义"。它同马克思所设想的"资本后的社会主义大不相同"……

弄清了新中国从何而来，才能找到富国富民的光明大道。我们应从梦幻的天国回到尘世，脚踏社会主义初级阶段的实地，一心一意发展社会生产力。

中国长期是世界文明的中心，而在近代衰落了。自尊，往往容易转变为自卑。过去认为中国的一切都好，现在变为洋人的一切都好，甚至连惊叹词都从"呀"变成"哇"了！先是全盘模仿西欧北美，新中国前期是全盘苏化；近十年"模仿欧美"又时髦了，与此相关联的是，中国的经济学界似乎也是今天学西方，明天学东方，后天又学西方。可悲呀！泱泱中华大国，毫无自主意识，唯洋人马首是瞻。有鉴于此，所以我在中国经济学界大声疾呼：有出息的中国经济学家，要有志气创造有中国特色的经济学派。

真正中国的经济学派，首先应当深入研究中国的致富之路。亚当·斯密在《国富论》中勾画出了一条发展市场经济的致富道路，发现了人类经济生活中最基本的经济规律：等价交换规律。卡尔·马克思高度重视生产力，认为以社会主义取代资本主义，才能为社会生产力的顺利发展和更好地发展开辟道路。

中国怎样才能富民富国呢？走资本主义市场经济的道路，事实上不可能。我曾经同西方一些经济学家谈过，如果中国全面私有化，让资本主义原始积累规律充分发挥作用，十多亿人口中就会有 3 亿—5 亿赤贫化，沦为失业者，不仅中国要大乱，世界也会不得安宁。你们不要以几千万、几百万人口小国的经验，来妄加议论中国的事情。当然，我也许在许多论著中尖锐地批评了"苏联社会主义模式"，指出了经过中国化的社会主义"大锅饭"体制，最大的弊端是把人变懒了，变蠢了，也变穷了。这种体制也可以消灭某种穷富差别。但是，真正的结果和常态的状况，只能是使大家穷苦，不可能让大家都富裕幸福。中国到底怎样才能富国富民，或民富国强？即怎样建设人民富裕幸福的有中国特色的社会主义？我不想在这里做轻率的回答，而打算和决然在余生集中精力研究这个大题目，在最后一部著作——《中华民富论》中，作出明确的、系统的、科学的回答。

但愿马克思允许我完成这项大业后，才进天堂，阿门！

第二章　熊映梧的发展观

熊映梧教授的论文集有五部，第一部是《用发展观研究马克思主义经济学》（中国经济出版社 1988 年版）。在这部论文集中，不仅书名使用"发展观"来正名和命题，而且目录排序也居于首要地位：《用发展观研究〈资本论〉》居首，《再谈用发展观研究〈资本论〉》第二，最后的"压轴大戏"，是第 32 篇：《"建设新世界的经济学"构想》。

一　六个再认识

熊映梧教授在《用发展观研究马克思主义经济学》文集前言中，提出了"多个再认识"的观点。他说：奉献给读者的这部论文集，选编了我于近七年在研究马克思主义经济学道路上艰辛探索的点滴成果，收入集子的 32 篇论文，可分为三类：一是对《资本论》的研究；二是对生产力经济学理论的探讨；三是有关经济发展战略和经济体制改革的论证与建议。这次入选集子的所有文章均保持原样，在观点上没有任何修改。我认为，这是一个诚实学者应当遵守的文德。

中国进入了全面改革和社会主义现代化建设的伟大时代。我们需要对过去的历史教训作深刻的反思，对现在及未来面临的新问题进行艰苦的探索。总之，当前对许多问题有必要进行一番再认识。

（一）对马克思主义的再认识

收入文集的《用发展观研究〈资本论〉》《再谈用发展观研究〈资本论〉》及《马克思的生产价格理论、地租理论与社会主义经济建设》等文，是他 30 多年来从事教学和研究的心得，是经过深思熟虑的，绝非一时的随心之作。我痛感经济学界教条主义学风的危害，使本来生气勃勃、赢得千千万万人们信仰的马克思主义经济学说，日益丧失其科学的吸引力，成为僵化的教条。然而，这不怪马克思，而是后人曲解了他的学说。我在一些文章中都讲过，《资本论》是一部博大精深的著作，令人叹为观止。但是，历史上从来只有空前的佳作，没有绝后的天书。《资本论》同一切伟大的科学著作一样，也不可避免地有其历史局限性。所以，我主张用发展观研究《资本论》及马克思的全部经济学著作，不断地把经济科学推向新的高峰。如今，众口皆谈"发展马克思主义"，那么，"发展"是什么意思呢？有人讲：马克思主义基本原理不容更改，个别原理可以变。这样，就把发展马克思主义限制在一个很小的范围内了。我则认为，十多亿人民建设社会主义的伟大创举，是当今世界科技革命和社会经济的巨大进步，必将促进马克思主义的大发展。彻底的辩证唯物主义者应当毫不含糊地表明：马克思主义的一切原理都要在社会实践中不断地加以检验、修正、丰富和发展。事实上，随着中国及其他社会主义国家经济改革的深化，我们对社会主义经济模式的再认识，要比前人（包括马克思、恩格斯和列宁）深刻得多了；我们关于社会主义商品经济的理论和实践，也是前无古人的。

（二）对经济学主题的再认识

经济学的主题是变革生产关系，还是发展生产力？我在《经济科学要把生产力的研究放在首位》一文中首次提出：当代马克思主义经济学者的致命弱点，就是忽视生产力。不研究 20 世纪特别是第二次世界大战之后的生产力的巨大发展，就不可能认识现代资本主义的新特点，也不可能了解世界经济的新格局。不抓住发展生产力这个根本任务，干社会主义光在变革生产关系上做文章，必然发生"急过渡""穷过渡""错过渡"一类的严重错误，结果是越搞越穷。

我深切感到马克思主义理论家对生产力太缺乏研究。中苏学者在生产力是两要素还是三要素的争论上纠缠了十几年毫无进展，我主张对生产力要作"动态考察"和"系统分析"，所以写了《生产力动态考察论》《生产力系统论》《略论生产要素到生产力的转化》等多篇论文。近几年，中国经济学者创立了一门新的经济学科——马克思主义生产力经济学，这是对发展马克思主义经济学的一个重大贡献。

开始，我主要想建立统一研究生产力和生产关系的理论经济学，后来发现这一主张在短期内难以实现。所以，我改变了做法，决定平行地发展两门理论经济学：一门是传统的政治经济学，以生产关系为研究对象；另一门是新创立的新兴的生产力经济学。

（三）对经济学家社会职责和使命的再认识

我长期在大学任教，生活圈子很狭小。所谓的学术研究，无非是熟读马列的经典著作，对其中的难点、疑点作一番注释和考证，不过是对现行政策进行辩护。例如，对"大跃进""人民公社"等，我也曾写过一些赞扬文章。随后的经济困难，特别是"饿肚子教我头脑开始清醒起来"；接着，史无前例的十年动乱，"蹲牛棚"让我大彻大悟。所以，近十年来我发奋立志与教条主义彻底决裂，改变脱离实际和不敢面对错误的状况，开始积极参与力所能及的经济实践活动。收入集子的几篇有关经济发展战略的文章，如《翻两番的经济学思考》《"七五"经济增长模式的理论探讨》等，都是针对社会主义国家长期推行"高速度发展战略"的历史教训，提出了"结构优化的适度经济增长战略"。令人欣慰的是，这一主张已经被国家有关决策部门所采纳。我对经济体制改革也是很感兴趣的，相对来说，写的文章少一些，因为对这个复杂的问题研究得很不够。总之，我觉得经济学家的社会责任不仅是从事经济理论的研究和教育工作，而且要积极参与经济决策的相关活动，把经济理论应用于实践，以造福社会和富裕百姓。

（四）对社会主义经济理论体系的再认识

过去，把苏联社会主义经济模式当作"唯一模式"，把苏联《政治经济学教科书》视为社会主义经济理论体系的样板。各种改良型的社会主义政治经济学版本，基本上没有跳出这个旧框框。

我提出了创立"新世界的经济学"的构想。我总是认为，人民群众有两大历史任务：一是消灭剥削制度，建立社会主义公有制；二是大力发展生产力，彻底消灭贫穷与愚昧，只有完成了这两大历史任务，才能实现共产主义的伟大理想。与此相适应，经济学也有两大课题：一是研究如何用社会主义公有制取代私有制，并使公有制不断完善。这是政治经济学的任务。另一个大课题是研究如何发展生产力，建设一个"人人都过幸福生活"的新世界。显然，传统的政治经济学很少涉及这方面的问题。所以，我想另起炉灶，以发展生产力为主线，按照彻底的商品经济观来建立一个新的经济理论体系。百家争鸣是以存在众多的学派为前提，因此应当在学术界鼓励创建新学派。如果在马克思主义大旗下，有许许多多的马克思主义经济学派，那一定会推动马克思主义经济学的更好发展。

（五）对创立和发展马克思主义生产力经济学时代价值的再认识

《用发展观研究马克思主义经济学》的时代价值和中国意义，也需要不断实践和持续认识。在我的第一本文集中，也可以说集中反映了我在探索马克思主义真理道路上的认识和再认识的过程，自然打上深深的个人印记。有人指责我是"标新立异"，我却以此为荣。因为科学的发展总是通过一代一代同行学家不断领异标新而实现的。但是，我也有点儿自知之明，深感自己才疏学浅，理论和实证未必充分可靠，缺点错误一定不少，因此恳请广大读者和同行学家不吝指教。

（六）党的十三大后对马克思主义经济学的发展观的再认识

熊映梧教授在他的首部文集的后记中说：马克思主义要大发展，经济科学要着重研究生产力，这是我多年坚持的两个基本观点。要坚持这两个基本观点，实现马克思主义特别是马克思主义经济学的两大发展，坚持马克思主义哲学发展观，是决定性作用的前提条件。党的十三大报告明确指出："马克思主义是在实践中不断发展的科学。马克思主义需要有新的大发展，这是现时代的大趋势。"我觉得这是一个十分重要的论断，是否能以这样的观点和态度去对待马克思主义的大发展，关系到我们中国特色社会主义事业的成功和失败。生活和实践的观点，是马克思主义发展观和认识论的第一和基本观点。坚持实践，坚持创新，坚持探索，坚持辩证唯物主义和历史唯物主义的世界观、发展观和价值观，就一定能够实现当代马克思主义的大发展和中国特色社会主义的大发展。

在熊映梧教授第二部论文集《熊映梧集》（黑龙江教育出版社 1989 年版）、第三部论文集《为新时代的经济学催生——1978—1998 中国学术前沿性论题文丛·龙江学人卷》中，都收录了《用发展观研究〈资本论〉》和《再谈用发展观研究〈资本论〉》，可见熊映梧教授两论《发展观》的时代价值、世纪意义和中国效能！

二　重新研读《用发展观研究〈资本论〉》

熊映梧教授开篇就说，经济科学迄今已有三百多年历史了。它经过初创、成长的若干阶段，现在已发展成为包括许多分支学科的庞大的经济学体系。在经济学发展历史中，《资本论》这部伟大著作占有极其重要的地位，是我们进一步发展经济科学的主要依据。

经济科学最初是以"混合形态"出现的。例如，英国古典经济学创始人威廉·配第的代表作《政治算数》——马克思称作"政治经济学作为一门独立科学分离出来的最初形式"，涉及经济理论、经济政策等多方面的内容。尤以统计学的特色吸引着人们。西方有的学者说《政治算数》是经济计量学的最初尝试。一个世纪后，古典经济学大师亚当·斯密出版了名著《国民财富的性质和原因的研究》，创立一个远比《政治算数》完备的经济理论体系，但它还是把经济理论和经济政策混杂在一起。集古典经济学之大成的大卫·李嘉图，在其《政治经济学及赋税原理》一书中，创造了一个更加完整的经济理论体系。但是，如马克思分析的，李嘉图的理论完全包括在他这部著作的前六章。而基本理论又集中在头两章，其余部分是实际应用、解释和补充，根本不要求有什么结构。可见，从配第到斯密再到李嘉图，古典政治经济学以"混合形态"诞生，逐渐理论化和系统化。但是，它始终没有摆脱经济理论、经济政策及其他经济内容混杂不分的状况，没有形成一个独立的"理论经济学"体系。

《资本论》的出版，代表了马克思理论经济学的创立。这是经济科学发展史上划时代的重大事件。怎样评价这种伟大著作呢？这是经济科学中有待认真研究的一个重大问题。

（一）根基深厚的唯物主义历史观

《资本论》是一部博大精深的世界名著。不仅在经济科学史上占有重要地位，而且对当代和未来经济科学的发展仍然具有伟大的指导作用。我认为，《资本论》的伟大意义在以下四个方面：

一是《资本论》集中了二百年来经济科学的丰富成果，并且加以改造和创造性地发展，把经济科学推向了一个新的高峰。

马克思在《政治经济学批判》中，简要地回顾了政治经济学的历史，他指出："古典政治经济学在英国从威廉·配第开始，到大卫·李嘉图结束。大卫·李嘉图作为资产阶级古典政治经济学的完成者，碰到了许多他无法解决的难题，如交换价值、价值形式、价值规律和生产价格等问题。"马克思在《资本论》中以其深刻的科学见识，解决了古典政治经济学所无法解决的那些难题，使经济科学实现了重大突破……马克思的经济科学是在继承古典政治经济学优秀成果的基础上，实现了创造性的大发展。

二是《资本论》深刻地解释了资本主义社会经济运动的一系列规律，使社会主义学说从空想变成了科学。

众所周知，马克思从资本主义经济的核心细胞——商品入手，去解剖极其复杂的资本主义经济体系。他运用"从抽象上升到具体"的逻辑方法，研究了商品内部的矛盾及其向货币的转化。在科学的劳动价值论的基础上，阐明了劳动力成为商品、货币转为资本以及剩余价值的生产过程，揭示了资本主义的本质和资本积累的规律。进而，又研究了资本的流通过程，以及资本主义社会再生产的总过程。这样，马克思就建立起一个以劳动价值论为基础、以剩余价值论为核心、全面分析资本主义生产和流通的理论经济学体系……马克思在《资本论》中抓住资本与雇佣劳动这一根本关系，透彻地分析了资本主义社会的基本矛盾——生产社会化与私人占有之间的矛盾的运动规律，得出了社会主义必然代替资本主义的科学结论……正是在这个意义上，恩格斯说由于唯物史观和剩余学说两大发现，才使社会主义从空想变成了科学……《资本论》在理论上和实践中都具有多么伟大的意义。

三是《资本论》解释了社会再生产运动，特别是商品经济的一般规律，因而，它的理论意义远远超出资本主义范围，对于建设社会主义也有重大的指导作用。

例如，马克思在《资本论》中阐述的关于商品、货币和价值规律的一般原理，适用于一切类型的商品经济或市场经济，当然也适用于社会主义市场经济；马克思关于绝对剩余价值和相对剩余价值的理论，是在资本的特殊形式下，研究了增加剩余产品的两个基本途径……实际上也就是揭示了社会生产力发展的某些规律性；马克思关于社会资本再生产的理论，对于一切具有社会化的生产和流通的经济形态是同样有效的。此外，马克思还经常对比研究资本主义经济形态，对未来有不少天才的预测和推断。例如，马克思在揭露商品拜物教之谜的时候，设想在一个"自由人联合体"里，他们用公共的生产资料进行劳动，并且自觉地把他们许多个人劳动力当作一个社会劳动力来使用……以上这些方面，无疑对其他经济形态，尤其是社会主义经济形态有重大的指导意义。

四是《资本论》及其序篇《政治经济学批判》的序言、导言中所阐述的政治经济学方法论，具有重大的科学意义。

马克思在《资本论》第一卷第二版跋中指出，他的研究方法是唯物辩证法。恩格斯也讲过：马克思的经济学"是建立在唯物主义历史观的基础上的"，其要点在《政治经济学批判》的序言中已经作了扼要的阐述。具体地说，马克思把唯物辩证法应用社会生活，得出了如下重要结论：（1）物质生活的生产方式制约着整个社会生活、政治生活和精神生活的过程。（2）生产力决定生产关系。社会的物质发展到一定阶段，便同它们一直在其中活动的现存生产关系发生冲突，那时社会革命的时代就会到来。随着经济基础的变更，全部庞大的上层建筑也或慢或快地发生变革。（3）无论哪一种社会形态，在它们所能容纳的全部生产力发挥出来以前，是绝不会灭亡的。而新的更高的生产关系在它存在的物质条件在旧社会的胎胞里成熟以前，是绝不会出现的。

马克思在《资本论》全书中始终如一地贯彻了上述的原理，所以他能够揭示现代社会的经济运动规律。如果像现代某些"马克思主义经济学者"撇开生产力这个根本，孤立地研究生产关系，又过分夸大上层建筑对经济基础的反作用，那是不可能揭示社会的经济运动规律的，只能在表面现象上兜圈子。

《资本论》在方法论上的另一个特点，就是马克思讲的："分析经济形式，既不能用显微镜，也不能用化学试剂。二者都必须用抽象力来代替。"通常把运用"抽象力"分析经济形式的方法叫作"抽象法"。与应用科学不同，理论科学必须采用抽象法，即舍掉非本质的因素，在纯粹形态下研究事物的内在联系及其发展过程……

（二）《资本论》到底有没有历史局限性

《资本论》这样伟大的著作到底有没有历史局限性呢？换句话说，《资本论》是发展中的马克思主义的科学著作，还是永恒的绝对真理体系和万古不变的信条呢？

马克思在《资本论》第一卷第二版跋中写了一段德国经济学界的历史教训，颇发人深省。他说："在德国，直到现在，政治经济学一直是外来的科学……它作为成品从英国和法国输入，德国的政治经济学教授一直是学生。别国的现实在理论上的表现，在他们手中变成了教条集成，被他们用包围着他们的小资产阶级世界的精神去解释，就是说被歪曲了。"这种情形是否在我国的经济学界也出现过呢？这是值得我们深思的。

我认为，《资本论》同任何伟大的科学著作一样，它是特定时代的产物，也不可避免地有其历史局限性。

一是《资本论》的某些原理，是资本主义前期的实际情况下概括出来的，它们未必适用于资本主义发展的一切阶段。

《资本论》是以19世纪60年代以前的英国，作为研究资本主义的"模特儿"。马克思未见到19世纪末20世纪初特别是当代资本主义的巨大变化，怎么能够苛求《资本论》中的所有结论适用于资本主义发展的一切阶段呢？……

二是《资本论》的某些个别结论，根据不足，未必能够成立。

例如，马克思还断言：资本积累引起相对的人口过剩，这就是资本主义生产方式特有的人口规律。"抽象的人口规律只存在于历史上还没有受过人干涉的动植物界。"我认为，马克思在这里把资本主义劳动力供求规律或劳动人口规律（或人口经济学规律）混淆了。物的生产和人的生产之间必须保持平衡，这难道不是适用于一切社会的人口经济学规律吗？我们违背这条规律吃了大苦头。展望未来，我们要在20世纪末实现"小康"目标，是以把人口控制在12亿以内为前提的。这也再次证明了两种生产必须保持平衡的普遍规律，是不以人的意志为转移以客观规律为转移的客观存在。

三是《资本论》及其他一些著作对未来的某些预测，尚属于"未来学"的范畴，有待今后的社会实践来检验。

马克思精通唯物辩证法，深刻地揭示了资本主义社会的矛盾及其发展规律，当然他有根据对未来作出预测。遗憾的是，后人往往把这些预测当作定论，硬要把马克思身后的历史发展纳入一个既定的模式中去，真有点儿像"削足适履"。

马克思在《资本论》第一卷详尽地分析了资本主义社会的基本矛盾，及其发展过程之后，最后得出结论说：资本的垄断成了与这种垄断一起并且在这种垄断之下繁荣起来的生产方式的桎梏。生产资料的集中和劳动的社会化，达到了同它们的资本主义外壳不能容忍的地步。这个外壳就要被炸毁了。资本主义私有制的丧钟就要被敲响了。马克思在这里所作的社会主义必然代替资本主义的预测，已经在一些国家变成了现实，并将继续得到证明。但是，世界资本主义私有制的丧钟是否马上就要被敲响，剥夺者是否很快就要统统被剥夺了呢？现在看来，马克思和列宁都对资本主义的灭亡、社会主义的兴起估计得早了一些、快了一些。当然，后人不能过分苛求历史上的伟大人物。现代生产力的巨大和快速发展，以及资产阶级国家对生产关系采取的某些调节措施，使得虽已进入"老年时期"的资本主义制度得以延长其寿命，这也是不足为奇的……

四是马克思在《资本论》中采取的方法，基本上是"静态分析"，因而不免有其局限性。恩格斯在评论《资本论》时指出："资本和劳动的关系，是我们现代全部社会体系所以旋转的轴心，这种关系在这里第一次作了科学的说明。"的确，马克思在《资本论》全书中始终牢牢抓住了资本与劳动这个"轴心"。研究这个问题采用"静态分析"法，撇开其量的规定性，首先全力抓住其质的规定性，这是合理的……运用"静态分析"和"动态分析"相结合的方法，对于价值的质和量两方面的分析，全面揭示价值范畴的特点，这是一个范例。可惜，马克思并没有始终这样做……

上面谈到《资本论》的一些不足之处，只不过是我个人的不成熟的看法，未必妥当；即使有这样一些问题，也不损于《资本论》这部伟大著作的历史价值。只要我们把《资本论》当作科学著作来对待，那就比较容易对它做出实事求是的评价，并且大大有利于对《资本论》的研究和整个经济学的发展。

（三）不能缺乏唯物辩证法的发展观

恩格斯曾经对《资本论》做过这样的评价："自地球上有资本家和工人以来，没有　本书像我们面前这本书那样，对工人具有如此重要的意义。"我们还可以补充一句：自从经济学在世界近代出现以来，没有一本书像《资本论》这样博大精深，对于一切经济科学工作者具有那么巨大的指导意义。因此，一切经济科学的教学和研究工作，都必须把《资本论》当作一种基本教材和重点研究课题。老一辈的经济学家在反动统治时期极端困难的情况下，勤奋学习《资本论》，使他们稳步地迈进了经济科学的宫殿，得以登堂入室，取用珍藏，为我们树立了榜样。"长江后浪推前浪"，我们这些后继者责无旁贷。

自从《资本论》第一卷于 1867 年出版以来，在普及、宣传、研究和注释这部伟大著作方面做了大量的工作，这些都是必要的和有益的，今后还要继续这样做。但是，在《资本论》的研究方面存在一个比较值得关注的问题，即缺乏唯物辩证法的发展观。人们自觉或不自觉地把《资本论》奉为经济科学的"顶峰"，后人只能是"高山仰止"、不可攀登、更不可超越。好像后人只能重述《资本论》的原理和字句。用这种精神状态去进行《资本论》的教学和研究工作，恐怕很难做出什么创造性的成果的。如果物理学家都拜倒在牛顿脚下，不敢越古典物理学的雷池一步，那么，就不会有爱因斯坦的相对论和现代物理学。为什么物理学可以和能够超越牛顿，并且继续超过爱因斯坦不断地向前发展，我们的经济科学就不能再发展了呢？

大家知道，恩格斯对《资本论》作出了很高的评价，他指出：马克思"以无可争辩的罕见的博学，在与整个经济科学的联系中，考察了资本与劳动之间的全部关系，把揭示现代社会的经济运动规律作为自己的终极目的，并且根据无可怀疑的知识所作出的绝对认真的研究，得出这个结论：整个资本主义生产方式必定要被消灭"。但是，恩格斯又指出："贯穿全书的历史的见解，使作者不把经济规律看作永恒的真理，而仅仅看作某种暂时的社会状态的存在条件的表述。"恩格斯告诫读者，不要期望在《资本论》中找到什么"真正社会主义的秘密学说和万应灵药，也不能在书中看到'共产主义千年王国'是什么样子，'谁希望得到这种愉快，谁就大错特错了'"。由此可见，《资本论》并不是经济科学的终结，而是引导人们在经济实践中不断发展经济科学的指针。

为此，我主张用经济学界少数人去做《资本论》的注释、考证工作，这是继承马克思主义理论遗产不可缺少的；而多数同志应当以马克思主义发展观作为指导，去探讨经济生活中的新问题，丰富和发展马克思主义经济科学。没有创新，经济科学是不可能发展的。如果我们从理论上科学地回答了在十几亿人口的大国建设高度文明的社会主义的一系列课题，无疑是对世界的伟大贡献，是对马克思主义经济科学的重大发展。探讨新课题和解决新问题是很艰难的，但是，我们应当知难而进。

时代是发展的，世界是进步的，在这个宇宙空间尚没有不发展、不变化、不运动的事物，这就是马克思主义的辩证唯物主义和历史唯物主义的哲学世界观、方法论和发展观、进化论。

总之，认真地学习马克思的《资本论》，特别是认真地掌握马克思的辩证唯物主义的发展观，去科学地指导马克思主义经济科学的创新性的大发展，以满足当今时代、当今世界和当今中国的迫切需要。没有马克思主义的创新发展、快速发展和更大发展，任何美好的理想都是不能实现的。当然，只有这样，才能符合马克思主义发展观的基本精神与核心宗旨，实现马克思主义的大发展和马克思主义美好而又崇高事业的更大发展。

三 再度反思《再谈用发展观研究〈资本论〉》

《社会科学》1985年第7期发表了熊映梧教授《再谈用发展观研究〈资本论〉》。作者开篇说，拙文《用发展观研究〈资本论〉》（简称"前文"）于《社会科学》1983年第7期发表后，在我国学术界引起了一场意想不到的巨大风波。经过两年的冷静思考，为了明辨是非，乃作本文，向同志们请教。

（一）何为"历史局限性"

笔者认为，世间万事万物，包括伟大的人物和伟大的学说、著作，都是在一定的历史环境中产生的，在一段历史时期内发挥不同程度的作用，此乃"历史局限性"之谓也。据我所知，马克思本人就是持这样的观点的。他在《资本论》第一卷第二版跋中写道："辩证法对每种既成的形式都是从不断地运动中，因而也是从它的暂时性方面去理解；辩证法不崇拜任何东西，按其本质来说，它是批判的和革命的。"所谓"每一种既成的形式"，当然也包括意识形态，伟大的或渺小的，进步的或落后的。既然大千世界的一切无不具有"暂时性"，那就不可能永恒化、绝对化。"前文"提出一个问题："《资本论》是发展中的马克思主义科学著作，还是永恒的绝对真理体系和万古不变的信条呢？"笔者回答是："《资本论》同任何伟大的科学著作一样，它是特定的时代的产物，也不可避免地有其历史局限性。"

有人说："《资本论》没有历史局限性，因为它反映了社会发展的规律和本质；古典政治经济学有历史局限性，因为有许多问题它说明不了或根本没有做任何说明。""正是《资本论》结束了历史局限性。"反映社会发展规律的著作就没有历史局限性吗？恐怕这个观点难以成立。因为，任何一本科学著作反映客观规律的深度和广度总是有限的，不可能穷尽真理。达尔文的《物种起源》、亚当·斯密的《国富论》，乃至我们盛赞为博大精深的《资本论》也概莫能外。《资本论》并没有把什么问题都讲到了，都讲清楚了。《资本论》研究的商品经济是局限于私有制的商品经济，这在第一章已有明确的交代。马克思设想的社会主义社会不存在商品货币关系，所以，他在《哥达纲领批判》中说，按劳分配中通行的原则是"资产阶级权利"，其实这是任何商品交换的一般权利。

《中共中央关于经济体制改革的决定》对社会主义经济做出了新的概括，即"在公有制基础上的有计划的商品经济"。这是马克思没有回答的也不可能回答的问题。其次，说资产阶级经济学著作（包括马克思给予很高评价的古典经济学派的著作）有历史局限性，《资本论》则结束了历史局限性，这不禁使人联想起"文化大革命"中的一件怪事：那时大讲毛泽东著作，有人说可以一分为二，竟被打成"现行反革命"！如果说《资本论》结束了历史局限性，岂不是说《资本论》是永恒真理的化身，辩证法不是到此中断了吗？

有人说，他赞成《资本论》原理要发展，但又不许人讲《资本论》有历史局限性。显然这是自相矛盾的。如果《资本论》没有历史局限性，一部《资本论》治天下（不知是否包括"外星人"社会?），还需要什么发展呢？科学发展史表明，每一位伟大的科学家以其卓越的贡献，在历史中竖立了一座里程碑，但是谁也未曾达到终点。一代一代杰出的经济学家接力赛跑式地不断发展着经济科学，但是，谁（包括马克思）也没有穷尽真理。科学史上不乏空前伟大的佳作，但是从无绝后的天书。

（二）为何必须坚持发展观

还有人说，他不反对用发展观研究《资本论》，但《资本论》的基本原理是不容改变的。我以为这种颇流行的说法也值得商榷。因为持这种观点的人常常无限扩大"基本原理"的外延，"发展"云云也就成了一句空话。同时，基本原理也是要不断经受实践的检验，并且在实践中不断地发展。成功经验和历史教训，都一再证明，没有坚定不移的哲学发展观，既不能认知和破除客观存在的"历史局限性"，也不能树立和坚持马克思主义的哲学发展观。要坚持马克思主义，必须发展马克思主义；只有不断地发展马克思主义，才能真正坚定不移并且更好地坚持马克思主义；而更坚定更科学地坚持马克思主义和发展马克思主义，必须树立好和实践好马克思主义辩证唯物主义和历史唯物主义的哲学世界观、发展观和价值观。

毛泽东讲过："马克思主义是一种科学真理，它是不怕批评的。"的确，掌握真理的人不是怕辩论的，因为他们相信真理越辩越明。我坚持任何伟大的著作都有局限性的见解，主张用发展观研究马克思的《资本论》，并非认为自己在"前文"第二部分论述的几个问题是无可非议的。恰恰相反，那只不过是抛砖引玉，希望用这块"砖"打破一潭死水式的平静，引起有益的学术讨论，改变经济学界长期落后于时代的不正常状态。鉴于对"前文"的一些批评，远远超出了对具体问题的争议，而涉及对马克思主义的根本态度，故有必要重申我的观点。我认为，按照马克思主义发展观，必须毫不含糊地指出，《资本论》这样伟大的著作也有历史局限性，才能彻底清除资本主义的影响，贯彻"解放思想、开动脑筋、实事求是、团结一致向前看"的思想路线，实现四个现代化，建设有中国特色的社会主义。正如《关于党内政治生活的若干准则》尖锐地指出："那种本本上有的不准改，本本上没有的不许说、不许做的思想，是一种反马克思主义的思想，是执行党的政治路线的巨大障碍。"

"历史局限性"人皆有之，书皆有之，谁也超脱不了……只有坚持马克思主义的发展观，才能在根本上真正破除各种形式的"历史局限性"，实现马克思主义的新发展和大发展。历史和现实的经验教训一再证明：马克思主义的大发展，需要马克思主义的发展观，只有马克思主义的发展观，才能真正实现马克思主义的大发展……

（三）怎样坚持马克思主义的发展观

邓小平指出："思想不解放，思想僵化，很多的怪现象就产生了。"学术界也是如此，要消除学术界的怪现象，就必须解放思想，破除迷信。今年夏天作协第四次代表大会确立了"自由创作"的原则，这件事具有重大而深远的意义。援以为例，学术界当然应该有"学术自由"和研究自主。这就是邓小平同志所一贯倡导的："干革命，搞建设，都要有一大批勇于思考、勇于探索、勇于创新的闯将，没有一大批这样的闯将，我们就无法摆脱贫穷落后的状况，就无法赶上更谈不上超过国际先进水平。"

在学术界贯彻解放思想、百家争鸣的方针，一个关键问题就是必须有创立学派的自由。百家就是百家，并非两家。资产阶级经济学家有斯密学派、李嘉图学派、马歇尔学派、凯恩斯学派，等等。这些学派又有若干分支；马克思主义经济学就只有一派吗？非也，以中国来说，孙冶方学派、于光远学派、卓炯学派——已经公认的，近几年出现的生产力学派、消费经济学派等，更是方兴未艾。我看这是大好事，必将大大有利于中国经济学的大发展。

总之，《资本论》的原理要发展，马克思主义的一切原理都要发展。发展意味着不断总结新的实践经验，修正、完善已有的结论，并且不断增添新的内容，不断创立新的学科和新的学派。共产主义的伟大事业、亿万人民的伟大实践，将产生众多的杰出的科学家、思想家，工人阶级的理论体系不是趋于停滞、僵化、蜕化和贫困化，而是日益丰富化、多样化和创新化！

四　经济科学大发展的关键在于面对现实

就在《用发展观研究〈资本论〉》首发于《中国社会科学》杂志"未定稿"1982 年第 34 期之后到尚未公开刊发于《社会科学》1983 年第 7 期的中间时间，即 1983 年 5 月 18 日《人民日报》发表了一篇相同内容的文章：《振兴经济科学关键在于面对现实》。其实，该文主旨也是怎样用发展观研究和发展马克思主义经济科学，因此，摘引如下：

> 我国进入振兴经济、开创社会主义现代化建设新局面的时期，客观要求振兴经济，更好地为四化服务。我认为，应当老老实实地承认，三十年来我国经济学界的状况是不能令人满意的，经济科学的成果同十几亿人的社会主义大国的地位很不相称。为了振兴经济科学，我以为关键在于面对现实。为此，需要解决如下几个问题。
>
> 1. 在研究方向上必须把大部分力量放在探索新问题方面。这里，以《资本论》研究为例，究竟是局限于注释和考证，还是用

发展观研究这部伟大著作，这是一个必须认真对待的问题，也是一个发展马克思主义的重大问题……在《资本论》的研究方面存在一个突出的缺点，即自觉或不自觉地把《资本论》奉为经济科学的"顶峰"，好像后人只能重述《资本论》的原理和字句，不敢设想有所发展。用这种精神状态去进行《资本论》的教学和研究工作，恐怕就很难做出什么创造性的成果。如果物理学家都拜倒在牛顿脚下，不敢越古典物理学的雷池一步，那么，就不会有爱因斯坦的相对论和现代物理学。为什么物理学可以和能够超越牛顿，并且继续超过爱因斯坦不断地向前发展，我们的经济科学就不能再发展了呢？

我主张用经济学界少数人去做《资本论》的注释、考证工作，这是继承马克思主义理论遗产不可缺少的；而多数同志应当以马克思主义发展观作为指导，去探讨经济生活中的新问题，丰富和发展马克思主义经济科学。没有创新经济科学是不可能发展的。如果我们从理论上科学地回答了在十几亿人口的大国建设高度文明的社会主义的一系列课题，无疑是对世界的伟大贡献，是对马克思主义经济科学的重大发展。探讨新课题和解决新问题是很艰难的，但是，我们应当知难而进。

2. 在学风上要从本本主义束缚中解放出来，发扬理论与实际相结合的优良传统。过去受个人崇拜之风的影响，有人今天为这几句语录作注释，明天又为那几段语录作解说，干了一辈子理论工作，没说几句自己的话，毫无真知灼见，那有什么意思呢？现在，我们面临着许多新问题，尤其需要发扬以马克思理论为指导勇敢地探讨新领域的良好学风。

3. 百家争鸣，建立各学科的学术联盟、合作攻关。保护和鼓励各种学术见解的争鸣，是发展科学的正确方针。今天，从路线上清楚了"左"的影响，但还需要一套完整的制度、措施来保证百家争鸣方针的贯彻。有些学术问题不是短时期内能够得到结论的，例如经济科学与生产力的关系，我看不妨求同存异。反正"四化"要求研究生产力，先把生产力研究透了，然后再来讨论把生产力放在哪个学科。当代有不少的课题，比如，中国社会经济发展战略问题、产业结构合理化问题、开发资源与保护生态环境问题，等等，都需要许多学科协同研究，这也要有关部门加以组织和协调。

4. 改革和发展高等教育中的经济学科，培养符合新时代需要的各种经济理论和经济管理人才。目前存在的问题：一方面是数量不足。经济学科在全部高等教育中占的比重太小；另一方面是质量问题。我在《适应时代要求逐步改革大学经济系》一文（《世界经济导报》第 73 期）指出：现时大学经济系基本上还是按照 50 年代初的章程办事，同迅速发展的社会经济现实很不相称。它的主要毛病是"窄"、"旧"、"呆"，即专业面窄，适应性差，课程内容比较陈旧，知识废旧率高，4 年时间大部分花费在"典与史"方面，很少学习新知识，研究新问题；教学方法呆板，教学效果不佳，就很难培养出既懂得技术又懂得经济的全面人才，而这样的人才恰恰是社会主义现代化建设迫切需要的。

五　建设新世界的经济学构想

（一）新时代的新课题

工人阶级有两大历史任务：一是推翻旧世界，彻底消灭剥削制度；二是建设新世界，彻底消灭贫穷与愚昧。过去的理论经济学主要是批判旧世界，很少涉及建设新世界的经济问题。如果说社会主义革命时期这一状况还是可以理解的，那么到了社会主义建设的新时期，就必须改变这种状况，创建一门"建设新世界的经济学"。传统的政治经济学以批判旧世界为基本任务，自然地以生产关系为研究对象。"建设新世界的经济学"以发展生产力、消灭贫穷和愚昧为基本任务，理所当然要着重研究生产力。

《中共中央关于经济体制改革的决定》指出："社会主义的根本任务是发展生产力，就是要使社会财富越来越多地涌现出来，不断地满足人民日益增长的物质和文化需要。社会主义要消灭贫穷，不能把贫穷当作社会主义。"历史经验再三证明，不发展生产力、不改善人民生活，就无法实现社会主义生产目的……我们过去的教训是不清楚什么是社会主义，以及如何建设社会主义。党的十一届三中全会以来，制定了建设有中国特色的社会主义的纲领。现在，迫切需要研究社会主义建设的规律，因此可以说，"建设新世界的经济学"是应运而生的。

以上摘引的是熊映梧教授原载《经济问题》1985 年第 7 期，后来作为《用发展观研究马克思主义经济学》首部文集中的压轴大作：《"建设新世界的经济学"构想》，编进由 32 篇学术论文所组成的最后一篇。

（二）把生产力的研究放在首位

马克思主义唯物史观认为，生产力是社会变迁的终极因素，社会主义阶段的基本任务是发展生产力，然而传统的政治经济学却不研究生产力，这岂不是一个严重违反逻辑和脱离实际的表现吗？

我曾主张"经济科学要把生产力的研究放在首位，现在提出的建设新世界的经济学，则是以发展生产力作为贯穿始终的主线，也可以说是一门唯生产力经济学"。

为什么传统经济学不研究生产力呢？原因之一，据说是马克思主义经典作家没有讲过这个研究对象；原因之二，是许多经济学家把生产误解为技术范畴，而不是一个经济范畴。我坚定不移地认为：探索生产力发展的客观规律，是"建设新世界的经济学"的基本任务。如何探索呢？不能从本本出发，而是必须从实际出发……

我是不赞成存在"无产阶级贫困化理论的"，倒是认为客观上存在"一条不断富裕化的规律"。根据之一是：人类从事经济活动的目的是取得更多更好的生活资料，如果越搞越穷，则将使经济活动失去目的和动力，而趋于衰亡。根据之二是：从历史上看，经济生活确实是一代比一代好嘛……

经济生活不断富裕化的规律，如同其他规律一样，在发生作用的过程中，要受到许多因素的干扰，如阶级斗争、民族纠纷、战争、自然灾害等。我国过去进行民主革命和社会主义革命，今天进行经济体制改革，都是为了排除发展生产力的障碍，使国家更快富起来，使人民更快富起来。在这个意义上讲，也可以说"建设新世界的经济学"更是一门致富之学。

（三）从彻底的商品经济观出发

《中共中央关于经济体制改革的决定》指出："商品经济的充分发展，是社会经济发展的不可逾越的阶段，是实现我国经济现代化的必要条件。"苏联长期否认社会主义经济是商品经济，吃了大苦头，人们往往由于违背某一规律而受到惩罚，才深切了解和掌握了这个规律，违背商品经济规律也是要受惩罚的……人类社会的发展，不仅要经历"原始公有制→私有制→社会主义共产主义公有制"的过程，而且不可避免地要经历"原始自然经济→半自然经济半商品经济→商品经济→未来的某种生产和流通形态的经济"的过程。不管商品经济有什么"弊病"，不管人们是否喜欢它，它总是一种客观存在，一个必经阶段。马克思主义者应正视这个现实，认真研究社会主义有计划的商品经济规律，因势利导，趋利避害。

设想中的"建设新世界的经济学"，是从彻底的商品经济观出发安排理论体系，就像生产力经济学必须从真正的生产力经济观出发和归宿来创造生产力经济学体系一样……从微观到宏观，从底层到顶层，从社会总产品到国民收入，从必要产品到剩余产品，从社会主义经济中的成本、价格、利润、利息、地租、国内市场、全球市场等经济范畴，最后，是研究社会主义社会的经济管理，即如何把宏观计划管理和利用市场机制结合起来。我认为，这是社会主义经济理论研究中的一个最大难题。

（四）社会主义模式多样化

熊映梧教授深切省察和科学思维，提出了选择和创造符合中国客观实际的社会主义模式和经济发展模式的重大而又迫切的理论。他明确指出：传统经济学研究社会主义经济形态，往往受到"唯一模式"的束缚，因而在理论上有很大的片面性和误区。"建设新世界的经济学"试图比较研究各种类型的社会主义模式，从更丰富、更全面、更深刻的实践中作出科学的理论概括……现在我们进一步认识到：社会主义公有制可能采取多种多样的经济形式，不能把全民所有同国家机构直接经营混为一谈，除国家经营的全民所有制企业之外，还有自负盈亏的全民所有制企业，国有民营企业，等等。再者，各种所有制之间并不是相互隔绝的，可能出现几种所有制联合的"股份经济"。将来有股票市场，全民所有制的股票，集体或个人均可以购买。同样，集体企业的股票全民所有制企业也可以购买。至少在不发达的社会主义阶段，在社会主义公有制经济占主导地位的前提下，非社会主义经济也将在一定范围内存在和发展，如中外合资企业、外资企业、中资企业、个人企业、混合企业，等等。总之，社会主义所有制结构有待作新的探讨。

（五）宏观经济调控

从建设新世界的经济学观点看来，将从三个层次分析宏观经济调控问题，即第一层次，控制生产建设的规模和经济发展的速度；第二层次，控制国民收入的分配总额，积累基金和消费基金的比例；第三层次，控制货币流通及其价格。

宏观经济控制，首先就要控制整个社会的生产建设规模和经济发展速度。社会生产建设规模过大或过小，经济发展速度过快或过慢，均不利于社会生产力的发展。这就要求我们把生产建设规模和经济发展速度控制在一个适度的范围之内……百多年来，马克思主义经济学者对于再生产理论的研究，几乎还停留在原来的水平，局限于"速度型"的再生产模式。大家常常谈论的"简单再生产与扩大再生产"，"内涵扩大再生产与外延扩大再生产"，皆超出这个范畴……然而，为了建设新世界，具体地指导社会主义经济建设，无疑需要完善、发展马克思的再生产理论，全面研究社会再生产的各种模式。

客观的经济运动存在另一种再生产模式——"结构型"再生产模式，即在社会再生产中，技术结构、产品结构及产业结构等质态不断发生变化的再生产类型……在两者的多种组合中，最佳状态是结构不断优化的高速度，但这是不常见的；次佳状态是结构不断优化的适度经济增长；而损害产业结构、导致技术停滞或倒退的虚假高速度则是一种最差的状态。社会主义国家在确定社会经济发展战略目标的时候，要吸取片面追求高速度的历史教训，注重实效、选择适度的经济增长率及产品结构、技术结构、产业结构不断优化的经济增长模式。

（六）"建设新世界的经济学"的方法论

既然传统的经济学主要是批判旧世界的，自然会在方法论上强调抽象法、矛盾分析法等，以便从大量的经济现象中揭示资本主义与社会主义的本质。"建设新世界的经济学"的根本任务是研究如何有效地开展社会主义建设，尽快消灭贫穷和愚昧，使国家和人民早日富起来。因此，在方法论上应具有以下几个特点：

一是在理论与实际的结合上强调务实致用……我们要有实事求是的科学态度，认真总结社会主义国家的历史教训……为什么在世界范围内的经济竞赛中，至今社会主义还未战胜过资本主义呢？在这方面最大的思想障碍是本本主义的研究方法，完全违背了从实际出发、实践是检验真理的唯一标准的马克思主义原理，严重妨碍着经济科学的发展和经济体制改革的进行，很不利于社会主义现代化建设。因此，在创立"建设新世界的经济学"的过程中，必须彻底抛弃本本主义，大胆探索，勇于创新。

二是传统研究方法与现代研究方法相结合。不仅要认识经济生活的本质，而且还要分析大量的经济数量关系。这就要充分汲取当代自然科学的成果……近几年在生产力经济学研究上有一个重大的突破，从"加法"上升到"函数论"，运用系统分析的方法，揭示了社会生产力系统内部各个因素、各个子系统的复杂关系。钱学森同志近年来大力提倡研究社会经济系统工程，表明了当代自然科学和社会科学相互渗透的趋势。这是十分重要的。

三是以马克思主义为指导，充分汲取西方经济学的科学成分。"建设新世界的经济学"是建立在共产主义必胜的基础上的，在基本理论上必须坚持马克思主义……我过早地抛出"建设新世界的经济学"的构想，是想广泛听取同行们的意见，因此恳切希望得到大家的批评指教。

六　马克思主义大发展的目的一定会实现

为了更好并尽快实现马克思主义大发展的目的，熊映梧教授和他的学生孟庆琳一起创作了《略论马克思主义大发展的涵义和条件》，发表在《社会科学》1988 年第 7 期，后被收入黑龙江教育出版社 1989 年出版的《熊映梧集》和山西经济出版社 1993 年出版的《熊映梧选集》。

（一）马克思主义需要新的大发展的时代根据

这篇文章开门见山指出，"马克思主义需要有新的大发展，这是现时代的大趋势"，是党的十三大作出的一个十分重要的论断。中国改革的成败，发展目标能否实现，在很大程度上将取决于我们对待马克思主义的态度。可以毫不夸张地讲，坚持教条主义，必然坚持旧体制，改革就难以进行，发展目标也难以实现。只有把马克思主义发展到适合当代水平的新阶段，才能回答改革、开放、发展中不断提出的新问题，引导亿万人民开拓前进，建成有中国特色的社会主义。正如党的十三大报告强调指出的："努力发扬马克思主义的科学精神和创造活力，振奋起全民族探索创新的勇气，是我们的理论和事业不断发展的希望所在。"

谈到马克思主义需要大发展，首先应当老老实实承认，一百多年来，我们的理论大大落后于实践。至今，马克思主义讲来讲去还是那么三个组成部分，那么一些基本原则。而对急剧变化的世界形势和社会主义国家的种种难题，马克思主义者显得那么软弱无力，被动应付。早被判决为腐朽、垂死的资本主义却"腐而不朽""垂而不死"，甚至"回光返照"。在书本上敲响了一百多年的"丧钟"，或讲了几十年的"革命前夜"还是没有在任何一个典型的资本主义国家兑现，理论上讲社会主义有种种优越性，而实际上许多社会主义国家至今还处于相对贫穷和落后的状态。面对这严峻的现实，有良知的马克思主义学者难道还不该振奋起来，对资本主义和社会主义进行实事求是的再认识吗？

"马克思主义需要新的大发展"，这个论断是否有什么限制呢？党的十三大报告指出："世界正在发生巨大变化，人类文明在突飞猛进，工人阶级和劳动人民的事业展现了新的前景。这一切都要求马克思主义者开拓新视野，发展新观念，进入新境界。"世界的巨变突出地反映在世界新技术革命的蓬勃兴起，以电子技术为首的新技术群和新产业群形成的新一代生产力，正在取代传统的机器生产力，从而改变着世界经济格局、两种制度的关系以及阶级关系等。在这样的历史条件下，马克思主义若没有一个新的大发展，真要令人担心它的历史命运了……我们认为，靠19世纪的科学成果，其中包括马克思主义科学成果，是远远不能满足20世纪的实践需要的。所以，马克思主义同其他学科一样，也必须适应新时代的要求有一个新的大发展。

（二）马克思主义新的大发展的基本含义

熊映梧教授明确指出，马克思主义的大发展，意味着修正已被实践证明是不正确或不完善的理论，特别是创造、创新、创建和增添新的理论。他还特别指明，当今，马克思主义的大发展，就经济学来讲，至少应表现在四个方面，即增添新内容、开创新学科、采用新方法、推向新阶段（"四新"发展）。

一是为马克思主义增添新内容。当今世界面貌与上个世纪大不相同了：一系列社会主义国家出现了，并且积累了十分宝贵的经验教训；资本主义也发生了很大变化，走过了他们的初级阶段；特别是正在兴起的世界新技术革命，将使人与自然的关系和人与人的关系都发生了根本性的变化。这个新的时代向马克思主义提出了一系列的新问题，需要我们作出科学的答案。例如，社会主义政治经济学面临着一连串的难题：如何寻找能够发挥优越性的公有制经济形式，解开计划与市场的结合之谜，探索社会主义经济运行的规律，特别是如何协调公平与效率的关系，等等。所以，熊映梧在《用发展观研究〈资本论〉》一文中断定：现在看来，马克思、列宁对于资本主义在全世界的灭亡估计得过早过快了。因此，马克思主义经济学似应必须增添这样一些重要的内容。例如，对时代的新概括，对现实资本主义的再认识（或称现代资本论），对社会主义的新分析（社会主义新论）。简言之，要为马克思主义经济学增添一系列反映新趋势、新发展和新成果的新原理。

二是开创马克思主义的新学科。如同任何一门学科那样，经济学开始也是以"混合形态"出现的，现在已经发展成包括许多分支学科的庞大体系。新近出版的王慎之和邱兆祥合著的《经济学新学科概要》把经济学分为四大类：理论学科、部门学科、应用学科和边缘学科，共计96门。这是否像有的学者讲的"经济学混乱"呢？乱也许有点，却是一件大好事，是创新创造过程中必然出现的"乱"。因为，开始打破旧政治经济学的"一统天下"了。

三是采用新方法。传统的马克思主义研究方法，通常称作"唯物辩证法"。这种方法实际上是以矛盾斗争和历史进化为主线，以寻找主要矛盾、分析主要矛盾发展过程和解决途径为内容的一种分析方法。马克思是在19世纪哲学、自然科学和社会科学发展的基础上创立这一方法的。这一方法，不仅为正确分析人类经济活动的各种历史形态的演化过程和演化规律提供了锐利的分析工具，而且也大大促进了自然科学中方法论的发展。无疑，马克思主义的唯物辩证法是人类思想史上一项辉煌的成就。但是，任何方法论上的伟大成就，也只不过是人类认识史上的一个里程碑。人们的认识永远不会停留在已有的成就上，而是不断开拓新的未知世界。方法论上的伟大发现，只能是使人类认识的进程加速，不断增强人们开拓未知世界的深度和广度，而绝不是使这个过程停下来。

19世纪以来，自然科学和社会科学中物质运动形式和运动规律的重大发现和方法论上的突破层出不穷、不断加速。许多新方法和新观点，在极具广泛的领域中起着重要作用，产生了巨大的影响……人们在经济研究中已经或多或少地感觉到了这些新方法和新观点将会引起经济学的革命。在经济学中初步使用这些新方法和新观点，已经从深度和广度两个方面开拓了我们的新视野。协同论、耗散论、系统论、控制论和实证方法论，等等，都具有重大的方法论意义。

四是把马克思主义推向一个新阶段。这是前三点合乎逻辑的结论。如果给马克思主义增添了许多新内容，包括一些基本原理，开创了一系列新的学科，特别是在方法论方面充分吸取了当代科学新成果，那么，马克思主义必然要发展到一个崭新的阶段，并且对于实际生活发挥巨大的积极的指导作用。而今已经跨进电子时代，核技术、航天技术、光导通信等一系列新技术正在深刻改变世界面貌和人际关系。熊映梧在"两论"用发展观研究《资本论》的论文中，明确指出了《资本论》的历史局限性，这是任何一个人（马克思也是人，不是神）的社会属性之一……时代大踏步地前进了，我们的理论却在原地踏步不前，这个矛盾日益尖锐。解决这个矛盾的唯一办法，就是把马克思主义提高到一个新阶段——与当代文化、科技和生产力水平相适应的新阶段。

（三）实现马克思主义大发展所必需的重要条件

通过以上的科学分析和逻辑论证，可以得出一个正确的结论：马克思主义要大发展的内容或目标，应当体现在"四新"上，而能否实现马克思主义大发展的战略目标，则必须取决于一些重要的条件：一是时代的需要。正如恩格斯所讲的，社会上一旦有技术上的需要，则这种需要就会比十所大学更能把科学推向前进。这个论断也包括经济科学在内的社会科学。现在，十三大已经鲜明地提出了"马克思主义要大发展"的历史任务，有待于全社会共同努力去完成。二是学术自由。百花齐放、百家争鸣，是学术自由民主的生动体现。应把"双百方针"写进宪法，成为公民的基本权利之一。要是违反学者的学术自由和民主权利，就是违法犯法，国家有关部门就可以将其绳之以法。用法律形式和力量保护科学创新和理论创造，以保护马克思主义的大发展。三是学者自我解放。中国一些学者的悲剧在于深受祖宗家法的束缚，不敢也不能自我解放、独立思考和自由研究。虽然社会科学部门也不乏精英人才，但却鲜有自主创新；更可悲的是自相残杀、内耗极大。我们主张，一定要从根本上尽快而彻底地改变这种极坏的局面,把我们的时间、精力和才智,都投放到马克思主义大发展的时代大业之上。我们提倡,在学术界认真坚持"双百方针"的基础上,实行"三和路线",即和平共处、和平竞争、心平气和地开展学术争论。亦即和合创新、和合创造、和合发展。

(四)把实现马克思主义大发展作为自己的重大使命

这个重要条件主要是特指众多的中国经济学人和经济学家主体的。没有这一决定性的主体条件,实现马克思主义大发展是根本不可能的。因此说,这一经济学人和经济学家队伍主体,是创新发展中国乃至世界的马克思主义经济理论,或者经济科学体系的主体力量、核心力量和领导力量。如果没有这个决定性条件,其他一切条件很都难落实和发挥作用。

熊映梧教授就是一位非常杰出的创造型的经济学家,一位非常卓越的创新型经济学领军人物,既是马克思主义中国学派和龙江学家的光辉旗帜;同时也是一位非常卓越的核心人物和作出卓越贡献的创始人,是一位以创新发展马克思主义理论经济学和生产力应用经济学为自己终身使命的先行者。用同行经济学家赞誉的和自己欣然接受的语言来说,就是一位敢于、善于和成于"标新立异"的经济学家,一生都在"领异标新"的极为难得的中国著名经济学家;他把创新发展马克思主义经济科学作为自己的终身使命和最大职责,甚至把它看成比自己的生命还重要的事情。许多经济学家赞扬他是一位创作经济科学里的多产作家、高产作家、优产作家和罕见作家。在他短暂的 20 多年的晚年,就发表了著名学术论文 180 多篇,结成著名《文集》《选集》《文丛》五部,共 180 多万字;专著、教科书,特别是生产力经济学名著超过 300 万字;此外,包括他主编的《中国边贸实务大百科》和经济战略策划设计总文字超过 300 多万字,还不包括被国内著名经济科学论著收入的若干文字。他的家人说,熊映梧教授在"拼命",每完成一篇长文、一部名著,特别是经济科学巨著,都要"大病一场",不等缓过精气神来,就又投入了下一场"拼命式"的创新、创造和创作……

关于熊映梧教授在这方面的惊人业绩,有他天命之年的诗为证:

坎坷半世心力衰,腰弯骨损志难改。

拼将余生著新说,毁誉存亡置度外。

附录：

熊映梧向《资本论》研究提出商榷引起的风波

王恩重

《世纪》2013年第1期

　　1983年，是中国结束"十年浩劫"之后的第七年。此前不久，国内理论界经过了对"两个凡是"提法的大辩论，确立了"实践是检验真理的唯一标准"观点。党中央召开了十一届三中全会。人们在拨乱反正的过程中，理论上都由衷地拥护以邓小平为首的党中央所提出的新时期的改革开放路线，但在具体实践中，由于受多年来"左"的思想路线影响，难免会不自觉地按照旧的习惯性思维来处理问题。当年，反映在黑龙江大学经济系熊映梧教授《用发展的观点研究〈资本论〉》文章中，正体现出理论界在这一时代发展过程中所出现的不和谐声音。一场学术理论风波过去了，这场"风声大，雨点小"的"倒春寒"过程着实让人们心惊了一阵。在这场风波中，表现出在大陆要反"左"是多么的不易。1979年创立的《社会科学》系上海社会科学院院刊，除发表院内学术稿件，还采纳外稿。我于1981年进《社会科学》编辑部，乃恢复高考后第一位分配入院的文科毕业生。《社会科学》编辑部平均年龄五十岁以上，且多为落实政策的右派，因此学术空气相对宽松，创刊以来一直保持思想解放姿态，刊发过不少耳目一新的理论文章，一些观点颇引争议。因而声望日增，当时最高发行量达2.4万余册，覆盖境外一百多个国家和地区，在全国地方社科刊物中高居榜首。

　　在每期编前会上，编辑部有时也争论激烈，常常争得面红耳赤。一次为决定某文是否刊发产生争执，十二级干部的钦本立对十级干部大声说："我是主编还是你是主编?!"

　　接到稿件

　　1983年，负责经济栏二审的副主编温崇实从来稿中发现黑龙江大学经济系教授熊映梧的《用发展的观点研究〈资本论〉》，文中对理论界这一时期的《资本论》研究发出不同的声音，触及当时无人敢于涉足的理论禁区：如何用改革开放的发展观点研究《资本论》？熊文认为，要讲清楚马克思主义理论的继承与发展，不能再用几十年不变的方法和材料来解读《资本论》。现在看来，乃是 ABC 级的初级阶段问题，但在当时却是"十分大胆的思想解放"。熊文实际是要提出用"与时俱进"的态度来看待《资本论》研究，不能将《资本论》绝对神化。熊映梧（1929—2003 年），湖北松滋人，1949 年 3 月中学毕业投奔解放区，入华北革大，1950 年入党，1956 年入中共中央高级党校师资班，1962—1968 年入中国人民大学《资本论》研究班进修。"文化大革命"初期，因反对个人崇拜"顶峰论"遭省内批判，"文化大革命"中是"全程批斗"的"专政对象"。但他未放弃研究马克思主义政治经济学，"文化大革命"一结束，成果迭出，连发文章，1978 年晋升副教授，1982 年晋升教授，年过半百的他立志"拼将余生著新说"，一系列颇具前瞻性的观点与开创性的经济学研究成果，已在学界广受注目。熊文投来之前，他已在《经济学动态》1978 年第 11 期、《学习与探索》1979 年第 2 期、《经济科学》1980 年第 2 期连发三文，在全国率先提出了"经济学要把生产力研究放在首位"的观点，暗含放弃"政治第一"价值标准。于是，熊映梧的观点"理所当然"地被认为离经叛道，被斥为"雅罗申柯分子"。接着，在 1981 年第 3 期《社会科学战线》杂志上熊映梧发表《生产力系统论》，将系统论引入生产力经济学研究，并出版一系列有关生产力经济学专著，受到钱学森高度评价，被学界誉为新时期生产力理论、生产力经济学学科创建人之一。

发表熊文

熊先生在《用发展的观点研究〈资本论〉》中提出，《资本论》有些结论已不适应变化了的现实。在学校上课时，面对学生的提问，他无以作答，常常出现无法继续上课的尴尬。熊文从四个方面阐述观点：(1)《资本论》某些原理乃是根据资本主义前期情况概括得出，未必适用资本主义发展的一切阶段；(2)《资本论》个别结论根据不足，未必能够成立；(3)《资本论》及马克思一些著作对未来的预测属于"未来学"范畴，有待今后社会实践检验；(4)《资本论》采取的方法基本上为"静态分析"，不免存在局限性。熊文对四个方面所涉及的问题作了具体阐述。

"文化大革命"刚结束的理论界，有人对斯大林、毛泽东及列宁的个别观点大胆提出质疑，但还未出现对马克思经典原著进行商榷的文章。

上海社会科学院经济所王志平研究员，也是对《资本论》颇有研究的政治经济学资深学者，他虽然对熊文观点有所保留，但对其解放思想的精神深表敬佩。王志平与熊映梧曾有交往，听说我们收到这篇文章，即向编辑反映该文先后投给多家刊物，唯被中国社会科学院内刊"未定稿"所采用（1982 年 11 月），公开刊物尚无一家接纳。听说编辑部打算发表此文，王志平对温崇实说，熊映梧正在上海，可带我们去拜访。编辑部一些老"运动员"考虑到以往历次政治运动的教训，也本着对熊负责，温崇实决定不与熊直接接触，文章交经济栏蓝青为责编，经温崇实二审，钦本立终审，一字不改刊载在《社会科学》1983年第 7 期上。编辑部精心编排这期文章顺序，特意将熊文紧跟在一组"主旋律"文章之后，即开展政治思想工作的"理论研究"专栏，以示与中央保持一致。

风起萍末

熊文发表后，钦本立、温崇实等出席《世界经济导报》在宁波主办的经济学研讨会，将第 7 期《社会科学》赠给与会学人。中国社会科学院一位资深学者阅后对温崇实说："你们要闯祸了！"他建议对熊文不要太张扬，偷偷"捂"过去算了。温崇实则认为，熊文没什么政治问题，应该让学术界公开讨论，回沪后便催促写文摘的青年编辑投稿《文摘报》，未见回音，温让这位编辑再写再投。不久，两篇文摘先后刊载在《文摘报》的显著地位。

最先作出反应的竟是境外媒体。日本的《每日新闻》《朝日新闻》凭着敏感分别自北京、中国香港地区往东京发消息，两家报纸均刊登有关熊文的消息。两家日媒根据熊文在《文摘报》的位置——排在邓小平谈解放思想之文下方，猜测熊文的发表与邓小平解放思想有关，这有可能是改革开放的一个步骤，先在北京以外的刊物上吹吹风（当时重大政策出台时的惯例）。两家日媒的报道立即引起海外各大媒体关注，新华社《参考资料》（限厅级以上干部阅读的"大参考"）注意到外媒这一动态，亦予报道，熊文由是"出口转内销"。

两个月后，香港政论刊物《争鸣》1983 年第 9 期，以"评《资本论》的不足之处"为题，摘转熊文片段。该刊同期社论亦发出呼应性的社论《喜见突破》："希望中南海诸公，肯定这种敢于向权威挑战

——实际上是维护权威的理论勇气,公开表扬这种实事求是的精神,鼓励第二个、第三个、第一百个熊映梧站出来……"该期《争鸣》封面要目中醒目标注《中国三十多年来第一篇批评〈资本论〉文章》。

黑云压城

外媒与港刊《争鸣》的敏感反应,引起中宣部长的愤怒:"是可忍,孰不可忍。"国内理论主管部门以外媒的"迅速反应"(尤其得到《争鸣》的欢呼),责难熊文和《社会科学》。邓力群在会上说:"这样一个有影响的理论刊物(指《社会科学》),掌握在不是马克思主义者手里,让没有党性的人控制了,其他地方没人碰,就上海有人碰!"(指熊文"碰"了马克思的一些观点)

"凡是敌人拥护的,我们就要反对",有关部门迅速作出反应,中宣部副部长曾德林受命撰文,于1983年第20期《半月谈》(新华社主办)代表中宣部表态,署名署职务地发表题为《宣传工作要旗帜鲜明地反对精神污染》一文,文章第二部分:

坚持四项基本原则,是我们立国和建设的根本保证,是实践证明了的真理。借口"解放思想",把四项原则说成"紧箍咒",要加以冲破,这种意见显然是错误的。……可是有人公然要批判马克思主义,批判《资本论》,对于这种挑战,马克思主义者就不能保持沉默了。

这篇副部长之文虽然没有声色俱厉的"文化大革命"高调,但矛头指向十分明确,将熊文视为对马克思主义的"挑战",是冒出来的"反马克思主义的东西"。

一位上海市领导在报上点名批评《社会科学》,并派员调查编辑部。不久,开展了席卷全国的"清除精神污染"运动,山雨欲来风满楼。上海社会科学院领导接到上级指示,认定《社会科学》发表熊文是一次政治事件,要组织文章进行"讨论"。院党委书记找了院内各所十几位学者,逐一排查《社会科学》五年来发表的文章,结论为"仅此一篇"。院里还组织两次理论座谈会,听取学者意见。本院青年学者周建明对熊文某些观点略示赞同时,当场受到其老师的严厉批驳。

《社会科学》1983年第10期,发表署名陆丁的《掌握〈资本论〉的活的灵魂》。此文乃两位复旦研究生应约5天之内赶制出来,经再三修改刊出,得到院领导和市委宣传部的首肯。该文首先肯定熊映梧"不把《资本论》当《圣经》的探索精神",但认为熊映梧没有把握

《资本论》的辩证逻辑，对马克思因历史局限形成的一些失误没用辩证逻辑予以观照，没将马克思主义看成动态体系，没掌握《资本论》活的灵魂。最后，该文赞同熊先生"用发展的观点对待马克思经济理论"。全文力求"以理服人"，院领导希望将这场讨论限于学术研讨范畴。

随着形势的发展，《社会科学》第 11 期转载原院党委书记李培南的《有关学习〈资本论〉的几点意见》，并配发"编者按"：《社会科学》杂志转载该文，是针对当前《资本论》研究中出现的错误倾向。但李文本身并非专门针对熊文。同期另一篇胡秉熙的《〈资本论〉研究中的几个是非问题》，对熊文"剩余价值的剥削方法""劳资的阶级关系""实现共产主义的前途问题"三方面观点进行批评，全盘否定熊文。

接着，院里又组织一组批熊文章，配以两次座谈会纪要与港刊《争鸣》社论，发在《社会科学》内刊《来稿专辑》。刚经历"文化大革命"的"老运动员"，一个个心存余悸，有些人出于自保"宁左毋右"，违心批判熊文。一些作者交稿一拖再拖，私下纷纷找编辑部成员表白："奉命作文，并非本意，务请理解！"有人干脆打了退堂鼓。《来稿专辑》在小范围内分发，亦寄熊映梧，他未作任何答辩。

批判升级

1983 年 10 月，"清污"进入高潮，各地"清污"领导小组由宣传部长挂帅。上海市委宣传部长王元化因病住院，上海"清污领导小组"易人挂帅。熊文难逃厄运，与复旦哲学系一批硕士生发言（中国科技大学认识论研讨会）同列上海"清污"主靶，批判升格了。

市委宣传部在上海展览馆召开了全市理论界"清污"动员大会，上面规定钦本立必须到会，编辑部大部分同仁抱着共赴厄难的心情自发"伴会"。钦本立入场后坐在南面后排，主持会议的上海市社科联理论处处长郭加复多次请钦坐前排中心做靶子，老钦坚持不动。会议中，郭多次递话筒请钦发言，推辞不掉，钦简单说了几点意见："我们拥护党中央关于清除精神污染的决定！我们拥护党中央关于清除精神污染的政策！我们还要继续解放思想！"全场传出一阵热烈掌声，批判会变成了拥护会，体现了绝大多数上海理论界人士对"解放思想"的态度。副主编温崇实没参加这次会议，作为发表熊文的具体策划者，他拒作任何检查。

根据市委宣传部精神，上海社会科学院党委对《社会科学》派出工作组，重组领导班子。免去钦本立的《社会科学》主编，专任《世界经济导报》总编；温崇实、苗立沉两位副主编，以年龄到点不久先后离休。工作组正副组长留任《社会科学》正副主编。此后，《社会科学》一改风格，失去走在理论前沿的锋芒，多年未发表有商榷价值的文章。

余波回声

不久，国内政治形势发生微妙变化，"清污"走低，对熊文的"商榷"渐渐销声匿迹。虽然没人公开宣布熊已"解脱"，但媒体上未再出现批熊文章，反而有人在文章中不断引用熊映梧的一些观点。

此时，一位日本记者找到胡耀邦，试探性地提出日本有人想请熊映梧去讲学。总书记回答："这事用不着找我，你们可以自己去找他。"无疑，这是一个中央级信号：熊映梧并没受到任何人身限制。理论界开始对熊文进行郑重研讨，肯定之声渐渐大起来。这场风波最终以学术讨论的方式收官。

难能可贵的是黑龙江省委顶住压力，李力安书记自始至终保护熊映梧教授。偌大一场轰轰烈烈的"清污"运动，熊映梧始终"岿然不动"，未受任何政治处理。

随着对马克思主义研究能力的提高，熊映梧在学术上渐渐翻身，最终得到充分肯定。风波过后，解除种种不公正的压力，熊映梧释放出新一波学术能量，硕果累累，获奖连连。1986 年获"国家级有突出贡献的中青年专家"称号，1988 年获"孙冶方经济科学著作奖"，1995 年获全国生产力经济学优秀著作特等奖；历任黑龙江省政府经济研究中心主任、省社联主席、黑龙江大学副校长兼经济学院院长、中国生产力学会副会长、世界生产力科学院院士。

两年后，熊映梧应《社会科学》要求，于 1985 年第 7 期头条发表《再谈用发展观研究〈资本论〉》，重申观点，对《资本论》的历史局限作了具体阐述：

……不禁使人想起"文革"中的一件怪事：那时大讲毛泽东思想的精髓是"一分为二"，但就是不准对毛泽东一分为二，不准对毛泽东著作一分为二，有人说可以一分为二，竟被打成"现行反革命"！如果说《资本论》结束了历史局限性，岂不是说《资本论》是永恒真理的化身，辩证法到此不是中断了吗？

一部《资本论》治天下（不知是否包括"外星人"社会?），还需要什么发展呢？……科学史上不乏空前伟大的佳作，但是从无绝后的天书。

熊映梧在《发展与改革丛书》总序中写道："人类学家麦克斯·格拉克曼曾经说过：'科学是一门学问，它能使这一代的傻瓜超越上一代的天才。'……我们为什么不能超越上一代的天才呢?"乍暖还寒的1980年，真要去做一个社会科学研究的"傻瓜"，是那么不易。

以今天的眼光，当然不能对马克思搞"两个凡是"，《资本论》也不可能包打天下。对熊映梧先生的"清污"乃是极"左"思潮最后的"回光返照"。事实上，熊先生的学术研究为今天的"马克思主义中国化"推启大门，迈出"文化大革命"后的艰难并十分重要的第一步。

2004年，我赴哈尔滨开会，打算拜访熊映梧先生，电话叩家，家属告知熊教授已于2003年4月8日去世。抱憾之余油然而生敬佩之情，谨以此文纪念之。

（作者为上海社会科学杂志社原副主编、编审，
责任编辑：张鑫）

1983年《社会科学》杂志封面（左）和刊发的熊映梧文章

第三章　熊映梧的改革观

若从世界观和方法论研究熊映梧的改革观，一定会很快找到他的关于这个主题的论著数十篇，如《社会主义与市场经济》《中国经济改革与市场经济论》《中国向市场经济过渡的理论问题和实践问题》《历史性大转折：由计划经济向市场经济过渡》《市场经济：我们面临的新课题》《读〈建议〉的理论思考》《经济改革的根本理论问题——如何对待社会主义商品经济》《中国改革的理论思考》《初级阶段的中国发展问题》和《变计划经济体制为市场经济体制——中国经济的唯一出路》等等；再如，《中国经济发展模式研究》《结构优化的适度经济增长模式》《略论结构型再生产模式》《"七五"经济增长模式的理论探讨》《宏观经济调控的重要一环——选择适度的经济增长率》和《结构优化的适度经济增长的理论与对策》等。

本章以熊映梧的《我的市场经济观》和《我的经济改革观》为核心内容，节选、摘录和转引其他相关论著，进一步研究、认知和评价他的"大改革观"对理论和实践的创新贡献。

一　市场经济观

在《为新时代的经济学催生——1978—1998 年中国学术前沿性论题文存·龙江学人卷》一书中，有一篇摘自《我的市场经济观》（江苏人民出版社 1993 年版）的论文，题为"中国向市场经济过渡的理论问题与实际问题"。这篇 3 万多字的长论文丛，可以看作是熊映梧的市场经济观。研究熊映梧整合创新的"大改革观"，从这篇论文开始是再好不过了。

该文提要指出："中国确定放弃计划经济，坚决转向市场经济，这是 20 世纪社会主义运动史上最伟大的变革。它将决定社会主义事业的命运，影响 21 世纪的世界格局。"

"市场经济、计划经济、自然经济是人类历史上先后出现的三种基本的资源配置方式，对社会生产力的运行发生着不同的作用。"

"20 世纪发生了一起历时 70 多年的'国际马拉松大赛'：计划经济与市场经济的竞争。结果是市场经济胜了，计划经济败了，计划经济的代表者苏联演出了'懒—穷—垮'的三部曲悲剧。"

"中国 14 年的改革'摸着石头过河'摸出来一条基本经验就是：市场经济是唯一的富国富民之路。但是理论落后于改革的实践，计划经济理论的幽灵困扰着决策者。"

"中国如何向市场经济过渡？这是需要中国经济学家从中国的国情出发，经过认真探索才能做出回答的。"

"中国向市场经济过渡，首要的难题是如何妥善解决庞大的国家机构与市场经济的矛盾。"

"中国向市场经济过渡的又一大难关，在于合理地解决国有制与市场经济的矛盾，创造一种新型的社会主义产权形式。"

"在公平与效率之间找到一个结合点，是中国向市场经济过渡的又一大难题。"

"向市场经济过渡，是采取急转弯似的'休克疗法'，还是渐进式的'针灸疗法'，这是关系'改革成本'大小，甚至是改革成败的问题。"

（一）中国向市场经济过渡是跨世纪的重大创举，具有划时代的重大意义

"在 20 世纪的最后十年，世界发生了那么多重大事件，发人深省。有 70 多年光荣历史的超级大国苏联解体了，东欧及蒙古等社会主义国家纷纷抛弃了社会主义制度……尊重历史事实的人都看得很清楚，以苏联和美国为首的西方集团较量，不是输在军事上、政治上，也不是在科技方面，而是在经济竞争中败下阵的。毛泽东有一段名言：'唯物辩证法认为外因是变化的条件，内因是变化的根据，外因通过内因而起作用'。如果经济繁荣，民富国强，就可以立于不败之地，即使西方'和平演变'搞得再厉害，又能起什么作用呢？……胜败的关键在于谁的经济搞得好……邓小平关于建设有中国特色的社会主义理论，其最大的特色就在于坚决抛弃计划经济的社会主义模式，提出了市场经济的新模式。这是敢于从实际出发，解放思想的光辉典范……市场经济对于社会主义国家的领导者及经济学家，尤其是中国人，是一个颇为生疏的新课题。一方面，我们要了解西方几百年来市场经济的历史、理论和现状；另一方面，我们更需要研究如何在中国构造和创建市场经济的框架，探讨中国向市场经济过渡将碰到的一些什么特殊问题，提出有中国特色社会主义市场经济的理论和对策。"当然，创立社会主义市场经济的观念，就成为一个首要问题。

（二）中国转型市场经济的理论与实践

"1979 年 11 月 26 日，邓小平会见美国《不列颠百科全书》副总编吉布尼讲话时指出：说市场经济只限于资本主义社会、资本主义的市场经济，这肯定不是正确的，社会主义为什么不可以搞市场经济？邓小平这种超前意识，当时在最高决策层也难以被大家所接受……1982 年的十二大报告再次肯定了以计划经济为主、市场经济为辅的原则。1984 年，十二届三中全会《关于经济体制改革的决定》由计划经济和市场经济的'主辅论'转向'结合论'……中国改革的第三阶段，中共十四大明确规定改革目标是建立社会主义市场经济体制……彻底抛弃计划经济体制，坚决转向市场经济体制，从而排除了一切犹豫、徘徊、动摇、折中，为改革决定了明确而坚定的目标：有中国特色的社会主义市场经济模式，这是史无前例的重大创举。"

（三）市场经济取代计划经济的历史必然性

"一是计划经济违背等价交换的利益机制，形成一种所谓'大锅饭'的利益格局，严重挫伤了社会主义社会大多数成员的积极性。二是计划经济排斥竞争机制，使经济生活变成死水一潭，墨守成规，停滞不前。低质低效是计划经济无法医治的顽症。三是计划经济缺少调节供求及国民经济各方面比例关系的平衡机制，在宏观管理方面屡屡造成重大失误，而陷入长期经济危机中难以自拔。"

（四）中国怎样向市场经济过渡

中国改革业已确立"建设和完善社会主义市场经济体制"的目标。这是改革实践和理论探讨最积极的成果。现在的问题是中国怎样向市场经济过渡？如何妥善解决过渡中将出现的各种矛盾，否则将导致过渡的失败。

（五）采取渐进方式改造国有制产权

市场经济是以企业的独立产权为基础的。搞市场经济，必须改造国有产权。可以采用内外夹攻的办法改造国有产权。

（六）解决好向市场经济过渡的一大难题，即处理好庞大的管理机构

中国从计划经济向市场经济过渡，最大的难题莫过于如何处理好庞大的管理机构与市场经济的矛盾。市场经济基本上是靠市场机制运行，只需要精干的小小的政府机构发挥宏观调控作用。

（七）必须逐步构造新的利益格局

违背等价交换规律的计划经济体制形成了畸形的利益格局。如今向市场经济过渡，引进竞争机制必将打破旧的利益格局，拉开收入的差距，收入有低、有高，有穷、有富。价格是各种利益关系的焦点，也是十分敏感的问题。因此，向市场经济过渡是一个极其复杂的利益关系调整过程，新的利益格局的构造过程，绝不能简单化从事。我早在1988年《改革》第6期著文《中国改革的理论思考》，提出了一系列比较稳健地逐步放开价格的主张……前不久，在接受香港《经济导报》（1992年第42期）采访时，我强调指出："我一向鼓吹创立中国经济学派，吸取世界百家经济学派之长，用自己的脑袋思考问题，走自己的路，中国经济改革的成功之路，就要靠我们中国人自己去开创。"

事实证明，创立中国改革经济学派，尽快吸收和更好地整合世界百家经济学派的优长，更新观念，尽快形成有中国特色的社会主义市场经济观，才能真正开创出来中国经济改革的成功道路。

二 中国经济增长观

熊映梧在20多年的学术研究中，特别是在他的前沿性创新论题的科研成果中，有一个中国经济发展模式或增长模式系列，对中国经济发展有较强的借鉴意义。

（一）《马克思的再生产理论与社会主义国家的经济发展战略》

该文原载于《经济问题探索》（1983年第10期），是熊映梧较早研究中国经济增长模式的重要成果。他从历史经验开篇：社会主义国家的历史经验再三证明，战略决策对于社会主义国家的经济发展和宏观效益

具有决定性作用；而经济发展战略决策的正确与否，又同指导思想是否正确密切相关。十月革命以来，许多社会主义国家在经济发展战略决策方面相继发生了片面追求高速度的错误倾向。这样高速度的发展战略，无疑在维护新生的社会主义国家的独立地位方面，起了重大的历史作用，但错误很多，代价惊人和遗患很大，致使这些国家的经济长期不能稳定地均衡发展，经济效益很差，人民生活长期处于较低的水平。现在到了必须根本解决这个问题的时候了。

一是必须找到经济发展战略失误的理论根源，找到"结构型"的再生产模式和经济发展战略。这种"结构型"的再生产模式，就是在社会再生产过程中，技术条件不断变化，产业结构、技术结构和产品结构不断更新以及形成新的组合，从而使社会生产力发生质的飞跃。

二是"速度型"和"结构型"的再生产模式是并存的，一个是从数量上，一个是从质量上反映了再生产运动的变化，有时前一种变化较为显著，有时后一种变化更为突出。在实际经济运动中，呈现着两种再生产模式交错并存的多种情形：结构不变，速度变化；速度不变，结构变化；速度和结构朝同一方向变化；速度和结构朝相反方向变化。总之，完善马克思主义再生产理论，全面研究再生产的多种组合模式，对于纠正只追求速度的经济发展战略，具有重大的指导意义。

三是依据发展了的马克思主义再生产原理，全面考察经济增长的多种途径、多种模式，把速度、结构、效益统一起来和整合创新，坚决纠正和根本解决片面追求速度的有害倾向。

（二）研究和创立中国经济发展模式

写于 1983 年的《中国经济发展模式研究》一文，被收入《熊映梧选集》（1993 年中国经济出版社）。熊映梧深为遗憾地说："对于一个发展中的国家来说，在理论上寻求合适的经济发展模式，在决策上制定切实可行的经济发展战略，具有十分重大的意义。本文是关于中国经济增长模式这一重大课题的系列研究报告之一……新中国成立至今不到40 年，但经济发展却走过了十分曲折的道路……为了揭示事物的本质和运动规律，我主张把新中国 1949—1987 年这段历史分为三个阶段：低基数高速增长时期、大起大落动乱时期和转型发展时期。"

"党的十一届三中全会以来这九年，中国经济正处在两个大转变之中，即从旧的经济体制向新的经济体制转变，从旧的经济发展战略向新的经济发展战略转变。这一时期国民经济处于边调整边发展状态。一方面，国民经济持续高速发展，人民生活显著提高，九年间国民生产总值翻了一番，人民收入也大约提高了一倍；另一方面，由于旧的经济发展战略的惯性，旧的经济体制的影响，仍然不时出现经济增长速度过猛、总需求大大超过总供给的倾向……总之，中国经济发展的波动幅度很大……因此，对这一段历史教训的总结，应当深入到研究经济发展模式，比较各种经济发展模式的得失，从而选择一个适合于中国国情的经济增长模式，为制订正确的社会主义经济发展战略提供理论依据。"

通过对经济增长模式的比较，得出了一个科学正确的选择，即结构优化的适度经济增长模式和发展战略。科学根据有三条：一是赵紫阳《关于第七个五年计划的报告》指出："七五"的方针是，确定适度的经济增长率，促进国民经济按比例、高效益地向前发展；二是规定恰当的投资规模，合理调整投资结构，努力提高投资效益；三是坚持把科学技术进步和智力开发放在重要的战略地位，更好地发展科学教育事业。

这三条方针充分体现了"结构优化"和"适度增长"两者相结合的精神。在"七五"计划关于几项指标的规定、关于经济增长率和经济效益的全面安排、关于调整产业结构的方向和原则，等等，都是遵循着这个总体设计要求的。从执行"七五"计划的情形考察，要实现"结构优化的适度经济增长模式，有许多预料不到的困难"。

(三)"七五"经济增长模式的理论探讨

该文是熊映梧与邹滨年合著，原载《经济研究》1986 年第 8 期。文中指出："中华人民共和国国民经济和社会发展第七个五年计划业已公布，'七五'对于创立有中国特色的社会主义经济模式，实现到 20 世纪末的经济发展战略目标，都具有十分重要的意义。研究'七五'经济增长模式，也就是'七五'设计蓝图具体化，探讨如何实现'七五'的基本任务，预测可能出现的种种问题，从而增强预测性，趋利避害，以求得较好的经济效益和社会效益。本文分为三个部分：一是经济增长模式的划分；二是'七五'增长模式的特点；三是实现'七五'计划可能出现的干扰因素"。

"我们把社会经济增长模式（社会经济再生产模式），划分为两种基本形式，即速度型经济增长模式和结构型经济增长模式。速度型经济增长模式，是指由于社会经济发展速度加快而引起的经济增长形式。这是一种显而易见的经济增长模式，故为人们所重视……结构型经济增长模式，则是指由于产品结构、技术结构以及产业结构的改善而引起的经济增长形式。这是一种往往被忽视的经济增长模式。当然也是一种比较难、比较高的质态经济增长模式。"

"七五"经济增长模式的特点是：结构优化的适度经济增长模式。为什么要选择这样的经济增长模式呢？一是为吸取以往片面追求"超高速度"的沉痛教训，"七五"必须采取重大的战略措施，来实现经济增长模式的根本转变，彻底根治重产值、轻效益、重数量、轻质量的痼疾。因此，"七五"选择了适度的经济增长率。这对于一向把国民经济高速度发展视为客观规律和优越性的社会主义国家来说，可谓一大观念转变和战略创新。二是为经济体制的改革创造一个比较宽松的经济环境，可以保证我国正在同时进行的两大转变：经济增长模式的转变和经济体制的转变……三是鉴于前几个五年计划时期的经验教训，把"七五"的经济增长率降低一点，是明智的、实事求是的。

把"七五"确定的结构优化的适度增长模式付诸实践，至少需要做以下几个方面的工作：一是在更深的层次改善农轻重结构；二是协调经济增长率和经济结构优化的关系；三是重视软件开发……大家公认，中国经济落后，突出地表现为管理落后。中国同世界上发达国家的差距，首先表现为管理水平的距离和人才的差距。因此，"七五"要实现结构优化的适度增长，关键在于加强"软件"开发。时任总理强调指出，当前最重要的是必须进一步树立起重视科技进步的战略观点，使各个方面都有一种加快科技进步的紧迫感。最后，必须做好准备以随时排除可能出现的干扰因素。保证实现"七五"结构优化的适度经济增长战略。

（四）中国经济发展模式的科学选择

这是原载《经济学家》1989 年第 1 期《初级阶段中国的发展问题》中的一个论题。熊映梧强调：和平与发展，是当代两大全球性的问题。和平是为发展提供有利的环境，发展乃是时代的主题。人类社会的发展，从几千年前脱离野蛮状态进入文明时代以来，经历了古代的文明、近代的文明，以至现代的知识文明。今日之中国处于人类文明的哪个阶段呢？中国的发展具有什么样的特殊内涵呢？中国应当采取什么发展模式和对策呢？这正是本文要探讨的主要问题。本文力图摆脱陈旧观念的

束缚，采用新的研究方法，努力探索未知的领域，体现中国经济学家的
独立风格，而置成败毁誉于度外。

首先，必须搞清楚"今日中国处于哪一个发展阶段？"习惯于按照
五种社会经济制度依次更替的传统思维模式来判断中国的发展问题，不
免发生重大的失误；或者否定中国已进入社会主义时期，或者超越历史
阶段，企图在经济文化十分落后的条件下，实现古典式的社会主义。我
们的失误，主要不是否定中国已经进入了社会主义社会，而是社会主义
实践中的空想论。20 世纪的空想社会主义则是不顾生产力的限制，试
图在经济文化很落后的条件下，很快建成社会主义，向共产主义过渡。
回顾一下社会主义诸国的历史，可以清楚地看到，我们在取得政权后，
面临两大任务：一是消灭剥削制度，建立社会主义制度；二是消灭贫穷
和愚昧，真正实现人类的解放，使人人都过上最幸福最美好的生活……
时至今日，还没有哪一个社会主义国家具备了发达社会主义（或者叫
"够格的社会主义"）所必需的高度繁荣的经济文化前提。所以，苏联
承认自己是发展中的社会主义，中国确认自己尚处于社会主义初级阶
段。这些新的结论是对 20 世纪社会主义实践经验的科学总结，将使我
们抛掉种种空想论，脚踏实地地干社会主义……中国的社会主义可称为
"封建后的社会主义"。

其次，当代中国发展的特殊含义。由于世界上一部分经济发达国家
和新中国的社会主义到现在仍处于初级阶段等客观实际，决定了初级阶
段的中国在发展方面仍然具有特殊的内涵：一是工业化与现代化并进；
二是在改革开放中实现发展；三是中国的发展，归根结底是提高全民族
的文化素质……从另一个角度说，社会主义和共产主义的最终目标是彻
底解放全人类，彻底摆脱愚昧落后状态，这是精神解放的基本内容。因
此，中国的发展尤其需要把提高全民族的文化素质列为基本内容之一。

最后，经济社会发展模式的选择。确定发展目标之后，还必须慎重
选择发展模式。这是关系到发展目标能否实现的关键一环。我们面临着
两种抉择：先速进后协调的发展模式和经济社会协调发展模式。前一种
发展模式是短缺经济国家通常采用的一种发展模式，他们采取先高速推
进经济增长，再协调经济社会协调发展的战略。这种战略是特殊历史条
件的产物。有必要指出的是，这种发展模式的结果，往往是只有经济的
高度增长，而后协调往往流于形式，很难做到。后一种经济社会协调发

展是社会主义的本质所要求的科学地综合发展和整合发展。中共十三大提出的"注重实效、提高质量、协调发展、稳步增长"的战略，强调把科技和教育事业放在首要地位，使经济建设转到依靠科技进步和提高劳动者素质的轨道上来……在经济社会协调发展的诸多"协调"中，有一个极为重要的经济社会发展同经济社会改革的协调问题。十年来的实践经验证明，我国经济社会长期协调稳定的发展，从根本上说，必须依靠经济体制、政治体制、文化体制和社会体制等的深化改革，以使它们之间的各种关系协调发展。虽然不能完全概括协调发展的全部内容，但是至少说明了协调发展是当今全球化发展时代的客观要求。

（五）正确选择结构优化的适度经济增长率

这篇原载《经济展望》1985 年第 1 期的论文，鲜明指出宏观经济控制最重要的一环，是选定适度的经济增长率。这篇文章是熊映梧关于中国宏观经济增长模式和发展战略前沿性系列课题的最后成果。他指出，在我国经济体制改革中，微观经济搞活后，宏观经济控制就成了最为重要的问题。宏观经济控制是对整个国民经济系统进行全面、准确、到位的控制，它包括控制基本建设规模和经济发展速度；控制国民收入分配以及积累与消费比例；控制货币流通及物价三个层次。要想达到准确有效的控制，必须首先选对适度的经济增长率。

马克思的再生产理论是在特定历史条件下创立的，因而有其特定的适用范围和时间。对于揭露旧世界来说，单单研究速度型的再生产模式就可以了。然而，为了创建新世界，具体而科学地指导社会主义经济建设，无疑需要科学完善的再生产理论，全面研究社会再生产运动的各种模式，然后选出一个最佳的经济增长模式和最好的经济发展战略。

社会主义国家在确定社会经济发展目标的时候，必须吸取片面追求高速度的历史教训，注重实效，选择适度经济增长率及其产品结构、产业结构和技术结构不断优化的经济增长模式……首先要找到适度经济增长的数量界限。由于"适度经济增长率"是一个内涵确定、外延不确定的模糊概念，因此，必须依靠有关数据，经过科学分析和实践总结，最后确定其数量界限。在熊映梧、孟庆琳、许正卿合著的《适度经济增长的理论与对策》一书中，明确论证比较科学、准确和最优的适度经济增长率为 6%—9%。

三 经济改革观

《经济改革观》写于 1992 年 5 月 4 日，首见于《熊映梧选集》（山西经济出版社 1993 年版）经济改革的理论与对策篇结尾一章。再见《发展与改革丛书——市场经济与国企改革》（黑龙江教育出版社 1996 年版）一书。不同的是，这篇长文从《熊映梧选集》的压轴大作，变成了《市场经济与国企改革》这部书《总论：我的经济改革观》。

他开门见山地说：我自称是"中国经济学派"（简称"国学派"）的一员。不管人们是否承认"国学派"，但它在 80 年代中国改革发展的大潮中应运而生，并已具雏形。这个新学派总结了社会主义实践的历史经验，鉴于"生产关系不断革命论"的教训，提出了"生产力首位论"，并在于光远倡导下，创立了另一门马克思主义理论经济学——生产力经济学；有一个时期全盘苏化，把苏联教科书奉为金科玉律，近十年似乎又兴起了欧化热。我真担心这样盲目地跟着洋学者走，会有什么下场？我认识的一位专门研究社会主义国家经济的英国博士 Peter Wood，他说："西方经济学界是万家争鸣"，"两个经济学在一起就有三个学派"，"中国人太听信西方经济学家的话了"。这个批评是很中肯的。我们主张，对东西方经济学各派兼容并包，充分汲取世界上一切有益的文化成果。但是，以前车之鉴为学戒，绝不照抄任何一家；"国学派"主要致力于研究中国经济问题，艰苦探索中国富强之道。我在《我的经济观——生产力首位论》一文中写道：真正中国的经济学派，首先应当深入研究中国的致富之路。亚当·斯密在《国富论》中勾画了一条发展市场经济的致富道路，发现了人类经济生活中最基本的经济规律：等价交换规律。卡尔·马克思高度重视生产力的发展，认为社会主义取代资本主义，才能为社会生产力的顺利发展开辟道路。中国怎么才能富国富民呢？走资本主义道路不行，必须走社会主义道路，这是历史的结论。问题是选择了社会主义道路之后，并非万事大吉了，搞社会主义也还有两种可能：成功或失败。苏联的社会主义没有搞好，失败了，导致苏联解体。中国怎样才能搞好呢？这正是中国经济学家应该做出圆满回答的重大问题。有出息的中国经济学家要当仁不让，勇敢地承担起这个历史重任和时代使命。

以上几百个字，算作一个开场白吧！下面，我将以"国学派"的一员，表述我对中国经济改革的系统简介。

（一）国情论——中国改革发展必须从特殊国情出发

熊映梧明确指出：半个多世纪以来，我们对国情的判断经历了一个复杂、曲折的认识过程，时而比较接近客观实际，时而偏离程度很大，大致可以归纳为以下六论：新民主主义论—从资本主义到社会主义的过渡时期论—进入社会主义论—从资本主义到共产主义的过渡时期论—建设高度文明民主的社会主义论—社会主义初级阶段论。

由此可见，我们对国情的判断呈现如下特点：

一是变化很大，很不稳定。新民主主义的《共同纲领》实施不到四年时间，就在 1953 年夏为"过渡时期总路线"所取代。本来宣称要用三个五年计划或者更长的时间去完成"一化三改"的历史任务，可是到了 1956 年，即宣布总路线才三年时间，就提前"完成了社会主义改造任务"，敲锣打鼓庆祝"进入社会主义社会"。新建立的高级农业合作社制度还来不及发挥其优越性，又在 1958 年为人民公社制所代替。我们曾幼稚地期望，通过"人民公社"和"大跃进"一步登天，实现共产主义的远大理想。这项史无前例的实验失败而陷入严重的经济危机的时期，迷信"阶级斗争一抓就灵"的思潮再次抬头，"大过渡论"乃应运而生——说中国处于"从资本主义到共产主义的过渡时期，在整个过渡时期始终充满着两个阶级、两条道路、两条路线的尖锐斗争"。所以，要年年讲，月月讲，天天讲。这正是发动"无产阶级文化大革命"的理论根据。结束十年动乱、转入以社会主义经济建设为中心的新时期后，对国情的判断也开始"拨乱反正"，但十二大提出建设"高度文明高度民主的社会主义"纲领，看来还是要求过高了，时过五年，十三大确定了"社会主义初级阶段论"，说"我国从 50 年代生产资料私有制的社会主义改造基本完成，到社会主义现代化的基本实现，至少需要上百年时间，都属于社会主义初级阶段"。

二是关于国情的"六论"，两头比较接近实际，中间几论偏离很大。不难发现，每当政治生活比较安定的时候，国情判断就冷静一些，客观一些；每当政治生活不正常，个人迷信盛行之日，对国情的判断往往是服从政治需要，什么稀奇古怪的理论都可以炮制出来。为了大搞阶级斗争，搞"无产阶级文化大革命"，就可以编造太离格的"大过渡论"，鼓吹"三两斗争"要年年抓、月月抓、天天抓。

三是多国情的判断往往不是从实际出发，经过认真研究得出的科学结论。例如，说中国是从"资本主义"向社会主义、共产主义过渡，旧中国何时是"资本主义社会"呢？共产主义距离我们现实社会还遥远得很吧？即使是习以为常的结论——解放前的中国是半封建半殖民地社会或半殖民地半封建社会，也是值得重新研究的。因为，"殖民地"是表示对"宗主国"的一种政治依附关系，它并不是一种社会制度，且古已有之。

我在《中国改革的理论思考》（首发于《改革》1983 年第 6 期）一文中，提出了一个新见解：中国是"封建后的社会主义"，这是与其他国家不同的基本国情。

首先，"封建后的社会主义"概念，不包含任何褒贬之意，而是对中国所处历史阶段的客观描述……众所周知，马克思、恩格斯设想的社会主义社会，是在资本主义商品经济高度发达的基础上建立起来的，可称为"资本后的社会主义"；相对应的，中国是在封建社会趋于瓦解的基础上建立起的社会主义社会，因此，完全有理由把这种有别于马克思模式的社会主义，概括为"封建后社会主义"。这个概念给人以清晰的判断：中国的社会主义不同于马克思所设计的社会主义。因此，在中国进行社会主义革命和建设，绝不能照抄照搬马克思的一些具体规划，如非商品化的社会主义措施，撇开市场的直接分配产品的方式，等等。这正符合邓小平关于建设有中国特色的社会主义理论、路线和政策，其实，中国是从"封建主义向社会主义"过渡，绕过了资本主义发展阶段，这正是中国的特色之一。

其次，"封建后的社会主义"的经济基础，不是马克思预测的那种发达的机器生产方式，而是手工业生产方式为主、兼有少量的机器生产方式……经济实力很低，只相当于经济发达国家产业革命起步时的水平，大约落后于经济发达国家百余年……中华人民共和国成立后，实现建立社会主义制度，后补"工业化"的课，以奠定社会主义制度的物质技术基础。可惜，我们未及时认清这个特点，未集中精力主要抓经济建设，在生产力很低的基础上构造了一个"纯社会主义"模式，从而耽误了工业化的进程，阻碍了社会生产力的发展。经过了 20 多年的摸索，付出了巨额的"学费"，直到1978年十一届三中全会才把全国的工作重点转到经济建设上来。如果我们坚持1956年"八大"路线，始终不渝地推进工业化，那么，我国社会主义制度就会拥有远比现在强大的物质技术基础。

最后，"封建后社会主义"同"资本后社会主义"还有一个重大区别。后者是资本主义商品经济高度发展的产物，前者是在自然经济向商品经济过渡阶段诞生的。我在《略论发展商品经济和发展生产力的同一性》（原载《求是》1988年第5期）一文中指出，二百多年前，社会经济的商品化、工业化和资本主义化是同时出现的，一部资本主义史也是工业化史，商品经济普遍化和大发展的历史。这是历史的巧合，造成了一种误解，似乎商品经济和资本主义同生共死，连马克思、恩格斯也预测，未来的社会主义社会商品经济将会消亡。而"封建后的社会主义"更加需要补上"商品化"这一课。

总之，马克思设计的"资本后社会主义"是以高度工业化和商品化、拥有发达生产力为前提的……对于"封建后社会主义"来说，当务之急是发展生产力，为社会主义奠定必要的技术经济基础。生产关系的改革，只能适应生产力发展的要求逐步去做。中共十三大确认，中国尚处于社会主义初级阶段，这个阶段大约有上百年。在初级阶段，为了调动一切积极因素来发展生产力，就必须以社会主义经济为主体，发展多种经济成分，等等，总之，立足于"封建后的社会主义"，必须以保持生产力、解放生产力、发展生产力和提升生产力为根本任务，补上工业化和商品化两课，逐步发展公有制经济和消灭剥削及两极分化，最终实现社会主义共同富裕的目标。

正是从中国是"封建后社会主义"的特殊国情出发，我不赞成预期在90年代中期实现改革目标的种种方案，提出了"有限目标论"。至少在20世纪，我们不可能把一个拥有十多亿人口的"产品经济的社会主义"改造成为完全的"市场经济社会主义"。以上描述的种种"封建后的社会主义"的特殊国情，决定了中国改革的渐进性。当然，我们可以解放思想，大胆地进行不断深化的改革，缩短每一项改革和每一阶段改革的实践，努力实现统筹兼顾、全面深入、循序渐进地走向阶段性的成功、整体性的成功和最后更大成功！

（二）求是论——以实事求是原则和观念指导改革

熊映梧教授说："国学派"学风上的一大特点，就是反对本本主义，主张以"实事求是"原则指导改革、开放、发展。我在80年代初发表的一些论文，特别是《经济科学要把生产力的研究放在首位》、《用发展观研究〈资本论〉》，在经济学界及其中国整个学术界引起很大震动和激烈争论。争论的实质是坚持过时的观念，用教条去搞改革，还是用发展的马克思主义去指导改革。

我写作《经济科学要把生产力的研究放在首位》（以下简称《首位论》）一文，是经过长时间酝酿的。"模仿—彷徨—彻悟—创新"，大致画出了我的治学道路。50年代前期，我刚刚步入经济学界，完全是照抄照搬苏联政治经济学"16分册"及《政治经济学教科书》，根本没有自己的见解。"大跃进"年代，我也曾为"左"倾思潮所激励，狂热宣传过"共产风"。接踵而至的三年经济困难深深地教育了我。"饿肚子教我的头脑清醒过来"，开始独立思考一些问题。那时，我不知天高地厚，竟然反对"毛泽东思想是马列主义顶峰"的官方结论，批评这种说法"不符合唯物辩证法"，结果招来一场省级大批判。接着，在史无前例的十年浩劫中，我被当作"包庇下来的修正主义分子"受到"全程批判"。如此难得的磨炼，使我在理论上从彷徨走向彻悟，跳出注释、解说的小圈子，到广阔天地去创新。我多年悟出来的一个道理就是：在理论上、实际工作中忽视生产力，使社会主义事业遭受了许多本来可以避免的严重的挫折。《首位论》一开头就尖锐地指出："马克思主义经济学者承认生产力在社会发展中的决定性作用，然而，在经济科学的研究中却长期忽视生产力。这种状况严重地威胁着马克思主义经济学的生机，使我们在迅速发展的社会经济面前显得软弱无力。现在是纠正这种偏差的时候了。"历史经验告诉我们，丢掉了生产力这个根本的东西光在生产关系上做文章，使马克思主义经济学走进了死胡同。例如，我们不能科学地解释当代资本主义国家的经济为什么会有巨大的进步，甚至面对着工人生活水平显著提高的事实，还要坚持无产阶级绝对贫困化的"绝对真理"，而对许多社会主义的经济问题，我们表现得更加缺乏分析能力和预见性。这些年来，极"左"思潮在我国泛滥成灾，其理论上的根源就是要在落后生产力条件下搞穷过渡。痛定思痛，回顾30多年来的历史教训，我们怎么能还坚持否定生产力、片面地抓生产关系的偏见呢？十一届三中全会标志着从阶级斗争为纲的时代的结束，中国进入了一个社会主义现代化建设的新时期，全国工作重点转移到以经济建设为中心的轨道上来了。可是，理论界却仍然忽视社会主义的根本任务是解放生产力和发展生产力，很多人还坚持经济学之研究生产关系的旧观念，这同时代的步伐多么不协调啊！

我提出"生产力首位论"之后，在经济学界引起了一场颇大的争论，产生了相当强烈的冲击波。因为，如果承认这个观点的合理性和合法性，就要推翻经济学之研究生产关系的信条、改造整个学科体系，并且重新评定过去的社会主义国家历史，选择以发展生产力为根本任务的社会主义建设道路。对"生产力首位论"的拥护者日益增多，而批评的人也大有人在，有的学者说我违背马克思、列宁的一贯教导而标新立异……生产力经济学为"生产力标准论"提供了充分的理论根据。最近，邓小平在南方视察时明确指出：改革开放迈不开步子，不敢闯，说来说去就是怕资本主义的东西多了，走了资本主义道路。要害是姓"资"还是姓"社"的问题。判断的标准，应该主要是看是否有利于发展社会的生产力，是否有利于增强社会主义国家的综合国力，是否有利于提高人民的生活水平。邓小平这段重要讲话，是对十三大确立的"生产力标准论"的精辟阐述，也是重申必须坚持这个标准和原则，放手搞好改革、开放和发展。近几年来，由于国际国内发生了许多重大的变化，我国的改革、开放和发展遇到了不少障碍，因此今天尤其需要坚持"生产力标准论"，为进一步深化改革开放和发展扫清障碍。

历史上和现实中的经验教训一再告诫我们：思想路线、理论观念，作为任何最高意识形态的哲学世界观和方法论、价值观和认识论，对于任何时代和任何社会的改革、发展和创新，都是起决定性作用的力量。熊映梧深刻地体会到和科学地认识到，中国十多年的改革、开放和发展的伟大实践，极为艰难地突破了很多马克思主义传统观念，大大地丰富和发展了马克思主义的改革观、开放观和发展观。邓小平关于建设有中国特色的社会主义的理论、路线和方针政策，特别是作为哲学范畴的最高意识形态的思想观念、理论观念、实践观念和价值观念，等等，集中反映了人们的智慧、群众的创造和时代的要求。它是中国改革、开放、发展的行动纲领和世界观与方法论、价值观与认识论。如果没有这样一条新的上层建筑中的意识形态作为科学指导，就根本不可能搞好我们改革、开放和发展。正如邓小平所分析的：不坚持哲学的世界观和方法论，不坚持正确的价值观和认识论，就不能坚持中国特色的社会主义，就不能搞好改革开放，就不能发展经济，就不能改善提高人民生活，而只能是死路一条。

（三）基石论——社会主义初级阶段论和社会主义商品经济论是中国改革的两大理论基石

熊映梧写道：我对经济改革的研究，侧重于理论方面，而不是应用性的对策设计。我认为"社会主义初级阶段论"及"社会主义商品经济论"，是我国经济改革的两大理论基石，我将在"两论"范围内阐述自己对一些重大改革理论问题的系统观点。

第一，社会主义初级阶段论。熊映梧说：这是从中国国情出发，得出的实事求是的结论。我在《当代中国社会生产力考察》专著中，对于中国社会生产力的现状作了如下概括：一是三元结构的特殊格局；二是国民经济的总量大，人均量少；三是局部先进，整体功能差；四是在封闭系统中，中国社会生产力发展很迅速，但同急剧变化的外部世界相比，中国还是比西方发达国家落后很多。由此可见，经过了40多年的建设和发展，中国在工业化的进程中跨进了一大步。但是，工业化尚未完成，我们仍然是一个发展中国家。大约还要半个多世纪中国才能补完工业化这一课，进入中等富裕国家。在这上百年的时期，补工业化的课，补商品化的课，为社会主义创造比较雄厚的物质技术基础。所以，我们把这个特殊的历史阶段，恰如其分地称作"社会主义初级阶段"。

我在《建设新世界的经济学构想》一文中提出："工人阶级有两大历史任务，一是推翻旧世界，彻底消灭剥削制度；二是建设新世界，彻底消灭贫穷和愚昧。过去的理论经济学主要是批判旧世界，很少涉及建设新世界的经济问题。如果说在社会主义革命时期这种状况还是可以理解的，那么，到了社会主义建设的新时期，就必须改变这种状况，创立一门建设新世界的经济学。"传统的政治经济学以批判旧世界为基本任务，自然地以生产关系为研究对象，建设新世界的经济学以发展生产力、消灭贫穷和愚昧为基本任务，理所当然要研究生产力。这也就是后来公认的"生产力经济学"。在社会主义初级阶段，生产力经济学应运而生。这种客观必然性表明，社会主义初级阶段必须以发展生产力为根本任务。

为了发展生产力，就需要解放生产力。正如邓小平最近指出的"革命是解放生产力，改革也是解放生产力"。过去有一种误解，天真地认为，社会主义革命可以一劳永逸地解放生产力。从此，生产力可以毫无阻挡地向前发展。社会主义国家的实践证明，不可能在社会主义革命取得胜利后马上建立起一个完美无缺的社会主义制度；即使在此时建立一个较完善的社会主义制度，时代前进了，生产力发展了，到另一个时期，制度上的某些环节也许不适应生产力新发展的要求，需要再次进行改革。在封建主义废墟上建立起来的中国社会主义制度，加上照抄照搬苏联模式，带有很大的不成熟性。正如十三大报告分析的那样："许多束缚生产力发展的并不具有社会主义属性的东西，或者只适合于某种特殊历史条件的东西，被当作社会主义原则加以固守；许多在社会主义条件下有利于生产力发展和商品经济化、社会化、现代化的东西，被当作资本主义复辟而加以反对。由此而形成的过分单一的所有制结构和僵化的经济体制，严重束缚了生产力和商品经济的发展……"总之，我坚决主张，从有利于发展生产力这个基点出发，在保持社会主义经济主体地位的前提下，要在整个社会主义初级阶段采取公私经济大发展的基本方针和政策。

第二，社会主义商品经济论。社会主义商品经济论是 20 世纪马克思主义最重大的发展。一百多年前，马克思恩格斯基于那时的对资本主义社会（尚属于资本主义幼年时期）的理解，做出了这样的预测：社会主义取代资本主义之后，商品经济将随之消亡。据此，马克思恩格斯构造了一个非商品化的社会主义模式。如马克思在《资本论》中讲到"自由人联合体"时说，劳动时间起着双重作用。劳动时间的社会的有计划的分配，调节着各种劳动职能和各种需要的适当的比例。另一方面，劳动时间又是计量生产者个人在共同劳动中所占份额的尺度，因而也是计量生产者个人在共同产品的个人消费部分所占份额的尺度。在《哥达纲领批判》中，马克思更具体地描述了社会主义的情景：在一个集体的、以共同占有生产资料为基础的社会里，生产者并不交换自己的产品；耗费在产品生产上的劳动，在这里也不表现为这些产品的价值。……个人的劳动不再经过迂回曲折的道路，而是直接地作为总劳动的构成部分存在着。恩格斯讲得更加明确：社会一旦占有生产资料并且以直接社会化的形式把它们应用于生产，每一个人的劳动，无论其特殊用途是如何的不同，从一开始就成为直接的社会劳动。一旦社会占有了生产资料，商品生产就将被消除，而产品对生产者的统治也将随之消除。社会生产内部的无政府状态将为有计划的自觉的组织所代替。这种历史的误解，与工业化和商品化同时在资本主义前期出现不无关系。可惜，后来的马克思主义者不是从实际出发，依据社会实践经验修正前人的理论，而是固守不符合历史的教条，甚至强化了原有的误解，形成了一种僵化的社会主义模式。这是一些社会主义国家在几十年后垮台的重要原因。总结社会主义国家否定商品经济的教训，是颇有教益的。

1917 年十月革命后，列宁当时也认为，商品货币与社会主义本性不相容，试图建立一个消灭了一切商品货币关系的社会主义。他在1918 年谈到社会主义竞赛时说：正是消灭了商品生产和资本主义，才有可能为组织人与人之间的而不是兽与兽之间的竞赛开辟了道路……列宁在理论上并未弄清楚社会主义与商品经济的关系。斯大林在他领导苏联的 30 年期间，基本上仍然坚持社会主义应消灭商品经济的观点。直到他逝世的前一年，在《苏联社会主义经济问题》一书中，虽然承认消费品是商品，但它是不彻底的，认为生产资料不是商品，并且预计商品经济很快消亡。有两位经济学家建议：把国家的农业拖拉机站的基本生产工具卖给集体农庄，以解除国家对农业基建投资的负担。对于这个良好的建议竟遭到斯大林的严厉批评说：萨宁娜和温什尔两位同志建议把拖拉机站出售给集体农庄归其所有，就是向落后方面倒退一步，就是企图把历史的车轮拉向后转。还说他们的根本错误是在于他们不了解商品流通在社会主义制度下的作用和意义，不了解商品流通和从社会主义过渡到共产主义的前途是不相容的。

毛泽东在领导中国社会主义改造和社会主义建设过程中，对于商品经济时而承认，时而否定，也曾讲过"价值规律是一个伟大的学校"等一类名言，但更多的是否定性的论断，如"文化大革命"中关于理论问题的指示说，商品货币关系是同旧社会没有多大差别，是走资派的经济基础。中国在政治上不断反右，是同理论上把商品经济等同于资本主义相关的。在以 1978 年十一届三中全会为开端的"拨乱反正"过程中，人们逐渐深化了对商品经济的正确认识和理解。直到 1984 年，中共中央《关于经济体制改革的决定》在理论上突破商品经济与社会主义本性不相容的传统观念，明确指出，社会主义经济是"在公有制基础上的有计划的商品经济"的新观念，明确指出，商品经济的充分发展，是社会主义经济发展的不可逾越的阶段，是实现我国经济现代化的必要条件。中共十三大进一步阐述了"社会主义商品经济论"，提出了创造"国家调节市场，市场引导企业"的运行机制的构想。

熊映梧认为，这是从旧的社会主义模式向新的社会主义模式转变的重要标志。近几年，不再讲十三大的这个观点了，代之而起的是一些似是而非的东西。例如，把计划经济等同于社会主义，在此理论基点上，提出了"以计划经济为主体，引进市场机制"等种种方案。显然，这是从 1984 年的《关于经济体制改革的决定》、1987 年的十三大报告大大后退了。我认为，根据社会主义实践的历史经验，应当明确肯定社会主义商品经济论的以下几个基本观点：其一，社会主义经济形态只能是商品经济，社会主义商品经济是一种以公有制为基础的新型商品经济。我国称为社会主义有计划的商品经济。西方称为市场经济的商品经济，不等于资本主义，它作为一种生产和交换的社会形式，并不带有社会制度特征。其二，计划调节与市场调节，是现代商品经济中不可缺一的经济调控手段。只要有社会分工，商品交换，这两种调节手段便应运而生，而且，随着生产与流通的社会程度的提高，计划调节和市场调节也趋于强化。其三，应当依据客观市场法则，制定合理的产业政策、货币金融政策、税收政策、进出口政策等，灵活地运用价格、利率、税率等经济杠杆，及时有效地调节供求关系，促进国民经济沿着预订计划健康发展，从而建立计划调节和市场调节内在统一的运行机制。形象地说，就是"看得见的手"要帮助"看不见的手"正常发挥重要的整合作用。

在确认"社会主义是商品经济"的大前提下，熊映梧较早、较多、较深地研究探讨了社会主义商品经济理论和实践的前沿性、系列性和创见性的课题。例如，"国家模式""市场模式""增长模式"和"改革模式"，等等。

熊映梧总结说，"社会主义初级阶段"和"社会主义商品经济论"，是建设有中国特色社会主义的两大理论基石，坚持这创造性的"两论"，才能大胆地、有充分的理论和实践依据地搞改革、搞开放、搞商品经济发展，从而更加有效地推动社会主义现代化建设。毫无疑问，这"两论"是伟大的中国人对马克思主义的划时代的巨大贡献。

（四）选择说——分配制度改革将在公平与效率之间艰难选择

熊映梧写道："分配制度，是一切经济利益关系的焦点。"经济体制的种种改革，最终将落在分配制度的改革上面。《再论社会主义商品经济条件下分配问题》一文中较系统地阐述了对分配这个重大课题的见解。

首先，马克思在非商品经济条件下提出的按劳分配原则，在社会主义商品经济环境中难以付诸实践。而且，与发展中国家的传统相结合，很容易异化为平均主义的分配模式。在理论和实践的矛盾面前，我们不能固守不符合实际的教条，而应当总结社会主义的历史经验，作出新的结论，为确立合理的社会主义分配方式提供理论依据。

其次，社会主义社会（包括初级阶段与高级阶段）的分配问题，应以客观存在的"劳动力所有权"与"资金所有权"为准绳。社会主义的工资，是"劳动力个人所有权在经济上的实现"，如利息是存款的报酬，各种证券的红利是购买证券的资金的报酬，如此等等。

最后，社会主义初级阶段多种经济并存，因而使分配多样化、复杂化。归纳起来大致有劳动收入、资金收入（企业利润、存款利息、股息、红利）和剥削收入。

在劳动收入项目内，包括两种不同性质的收入：一是通常讲的"按劳取酬"，属于社会主义分配范畴；二是个体劳动收入，则是非社会主义性质的。因为，农户缴纳农业税及上交各种费用后，一切劳动所得均属于自己，不能牵强附会地将其归入"按劳分配"的范畴。

"经营收入"亦称"风险收入"。中国在改革开放发展商品经济的大潮中，一批善于经营的经理脱颖而出，他们使自己经营的企业兴旺发达起来，自己也获得了较高的报酬，这是合法的。而"资金收入"是一个复杂的范畴。按照马克思的理论，能够带来利息、红利的货币就已经转化为资本，自然是姓"资"……至于"剥削收入"专指中外资本带来的利润，对此没有什么疑义。

综观全局，目前我国分配领域里的主要问题仍然是平均主义，某些行业内部甚至平均主义倾向还在强化。例如，高等学校在改革前，一级教授工资（均指基本工资，下同）为 355 元（六类地区），助教起点工资为 56 元，二者之比为 6.3∶1；现时，一级教授工资仍是 355 元，助教起点工资提高到 82 元，两者之比为 4.3∶1。此外，各种补贴、奖金是按人头分发。按全部收入计算，教授与助教的收入差距更小。实际上，现时大学里一级教授寥若晨星，大多数教授工资在 2000 元以下，教授与助教工资比例约为 2.5∶1，即使是原来的 4.3∶1，工资差距也太小了。当然，应当在大大提高低工资的基础上适当拉开教授与助教的工资差距。

现在看来，分配不公是引起社会广泛不满的重大问题。应予以高度重视，并且及时加以解决。我认为，当前分配不公问题主要表现为以下四个方面：工农业产品价格"剪刀差"引起的不公；初级产品价格偏低与加工产品价格偏高引起的分配不公；"脑体倒挂"的分配不公；"倒爷"们谋取非法利润引起的分配不公。对于以上种种分配不公，要从理论上、政策上、法律上予以消除。

总之，对于分配制度的改革，其一，要明确理论是非；其二，仍是以反平均主义为主；其三，及时消除可以避免的分配不公现象；其四，要把竞争机制引进分配领域。其中，最核心、最关键、最需要和最迫切的是，遵循社会主义商品经济的客观规律，进行分配制度的有效改革，这也是社会主义商品经济的改革观所必需的重要内容。

（五）配套论——配套、过渡是实现改革目标的两个重要环节

"改革措施是否配套，能否找到适当的过渡形式，是实现改革目标的两个重要环节。否则，改革目标再好，也可能由于这两个重要环节没抓住，而流于失败。"这是熊映梧的经济改革观中的重要内容之一。他最早提出和一再强调："改革应当采取协调展开的战略部署"——这是《中国改革理论思考》一文中的一个基本观点，也是最为重要的核心观念。他说：这也是他对于"十年改革经验教训"研究总结后得出来的重要结论。

所谓"协调展开"，也就是通常讲的改革措施要配套，求得整体效应，不得单项改革"孤军深入"。例如，"放权让利"，工商企业实行经营承包制，必须采取相应的宏观调控，防止"工资侵蚀利润，利润侵蚀固定资产"，以及计划外的投资失控，并且为企业承包创造必要的物质保证。"包"字在农村大显神通，取得了立竿见影的重大效果，为什么"包"字进城就不那么灵呢？其实，在农村实行家庭承包制的时期，还配合出台大幅度提高农产品收购价格的政策措施，这才取得巨大成就。

熊映梧认为，城市企业改革的最大失误是未及时触动产权改革问题。在国有制框框内搞承包，未改变企业对政府的依附关系，必然出现短期行为、负盈不负亏等弊端。如上所述，现在要转换企业机制，要把企业从政府的附属物变成"四自"企业，至少应当同时进行五个方面的改革相配套：一是通过政府机构改革、政府职能转变，创造一种新型的政企关系；二是通过产权改造，创造企业所有制，使企业真正成为"四自"企业；三是放开生产资料市场及劳动力市场，培育金融市场，使企业可以从市场中按照平等竞争和等价交换原则，获取所需要的一切生产要素，而不再依靠政府的"恩赐"或"腐败"手段；四是尽快建立社会保障系统，为企业砸"三铁"提供社会保障；五是需要政治体制改革的配合，破除"官本位制"，企业不再确定行政级别。

熊映梧还说：住房改革势在必行，如何推进呢？这是牵涉亿万职工及其家属切身利益的重大经济问题、政治问题和社会问题的大事，也需要周密设计，协调推进的大改革。如何解决"高房价与低收入的矛盾"；"过去几十年工资构成中不包括住房开支遗留的矛盾"；从"大家穷"同步走向"大家富"的矛盾；平均主义与分配不公的矛盾；"国有企业"与"股份公司"的矛盾等，都需要配套改革、统筹兼顾、协同推进和稳步过渡，从而取得最佳的整体效应和各方认可的满意结果。

熊映梧在《我的经济改革观》结尾强调三点：一是我的基本观点是凡是有利于解放生产力和发展生产力的改革，均应积极地去做；二是一切改革应从中国国情出发，不要生搬硬套外国的模式；三是要善于找到实现改革目标的过渡形式和途径，并且采取协调展开的战略部署和有效措施。我坚信，中国将在改革中腾飞，实现富国富民的伟大目标。

第四章 早期三部著作的再评价

如果说，过去评价熊映梧教授是"数年不鸣，一鸣惊人"，那么，今天我们评价他是"多年不飞，一飞升天"。本章评价的三部著作证明了这一点：它们一是黑龙江人民出版社 1979 年 10 月出版，后来又再版的熊映梧和王绍顺合著的《〈苏联社会主义经济问题〉研究——为纪念斯大林诞辰一百周年而作》；二是中国社会科学出版社 1984 年出版的《理论经济学若干问题》；三是黑龙江人民出版社 1983 年出版的《生产力经济概论》。

一 《〈苏联社会主义经济问题〉研究》的综合价值

（一）《〈苏联社会主义经济问题〉研究》前言

熊映梧在本书《前言》中写道：今年 12 月 21 日是约瑟夫·维萨里昂诺维奇·斯大林（1879—1953 年）一百周年的诞辰日。为了纪念这位伟大的马克思主义者，我们对斯大林著作中最有影响力的一本书《苏联社会主义经济问题》做了一些探讨性的研究，希望就一些经济理论问题和大家共同商讨，以期对社会主义现代化建设做出一点有益的贡献。

斯大林的《苏联社会主义经济问题》，是他的经济思想的代表作，也是马克思主义关于社会主义经济理论的第一部系统完整的著作。这是苏联三十多年社会主义建设经验的全面总结，是继马克思的《资本论》、列宁的《帝国主义是资本主义的最高阶段》之后，又一部具有历史意义的宝贵著作，是马克思主义政治经济学的重大发展。

《苏联社会主义经济问题》发表于 1953 年，这是斯大林晚年的著作。斯大林在世的时候，这本书受到了苏联和外国经济学家的普遍赞扬。斯大林逝世之后，赫鲁晓夫在苏共二十大反斯大林，把这本书贬得一钱不值。我们对斯大林一分为二，对待他的这部著作也是一分为二。这本书基本上是正确的，但在经济理论上，在对苏联经济建设的问题上，有些看法是不准确，或者是没有说清楚，甚至是错误的。

为了纠正"共产风"，毛泽东同志曾经号召全党学习这部著作。现在为了正确总结三十年来正反两方面的经验，实现伟大的战略转变，搞好经济体制的改革，更好地按照客观规律办事，加快实现四个现代化的步伐，党中央又号召我们认真学习这部著作，这也说明了这本书对于社会主义实践的重大指导意义。《苏联社会主义经济问题》在马克思主义政治经济学史上有什么地位呢？

马克思、恩格斯在世的时候，世界上还没有出现社会主义国家，巴黎公社只存在了 72 天，没有社会主义建设的实践。马克思、恩格斯设想无产阶级革命在欧洲一些发达的资本主义国家同时获得胜利，生产资料全部归社会共有，因此，商品经济就不存在了，价值规律也不起作用了。马克思科学地预见到共产主义社会将要划分为两个阶段，第一阶段还不可避免地存在着旧社会的痕迹，只能实行按劳分配。由于历史条件的限制，马克思、恩格斯关于社会主义经济的论述，都是一些初步的设想。

列宁领导了俄国十月社会主义革命，在一个中等发达的资本主义国家推翻了资产阶级统治，建立起了无产阶级专政。在苏维埃政权的最初年代，列宁领导俄国人民为恢复遭到战争破坏的国民经济和着手建设进行了不懈的斗争，先实行了工业国有化，建立了全民所有制的社会主义经济；也曾设想通过国家资本主义吸收国内外资本来发展经济，但是由于资产阶级的反抗，这种形式没有得到发展。列宁强调了对产品的全民统计和监督，强调了劳动组织、劳动纪律、不劳动者不得食和按劳分配。列宁很重视经济管理，把创造更高的劳动生产率列为新制度战胜旧制度的最重要的条件。列宁提出了国民经济电气化的设想，制订了合作社计划。由于列宁逝世过早，没有来得及解决社会主义建设的一系列重大问题。

列宁逝世以后，斯大林作为苏联党和国家的主要领导人长达 30 年之久，建设了世界上的第一个社会主义国家。在斯大林的领导下，苏联实现了国家工业化和农业集体化，社会主义建设取得了伟大的成就，为取得反法西斯战争的胜利准备了物质基础，捍卫了苏联的经济独立和政治独立。但是他过早地宣布完全消除了阶级和建成了社会主义；在农轻重的关系上处理得不够好，农业长期落后，日用品供应比较紧张；在管理体制上过分集中统一，地方和企业的积极性、主动性发挥得不够；对人民的眼前利益和长远利益结合得不好；由于对商品生产和价值规律的认识和运用得不充分，经济效果也比较差。如果没有这些问题，苏联的经济发展速度还可以更快一些，人民生活也可以更好一些。应该看到，苏联是第一个社会主义国家，没有别的社会主义国家的经验可以参考和借鉴，长期在帝国主义包围的条件下搞建设，加上在一些问题上斯大林的认识有片面性，产生上述问题也是难免的。人们对客观事物的认识总是要有一个过程，难免有一些曲折和反复。不管怎么说，只有斯大林，才经历了长期的社会主义建设实践，才有可能在《苏联社会主义经济问题》中，提出和阐述一些马克思、恩格斯、列宁没有遇到的问题。从实践来看，斯大林领导下的苏联社会主义建设成绩是主要的；从理论上看，《苏联社会主义经济问题》对苏联经验和概括也是很宝贵的，这是斯大林留给各国共产党人的一份重要遗产。

可以说迄今为止，这是全面揭示社会主义经济规律的一部好书，是社会主义经济理论划时代的著作，对政治经济学社会主义部分的形成和发展起了重要的历史作用，对各国社会主义建设的实践具有深远的影响。从某种意义上说，马克思的《资本论》、列宁的《帝国主义是资本主义的最高阶段》和集斯大林经济思想理论之大成的《苏联社会主义经济问题》标志着马克思主义政治经济学发展的三个历史阶段。

熊映梧指出，斯大林在这本书中首次提出和着重阐述以下九个问题：

一、政治经济学的研究对象；

二、经济规律的客观性；

三、生产关系一定要适合生产力性质的规律；

四、社会主义基本经济规律；

五、社会主义制度下的商品生产；

六、社会主义制度下价值规律的作用；

七、再生产原理和国民经济有计划按比例发展的规律；

八、三大差别与向共产主义过渡；

九、社会主义经济范畴。

从对这些问题的阐述来看，斯大林不愧是一个伟大的马克思主义者。马克思、恩格斯、列宁讲过的，他捍卫和发展了；马克思、恩格斯所没有遇到过的问题，他实践了，并且做出了自己的总结。斯大林在政治经济学的理论上站在了当代人的前列，他第一次明确地提出了社会主义基本经济规律和国民经济有计划按比例发展规律；马克思、恩格斯、列宁都没有看见全民所有制同集体所有制并存，保留商品生产，价值规律还起作用的情况，斯大林比较正确地处理了这个问题；关于生产关系一定要适合生产力性质的规律，斯大林在这部著作中纠正了在联共党史第四章第二节中，关于社会主义社会生产关系同生产力完全适合没有矛盾的说法，但还是不够彻底；关于经济规律的客观性质，根据苏联的实践经验，斯大林谈得很中肯，批评了把规律和法律混为一谈，以为计划是规律，以及认为苏维埃政权有特殊作用，就可以创造、制定、废除和改造规律的唯心主义观点。斯大林对政治经济学的研究对象、方法和社会主义经济学的范畴等问题，都有他自己的见解。

总之，他为社会主义政治经济学奠定了一个体系，虽然这个体系并不完全科学，但毕竟是第一个可贵的尝试。

今天，为了更加自觉地实现工作重心的转移，学习马克思主义政治经济学的基础知识，增强按照经济规律办事的本领和能力，都十分需要重新学习《苏联社会主义经济问题》。

（二）《〈苏联社会主义经济问题〉研究》研究内容

《〈苏联社会主义经济问题〉研究》一书研究了九大问题，并对这九大问题进行了准确评价，收到了比较理想的效果。

第一，关于社会主义制度下经济规律的性质问题。

一是认识经济规律是一个反复的过程。在苏联政治经济学说史上，对于经济规律的认识经历了几次大的反复。1951年苏联召开了一次政治经济学教科书未定稿讨论会，材料送给了斯大林后，他发表了意见，并答复了三封信，这就是我们现在看到的《苏联社会主义经济问题》这本书。针对有人否定经济规律的客观性，认为苏维埃国家可以创造、制定、废除和改造规律，斯大林明确提出：经济规律是不以人们的主观意志为转移的客观必然性；人们不能制定、创造、废除和改造规律；政治经济学的规律有两个特点：①大多数规律是在一定的历史时期发生作用的；②利用经济规律有阶级背景，认识规律的客观性质有重大意义。

二是关于经济规律的客观性。斯大林能够对经济规律的客观性问题作出深刻的分析，坚持马克思主义的辩证唯物论，批判唯心论和机械论，与苏联碰过钉子，栽过跟头，认真吸取教训有很大关系。规律是事物运动的内在联系和客观必然性，不以人们的主观意志为转移；为了发挥社会主义制度的优越性，必须逐步认识和掌握客观规律。如果否定经济规律的客观性质，随心所欲，只有受客观规律的惩罚；斯大林坚持了唯物论，批判了主观唯心主义的观点。

三是从中国实践看按照经济规律办事的重要性。为了加快建设社会主义现代化强国的步伐，摆在我们面前的一个突出的任务，就是学习马克思主义的经济科学，通过实践不断地认识掌握和运用客观规律，不断解决我们的主观同客观存在的经济规律之间的矛盾。毛泽东同志指出，认识中国民主革命的规律用了 24 年时间，中间经过两次胜利和两次失败，希望认识社会主义建设的规律，不要花那么长时间，付出那么大的代价。

第二，关于生产关系一定要适合生产力性质的规律。

一是斯大林对这个规律的阐述和理论贡献。把生产关系同生产力的相互关系概括为生产关系一定要适合生产力性质的规律，是斯大林在《苏联社会主义经济问题》一书中首次提出的，是对马克思列宁主义的一个重大贡献。马克思在《政治经济学批判》序言中，对于生产关系同生产力的关系做出了经典表述。他写道："人们在自己生活的社会生产中发生一定的、必然的、不以他们的意志为转移的关系，即同他们的物质生产力的 定发展阶段相适应的生产关系。……社会的物质生产力发展到一定阶段，便同它们一直在其中活动的现存生产关系或财产关系（这只是生产关系的法律用语）发生矛盾。于是这些关系便由生产力的发展形式变成了生产力的桎梏。那时社会革命的时代就到来了。""无论哪个社会形态，在它们所能容纳的全部生产力发挥出来以前，是不会灭亡的；而新的更高的生产关系，在它存在的物质条件在旧社会的胎胞里成熟以前，是不会出现的"。①

斯大林十分重视马克思的这个表述，并且以此为依据在联共（布）党史第四章第二节充分阐述了生产力和生产关系的相互关系，他给生产力下了如下定义："生产物质资料时所使用的生产工具，以及因有相当生产经验和劳动技能而使用生产工具，实现物质资料生产的人，将这些要素总合起来，便构成了社会的生产力。"［《联共（布）党史简明过程》第 152 节］

斯大林指出，生产方式是生产力与生产关系的统一，生产力是人同自然的关系；人们在实现物质资料生产时，彼此之间也要建立一定的联系和相互关系，这就是生产关系。斯大林阐述了生产关系一定要适合生产力性质的规律……简明通俗地阐述了马克思列宁主义关于生产关系与生产力的相互关系的基本原理，虽然在这里还没有使用规律的概念，但也是作为一种客观必然性来说明的，这是斯大林对于历史唯物主义的捍卫和发展……

从斯大林 30 年代到 50 年代的经济思想发展来看，他坚持生产关系一定要适合生产力的性质这个基本原理，并把它明确概括为一切社会形态的共有经济规律。这是他的主要功绩。

二是从我国的实践看尊重规律的重要意义。我国在认识和运用生产关系一定要适合生产力的性质的规律上，既有成功的经验，又有失败的教训。经过几次曲折和反复，越发觉得斯大林讲的道理在主要方面是好的，值得认真学习。

第三，关于社会主义基本经济规律。

一是斯大林关于基本经济规律，特别是社会主义基本经济规律的理论。在《苏联社会主义经济问题》一书中第一次明确论述了关于基本经济规律，特别是关于社会主义基本经济规律的理论。

斯大林关于基本经济规律的理论，包含以下几点：其一，每一个社会形态只有一个基本经济规律；其二，基本经济规律是这样一种规律，它不是决定生产发展的某一个别方面或某些个别过程，而是决定生产发展的一切主要方面和一切主要过程，因而最深刻地反映了一个生产方式的实质；其三，基本经济规律体现了一个生产方式的生产目的和实现这

---

① 《马克思恩格斯选集》第二卷，人民出版社 1975 年版，第 82—83 页。

个目的的手段之间的统一，体现了两者之间的必然联系。

根据以上论述，斯大林认为，资本主义竞争和生产无政府状态的规律、各国资本主义发展不平衡的规律、平均利润率规律，都不是资本主义的基本经济规律。"最适合于资本主义的基本经济规律这个概念的，是剩余价值规律，即资本主义利润的生产和增值的规律。这个规律确实预先决定了资本主义生产的基本特点。"……斯大林认为剩余价值规律是过于一般的规律，它没有涉及最高利润率的问题，为了弥补这个"缺陷"，他又提出了一个现代资本主义基本经济规律，即"用剥削本国大多数居民并使他们破产和贫困的办法，用奴役和不断掠夺其他国家人民，特别是落后国家人民的办法，以及用于旨在保证最高利润的战争和国民经济军事化的办法，来保证最大限度的资本主义利润"。战后三十多年的历史证明，斯大林关于现代资本主义基本经济规律的论断并不完全符合实际。

斯大林依据马克思、列宁的观点和总结了苏联建设社会主义的实践经验，在《苏联社会主义经济问题》中第一次提出了社会主义基本经济规律，给这个规律下了一个定义："用在高度技术基础上使社会主义生产不断增长和不断完善的办法，来最大限度地满足整个社会经常增长的物质和文化需要。"斯大林的这个定义对不对呢？根据现有的社会主义的实践经验来看，斯大林关于社会主义基本经济规律的定义还是比较正确的。当然，我们现在对于社会主义经济本质的认识，还只能说刚刚接触到第一个层次，第二层次，有待不断深化。因此，关于社会主义基本经济规律的概括，也有待于今后建设社会主义的实践过程中不断订正、丰富、发展。

二是社会主义生产目的客观性及其内涵。斯大林讲的"保证最大限度地满足社会主义经常增长的物质和文化需要，就是社会主义生产的目的"。这并非斯大林个人主观意志的体现，而是客观存在的社会主义生产方式的本质反应。任何一个社会的生产目的都具有客观性，都是由该社会占统治地位的生产方式决定的。社会主义社会生产力以及与其相适应的社会主义公有制，决定了社会主义生产目的既不同于私有制的社会，也不同于原始共产主义社会。斯大林概括的社会主义生产目的，比较正确地反映了社会主义生产方式的特征。这一生产目的包括以下内容：其一，最大限度地满足人民的需要，而不是一般地满足需要，更不是最低限度满足需要；其二，整个社会的需要，包括劳动者个人的需要，也有集体的需要；其三，人民的需要包括物质的需要和文化的需要两个方面；其四，经常增长的社会需要。忽视人民的消费需要，使人民的消费长期停留在一个低水平中，就违背了社会主义基本经济规律的要求，要受到客观规律的惩罚。

三是在高度技术基础上使社会主义生产不断增长和不断完善。斯大林指出：在高度技术基础上使社会主义生产不断增长和不断完善，是实现社会主义生产目的的手段。这也是不以人们的意志为转移的客观必然性。搞社会主义靠什么来实现最大限度地满足整个社会经常增长的物质文化需要这个目的呢？斯大林明确回答，靠高度技术，靠社会主义生产的不断增长和不断完善。我们认为，斯大林的这个观点，基本是正确的，是历史经验的科学总结。

（三）结束语道出了经济研究的科学使命

研读本书结束语，会看到熊映梧和王绍顺教授的学养和境界。下面特转引该书结束语。

我们在上面联系中外建设社会主义的历史经验，研究了斯大林的《苏联社会主义经济问题》，对几个问题发表了一些粗浅的意见，以期引起议论，促进经济科学的自由讨论和创新发展。我们觉得，必须打破长期束缚人们思想的那种死气沉沉的局面，创造一种自由发表意见的学术气氛，才能迎来经济科学发展繁荣的春天。

马克思在《资本论》第一卷第二版跋中精彩地描述了资产阶级经济学的古典学派与庸俗学派两种截然对立的学风。他分析了19世纪三四十年代英法两国阶级斗争的状况，以及对于经济学的影响。马克思指出：法国和英国的资产阶级夺得了政权。从那时起，阶级斗争在实践方面和理论方面取得了日益鲜明的和带威胁性的形式。它敲响了科学的资产阶级经济学的丧钟。现在的问题不再是这个或那个原理是否正确，而是它对资本有利还是有害，方便还是不方便，违背警章还是不违背警章。不偏不倚的研究让位于豢养的文丐的争斗，公正无私的科学探讨让位于辩护士的坏心恶意。

在社会主义经济理论队伍中，也不可避免地存在着两种对立的学派：有坚持不偏不倚的学术研究和公正无私的科学探讨的"古典学派"，也有一味粉饰现状，充当辩护士和吹鼓手的"庸俗学派"。更有甚者，如梁效之流的无耻文丐，出卖灵魂，甘心充当"四人帮"一类政治野心家、阴谋家的走狗，以歪曲事实、编造谬论、蛊惑人心、糟蹋科学为职业。今天，我们在社会科学领域内肃清"四人帮"的流毒，就必须彻底批判庸俗学派的坏学风，树立古典学派的好学风。

马克思在《政治经济学批判》序言中简要地叙述了自己研究经济学的经过之后说："这只是要证明，我的见解，不管人们对它怎样评论，不管它多么不合乎统治阶级的自私和偏见，却是多年诚实探讨的结果。"

马克思最后引用意大利的伟大诗人但丁《神曲》中的两句诗，表示自己追求真理的决心："这里必须拒绝一切犹豫；这里任何怯懦都无济于事。"

的确，在科学的入口，就是要有下地狱、上刀山的勇气。上穷碧落下黄泉，科学真理终可见。让我们团结起来，为发展我国的经济科学，为实现四个现代化的伟大历史任务贡献自己的全部力量！

二　《理论经济学若干问题》的科学价值

（一）《理论经济学若干问题》前言和后记

熊映梧在他的第二部著作前言中说，经济科学迄今有三百多年的历史了。它经过了初创、成长的若干阶段，现在已发展成为包括许多分支学科的庞大体系。理论经济学是诸经济学科的基础，它在很大程度上决定着整个经济科学的发展，我们应当给予高度重视。《理论经济学若干问题》是计划写作的关于理论经济学的一系列著作中的"绪论"部分。本书的基本内容是：概述理论经济学的历史及其在经济科学中的地位，阐明理论经济学的研究对象，对生产力、经济规律等基本经济范畴做一番考察，探讨理论经济学方法论的特点。本书分为五章，各章各节由于论述的问题不同，篇幅有长有短。本着"有话则长，无话则短"的原则，不强求形式的整齐划一。

本书不是"代圣贤立言"，也不是对经典著作做注释和考证，而是试图在马克思主义指导下，总结以往经济学的成果，研究当代资本主义的新特点及社会主义的实践经验，探讨一些新问题。这也许是不自量力，落得个徒劳无获。但是，正像当代一位著名的自然科学家 W. 贝弗里奇讲的："所谓科学研究就是对新知识的探求。"作者宁愿在崎岖的科学道路上奔波终生，毫无所得，甚至跌得鼻青脸肿，也不愿意舒舒服服地坐在书房里咀嚼前人的成果。

人们对马克思这样的大师抱着"高山仰止，景行行止"的态度，这是很自然的。但是，应该像司马迁对待孔夫子那样，再加上一句："虽不能至，然心向往之。"马克思主义并没有终结真理，而是在实践中不断开辟认识真理的道路。有了马克思主义经济学作指导，只要我们勇于探索，不畏劳苦，就有可能攀登上经济科学的新高峰。

科学的道路是艰难曲折的，作者不揣冒昧，借用中国大诗人屈原的名句，来表明我的心迹和自勉：

"路漫漫其修远兮，吾将上下而求索。"

我相信：上穷碧落下黄泉，科学真理终可见。

以上这一段文字，聊作本书的一个开场白。

1981 年 10 月 23 日

该书《后记》：

如果哪位读者问：本书的基本观点是什么？我可以简要地答复如下：

《理论经济学若干问题》一书是从各个方面证明，理论经济学（政治经济学）不能把生产力排除在研究对象之外，它应当把生产力与生产关系统一的社会再生产过程作为研究对象。首先揭示反映社会经济结构二级本质的生产力发展规律，在此基础上，进而揭示生产关系变化的规律以及社会再生产运动的规律。为此，理论经济学在方法论上也要进行改革。

这本小册子记录了作者近三十年来从事经济教学和研究工作的系统见解，不管人们对它怎样评说，总是自己多年来认真思考的产物。俗话说：爹妈不嫌孩子丑。坦白地讲，我是珍爱这个作品的。这倒不是由于它讲出了什么高明的学术创见，而是因为它是我在崎岖的科学道路上苦心探索的初步成果。尽管现有的成果是微不足道的。但是，方向已经选定，步子已经迈开，它将鼓舞我继续沿着这条道走下去，一直到不能动笔和思考的时候为止。

熊映梧教授说：书中对许多学术观点做了批评，实际上也是自我批评。我在 50 年代前期，刚刚从事经济学教学工作的时候，完全是照抄照搬苏联的政治经济教科书，可以说没有自己的独立见解。我也曾为 50 年代后期的"左"倾思潮所激动，宣传过"共产风"。60 年代初的现实教育了我，"饿肚子使我的头脑冷静下来"，从那时起，我认真思考了一些经济学理论问题。"史无前例"的十年，使我学到了许多在书本上学不到的宝贵知识。打倒"四人帮"，特别是党的十一届三中全会以来，迎来了科学的春天，我才动手整理过去留下的一些手稿，陆续发表了几十个短篇，进而想写点专著。写作的动机无非有两条：一是清算自己的学术观点，力图摆脱教条主义的束缚，不再传播那些错误的东西；二是想探讨一些新问题，为祖国的社会主义现代化建设和经济科学的发展做一点贡献。如果上述目的达不到，我想，拙作成为一块引玉之砖，那就算是没有白写。

我在本书中一再强调，经济科学要吸取自然科学的成果，要应用数学方法，建立经济学家和自然科学家的联盟，这并不表明我在自然科学方面有多高的水平。恰恰相反，正因为我是自然科学方面的"科盲"，这种缺陷严重妨碍着我去深入研究经济问题，所以，我愈加觉得有必要大声疾呼，迅速改变我国经济学界许多人不懂自然科学，尤其是不懂数学的落后状态。我们应当想方设法使年青一代的经济学家成为精通经济学，又懂得必要的自然科学的"全才"，像伟大的导师马克思那样博学，才能攀登上经济科学的新高峰，为振兴中华的经济科学，为人类的繁荣幸福作出应有的贡献。

奉献给读者的这本《理论经济学若干问题》，是一个很不成熟的"初级产品"，诚恳地希望得到大家的指教。

1981 年 10 月 23 日

于黑龙江大学经济系

（二）《理论经济学若干问题》的核心内容

全书共有"五大问题"、十七个小题。

一是理论经济学是经济科学发展历史的产物。其中的四个论题是：经济科学最初是以"混合形态"出现的；马克思首创理论经济学体系；斯大林系统地论述了社会主义经济问题；经济科学应分类与正名。

二是理论经济学的研究对象是统一的社会再生产过程。其中的三个论题是：实事求是地对待马恩列斯关于政治经济学的定义；生产力是最基本的社会范畴；理论经济学的研究对象和"经济结构层次论"。

三是理论经济学要高度重视生产力的研究。其中的四个论题是：重视生产力是马克思主义的本色；生产力是一种现实的物质力量；对生产力要做"动态考察"和"系统分析"；努力探寻生产力自身的运动规律。

四是理论经济学的任务是从总体上揭示社会经济运动的规律。其中的六个论题是：经济规律始终是经济学家最关心的基本问题；什么是经济规律；经济规律体系以及诸经济规律的相互关系；经济规律与经济机制；经济规律与自然规律；利用经济规律的阶级背景问题。

五是理论经济学方法论的特点。

综合分析这"五大问题"及其"十七个小题"可以发现，它们确实观点鲜明、立论科学、逻辑周延、结论服人，做到了创新、精辟、独到，具有鲜明的真理精神和令人信服的科学魅力。

（三）研读吸取理论经济学方法论特点的科学价值

熊映梧教授开门见山地说："每一门科学都有其独特的研究对象，以及与其相适应的方法论。这两个问题解决得好不好，对于这一门科学的发展和创新关系极大。理论经济学长期处于研究对象不明确和研究方法落后的状况，因而，近一个世纪以来进展不大，甚至可以说是停滞不前。现在是到了改变这种局面的时候了。"

有人说，马克思主义政治经济学的方法论就是"辩证唯物主义与历史唯物主义"。这种观点等于取消经济科学的方法论，因而研究任何一门科学都要以马克思主义哲学为指导。然而指导原则绝不能取代各门科学所特有的方法论。在前一些年代里，教条主义之风盛行，拿几条哲学结论到处生搬硬套，以为这样就可以走捷径，不费气力攀登上科学的高峰。其实，这是一种典型的"左派幼稚病"……我认为，一门科学研究的方法论应当有它自己的特色。理论经济学作为诸经济学科的基础，它的方法论有如下几个特点。

第一，运用生产力与生产关系统一的观点去分析一切经济现象和经济过程。理论经济学是从总体上研究社会再生产运动规律的。理论经济学特定的研究对象，决定了它在方法论上必须始终坚持生产力与生产关系的统一，运用生产力与生产关系统一的观点去分析一切经济现象和经济过程……苏联和中国政治经济学发展的历史经验均证明了在理论经济学的方法上，必须首先坚持生产力和生产关系的辩证统一的观点，只有运用这个观点去分析经济活动，才能透过复杂的经济现象揭示经济规律……为什么有些经济学家不能识别违背经济规律的错误做法，反而赞扬说这是"创造性运用生产关系一定要适合生产力性质规律的典范"呢？从方法论上来讲，就是因为违背了生产力决定生产关系，生产关系和生产力统一的基本原理，脱离生产力的实际情况，孤立地评价生产关系的优势……正反两个方面的历史经验，雄辩地证明了，坚持生产力和生产关系的统一，是分析一切经济问题，揭示经济规律的根本原则；这也是理论经济学方法论的第一原则。

第二，抽象法和综合法。《资本论》在方法论上一个显著特点，就是马克思讲的：分析经济形式，既不能用显微镜，也不能用化学试剂。二者都必须用抽象力来代替。通常把马克思讲的运用"抽象力"分析经济问题的方法，简称"抽象法"；这也就是毛泽东所讲的："将丰富的感觉性材料加以去粗取精、去伪存真、由此及彼、由表及里的改造制作功夫，造成概念和理论的系统。"与应用科学不同，理论科学必须采用抽象法，才能从大量的实际材料中概括出普遍的规律和基本的范畴，从而造成一个理论体系……没有科学的抽象，尽管我们掌握了大量的知识材料，也不可能形成一个理论体系，揭示现象和过程中的本质。对于理论经济学来说，抽象法尤为重要。

马克思在《政治经济学批判》导言中，把政治经济学的方法概括为"从抽象上升到具体"。我认为，这是抽象的具体化。或者说，是把抽象法应用于理论经济学的表现……另一种方法则相反，不是从比较复杂的具体的范畴入手，而是把简单的抽象的范畴作为研究的出发点，一步步上升到比较复杂的具体范畴，即"从抽象上升到具体"，马克思肯定它是科学上正确的方法。

理论经济学是从总体上考察社会再生产运动，因而不仅具有高度的抽象性，而是具有高度的综合性……理论经济学要在各门应用经济学、边缘经济学分析经济生活的各个侧面所得到的成果的基础之上，加以综合提炼，上升到新的理论高度。这就决定了理论经济学在方法论上必须采取综合法，善于吸取各门学科的成果。总之，理论经济学以其高度的抽象性和综合性而与应用经济学相区别，我们务必掌握这个方法论的特点。

第三，把数学方法应用于经济分析，对理论经济学具有特殊的重点性。马克思本人曾经郑重声明："我们不想教条式地预测未来，而只是希望在批判旧世界中发现新世界。"我们生活在社会主义时代，和马克思的历史任务截然不同了。马克思是批判旧世界，我们是建设新世界。因此，当代马克思主义理论经济学不仅要对经济生活做"定性分析"，也要做"定量分析"，并且把"静态分析"和"动态分析"结合起来。为此，就必须在理论经济学中也应用数学方法。据保尔·拉法格回忆，马克思曾经说过，一种科学只有在成功地运用数学时，才算达到了真正完善的地步。这话尤其适用于经济科学。

熊映梧教授最后谦逊地说："以上只是对理论经济学的方法论问题，谈了一些零星的看法，很不全面，也很肤浅。由于作者知识贫乏，特别是缺少自然科学和哲学的素养，严格来说，是没有资格谈论方法论问题的。因此，希望有识之士来认真研究这个重要的课题。"

三 《生产力经济概论》的创新价值

（一）在经济科学的春天里实现了多年的夙愿

熊映梧教授在他的名著《生产力经济概论》的序言中写道：现在奉献给读者的这部学术专著——《生产力经济概论》，是近几年我在这个新领域里的一些研究成果的初步总结。我对生产力理论早就有浓厚的兴趣，可惜，在很长的时间里没有再去研究。党的十届三中全会以来，我国进入了社会主义现代化建设新时期，也迎来了经济科学的春天。我实现了多年的夙愿，把自己的研究重点转向生产力经济理论方面，陆续发表了十多篇学术论文，比较广泛、深入、系统地探讨了经济科学与生产力的关系，生产力范畴的特点，生产力的结构和运动规律，生产力系统与社会系统、自然系统的联系等一系列基本问题。在《试论理论经济学研究中的几个问题》（《经济学动态》1978 年第 11 期）一文中，我从总结现代资本主义发展的特点，以及社会主义实践的历史经验出发，初次提出"当前在理论经济学的研究中，应当把研究社会生产力发展的规律性放在首位"；在《经济科学杂谈》（《光明日报》1980 年 1 月 26 日）中，阐述了"探索经济结构更深层次，寻求生产力自身发展规律"的观点；在《经济科学要把生产力的研究放在首位》（《经济科学》1980 年第 4 期）一文中，论证了一切经济科学不仅要研究生产力，而且要把它放在首位，然后在此基础上进一步揭示生产关系和生产力统一运动的规律；此后发表的《生产力动态考察论》（《求是学刊》1980年第 4 期）《综合生产力论》（《北方论丛》1981 年第 4 期）《生产力系统论》（《社会科学战线》1981 年第 3 期）《〈资本论〉中关于生产力的问题》（《学术月刊》1982 年第 2 期）《再论社会生产力的属性》（《江汉论坛》1982 年第 5 期）《生产力系统与社会系统》（《汉江论坛》1982 年第 7 期）《生产发展规律试议》（《浙江学刊》1982 年第 3 期）《产业结构合理化的若干问题》（《求是学刊》1982 年第 5 期）等文，从不同角度研究了有关生产力经济理论的一系列的问题。因此，可以说《生产力经济概论》是个集其小成，即系统整合。

熊映梧说，我为什么"不务正业"，不去研究生产关系，偏偏要探讨被传统经济学视为"技术范畴"的生产力呢？这不是出于个人的癖好，而是有感于时代的需要。我是 1953 年适应当时大规模的社会主义经济建设的要求，转到大学政治经济学教学岗位的。在 50 年代中期，由于自己的知识浅薄，没有独立思考能力，因而在教学中完全是照搬苏联《政治经济学教科书》。1958 年"大跃进"时期，我也曾激动起来，热衷于建立中国式的政治经济学体系，积极参加了编写有浓厚"共产风"色彩的教材和文章。我在经济理论上真正有所觉悟，是在 60 年代初的经济困难时期，从曲折和失败中得到了深刻的教育，开始独立思考问题。记得党的八届六中全会的决议中有一句话：如果真正热心于共产主义事业，就要首先热心于发展我们的生产力。我把这个付出了高昂学费认识到的真理，一直铭记在心里，作为自己进行研究的指针。很遗憾，在我刚刚迈开探索步子的时候，受到了不公正的批判，接着就是受尽屈辱的十年动乱，剥夺了我的一切工作权利，当然更谈不上研究什么学问了。

"山重水复疑无路，柳暗花明又一村。"在我们党和国家转危为安，进入社会主义现代化建设的新时期之后，虽然我已年过半百，未老先衰，通常所说的创作的"最佳期"早已在无所作为中消失了。但是，总是忘不掉研究生产力的夙愿。经过三年的"孤军奋战"，在知识不足、资料缺乏以及教学行政任务繁忙的困难条件下，勉为其难地把计划写作的"三部曲"的第一部《生产力经济概论》写完了。另外两部是《生产力经济学原理》和《中国社会生产力现状考察》，但愿上帝能让我多活几年，研究条件有所改善，与各方面合作，完成两部专著的写作任务。

熊映梧认为，马克思主义经济学有两大时代课题：一是消灭剥削，二是消灭贫穷。这也是我们在实现共产主义伟大理想的过程中，必须解决的两个最大的社会问题。只有彻底消灭了剥削制度，又完全铲除了贫穷及其根源，人类才能进入按需分配的共产主义社会。如果不顾时代的需要，只研究那些"保险"的，不费大力气的课题，或者大多数经济学者都去做经典著作的注释和考证工作（请注意：我赞同少数人去做这项工作），恐怕不能说是一种健康的倾向。不尽快地改变这种状况，经济学将会越来越落后于迅速前进的时代步伐。

马克思在经济科学上的伟大贡献，就在于他敢于探讨他那个时代最敏感、最尖锐、最重大的课题，从经济理论上系统地、透彻地揭示了资本主义经济形态的基本矛盾，发现了资本主义发生、发展及其必须为社会主义所代替的客观规律，从而为科学社会主义学说奠定了坚实的理论基础。换句话说，马克思从根本理论上解决了消灭最后一个剥削制度的问题。

在马克思主义指导下，经过亿万人民的浴血奋战，在地球上的一部分国家，把理想变成了现实，消灭了剥削制度，建立了崭新的社会主义制度。对于我们社会主义国家的马克思主义经济学者来说，当然还有继续深入研究现代资本主义的任务，而且这个方面的研究是很薄弱的。但是，我们不能不花费更大的力量，去研究消灭贫穷的问题，建设新世界的问题。我觉得，不少的同志对这个新课题不怎么热心，几乎把注意力完全投放到调节经济利益方面去了。恩格斯在1890年写给施米特的一封信中指出："分配方式本质上毕竟要取决于可分配产品的数量"；在批判杜林的暴力论的时候，恩格斯说："虽然财产可以由掠夺而得，从而可以依靠暴力，但是这绝不是必要的。它可以通过劳动、偷窃、经商、欺骗等办法取得。无论如何，财产必须先由劳动生产出来，然后才能被掠夺。"恩格斯在这里阐明了一个经济学的基本原理，即先通过劳动生产财富，然后对财富进行分配；而分配方式本质上取决于可分配的产品数量。例如，在我国目前每年国民收入只有三四千亿元，在人口超过十亿的情形下，恐怕不完全具备彻底贯彻按劳分配原则的条件，积累与消费的关系，就业与提高劳动生产率的关系，以及各方面的利益关系，也是不好处理的。如果我们遵循党的十二大制定的"全面开创社会主义现代化建设的新局面"的路线，坚持不懈地大大发展生产力，到20世纪末，在不断提高经济效益的前提下，使工农业年产值翻两番，达到28000亿元，国民收入增长到1万多亿元，这样，上面提到的那些经济利益调节问题，就有了比较合理解决的基础。

在前面引证的恩格斯给施米特的信中，他还告诫德国青年人不要把唯物主义变成套话，贴到各种事物上去，以为问题就已经解决了。生产力决定生产关系，生产力是社会变迁的终极原因，这些唯物史观的基本观点也有变成套话的危险。马克思主义经济学不研究生产力问题，怎么指导社会主义经济建设呢？为了振兴国家经济，我看经济学也要振兴。积三十年之经验，深知振兴经济科学，必须高度重视和认真研究生产力问题。这就是我从马克思主义经济学一百多年发展的历史，特别是社会主义实践经验中得出的最为重要的结论。

熊映梧教授说，《生产力经济概论》是基于上述认识而写作的第一部专著。这部《生产力经济概论》专著，是从经济上系统考察生产力问题的理论经济学著作。全书共十章：

第一章，阐述生产力理论在经济科学中的地位，并且进一步说明"经济科学要把生产力的研究放在前位"的主张。

第二章，论证生产力是最基本的社会范畴和经济范畴，详细分析了生产力的现实性、社会性、整体性和历史继承性，评述了把生产力当作"技术范畴"的由来和谬论。

第三章，提出要对生产力做动态考察。

第四章，提出要对生产力做系统分析，这是本书在方法论上的特色。

第五章，分析劳动方式、生产方式与生产力的相互关系，认为生产方式是生产力的实现形式。

第六章，探讨生产力自身运动的规律，强调指出，经济运动包括生产力发展过程，生产关系变化过程，以及生产力和生产关系统一的社会再生产过程，与此相适应，客观上存在三类经济规律：生产力发展规律，生产关系变化规律，社会再生产运动规律。

第七章，阐述生产力发展与经济增长问题，联系经济发展战略，探讨了经济增长模式。

第八章，讨论生产力系统与社会系统的相关关系问题，研究了生产关系、上层建筑、人口对生产力发展的影响。

第九章，研究资源、环境与生产力的相互关系问题，强调合理利用和保护资源、改善环境是社会生产力发展的自然基础，提高生活质量是经济发展高级阶段的要求。

第十章，对生产力理论的形成、发展的历史回顾，并且对今后深入研究生产力经济理论提出了几点原则、意见。

总之，全书的基本思想是主张各门经济学科都要认真研究生产力，坚持生产力是一个经济范畴，必须采取动态考察和系统分析的科学方法，深入探讨生产力的内部结构和运动规律，为建设社会主义新世纪提供科学依据。

熊映梧教授深感当代马克思主义经济学者对生产力太缺乏研究，故写作了《生产力经济学概论》。书中涉及的不少问题刚刚开始研究，在这方面发表的意见也是很不成熟的，有些章节仅仅提出了问题，没有给予圆满的回答。所以，本书不过是一块引玉之砖。如果它能够引起更多的经济科学工作者来研究生产力经济问题，那就达到了写作本书的目的。由于作者的知识不足，探讨的又是许多新问题，书中的缺点一定不少，因此，诚恳地希望读者批评指正。

有的学者反对研究生产力问题，这是他的自由。但是，大可不必责难，阻碍别人去做这方面的探索。在坚持四项基本原则的前提下，百家争鸣有什么不好呢？学术上的是非，不妨长期争鸣下去，留给后人去评判为好。

我很赞赏郑板桥咏竹的诗，现摘录于下，和志同道合的朋友们共勉。

咬定青山不放松，立根原在破岩中。

千磨万击还坚劲，任尔东西南北风。

（二）运用系统科学理论和方法创立生产力科学体系

熊映梧教授首先创立中国生产力经济学体系。他有一个著名的"学术研究和创作模式"，就是对于生产力经济、生产力理论、生产力原理和生产力实践，进行"动态考核"和"系统分析"。且以第四章（对生产力的系统分析）为例品鉴熊映梧教授如何运用"系统分析"的。

其一，即第一节，熊映梧教授讲述关于马克思主义生产力经济系统思想中的最新见解：在本书第一章已经叙述了马克思在唯物史观和经济学说中高度重视生产力的思想。现在应当专门探讨一下马克思主义关于生产力系统的思想。而这一宝贵的理论遗产往往为人们所忽视。

马克思在他的许多重要名著中（熊映梧教授开列出来包括《资本论》在内的"七大名著"），明确提出了关于生产力整体性的思想。这是揭示社会生产力系统特征及其发展规律的关键。

其二，即第二节，熊映梧教授讲述了生产力是一个经济系统。他说，要研究生产力系统，或者说对生产力做系统分析，就有必要大略地回顾一下系统论这种思想、学说、科学、方法的由来和发展。钱学森在《大力发展系统科学，尽早建立系统科学的体系》一文中明确指出：系统的概念并不是 20 世纪的新发现。因为局部与全体的辩证统一，事物内部矛盾的发展和演变，本来就是辩证唯物主义的常理，而这就是系统概念的精髓。系统有自然本来存在的系统，如太阳系，如自然生态系统，这就说不上是系统工程了，因为系统工程是要创造自然界系统或创造人所需要的社会系统。而现代科学技术对系统工程的贡献在于把这一概念具体化……钱学森还提出了一个哲学、社会科学和自然科学、工程技术体系图……这张图表正确地反映了各个学科之间的密切关系，反映了当代科学发展出现的一种相互渗透的新趋势。钱学森还建议创立经济系统工程、社会系统工程、法制系统工程和行政系统工程等。熊映梧教授明确地指出，系统科学，或者叫作系统论的普遍适用性，都源于系统是客观事物存在的形式。我认为，社会生产力是一个客观存在的经济系统，因此，为了解释生产力的内部结构和发展规律，必须采取系统分析的方法。

其三，生产力系统的均衡性、比例性。社会生产力作为一个系统，客观上要求它和各个因素之间保持均衡性。这种均衡性是由整体性派生出来的，也可以说均衡性是整体性的具体化。生产力的均衡性首先意味着只有具备了必要的因素，才能组成生产力系统，缺少了哪一因素，都会破坏生产力的整体性，使其不能成为一个系统。社会生产力作为一个系统，客观上还要求它的各因素之间保持适当的比例关系。生产力的整体性首先体现在质的均衡性上面。其次也体现在量的比例性上面。组成生产力的各个因素，在质上保持均衡性和量上的比例性的条件下，才能形成一个有效能的系统。

其四，生产力系统的综合性。生产力系统的第二个特征，是具有很强的综合性。它是各个产业部门的综合，各个经济地区的综合，各类生产力的综合。历史的教训告诉我们，必须如实地把社会生产力看作是一个综合的系统。我们必须充分认识和切实把握社会生产力是综合的物质力量这个特点，在国民经济管理中做好综合平衡，切实取得更好、更大、更快的综合效应和整体成果。

其五，生产系统的多层次性。这是生产力系统的第三个特性。这种特性是同分工和协作等分不开的。

概括生产力是一个系统的观点，即生产力并不是诸生产因素的机械相加，而是这些因素按照一定的结构组合起来的有机整体和功能系统，正如化学上的"同素异构体"那样，要素大致相同，但结构不同，所形成的现实生产力却大不一样。由此可见，对生产力进行系统分析，具有重大的理论价值和实践意义。

（三）对生产力经济理论的历史回顾

熊映梧教授指出，前九章个别研究了关于生产力的一系列理论问题，最后一章是对这个理论的形成和发展过程，做一个简要的历史回顾。前事不忘，后事之师。每一门科学的学说史，都为发展该学说提供了宝贵的历史经验。回顾生产力经济理论的历史过程，是大大有利于今后深入研究和创新发展生产力经济科学理论的事情。

一是生产力理论是资产阶级经济学中的薄弱环节。本书第二章简要考察了"生产力"概论的由来和发展。从中可以看到，资产阶级古典经济学对社会生产力没有太重视，对生产力的研究是很不充分的。不论是魁奈，还是斯密，整个古典学派都没有把生产力问题提到基本理论问题的高度，加以系统地研究。相比之下，德国经济学家弗里德里希·李斯特（1789—1846）的生产力论倒是比较丰富深刻的，我们应当予以重视。李斯特在其代表作《政治经济学的国民体系》中，对生产力有不少难得的精辟论述。在此简略地举出下列几点：李斯特认为："财富的生产力比之财富本身，不晓得要重要多少倍；他不但可以使已有的和已经增加的财富获得保障，而且可以使已经消失的财富获得补偿。个人如此，拿整个国家来说，更是如此。"作为资产阶级经济学家，李斯特很好地阐明了资产阶级的历史使命，提出了"财富的生产力比财富的本身更重要"的观点，的确是很卓越的；李斯特批评了"流行学派"（指斯密学派）把单纯的体力劳动认为是唯一的生产力的狭隘观点；李斯特不像有的经济学家那样孤立地考察生产力问题，他很重视各种社会因素对生产力的影响；李斯特批评了斯密把全部精神灌注在"价值"、"交接价值"那些概念上，而忽视了"生产力"的概念。我认为，在过去的经济学说史中，对李斯特在生产力理论方面的贡献，评价太低，没有给予足够的重视。李斯特以后，资产阶级经济学在生产力理论方面没有什么显著进展。

二是马克思主义生产力论是经济学说史上的光辉篇章。马克思主义的创立，是人类思想史上的伟大革命。值得重视的是，马克思、恩格斯在19世纪四五十年代，是把建立唯物史观和研究资本主义生产方式、揭示资本主义经济运动的规律结合起来进行的。这个"结合点"就是社会生产力。正是由于把生产力引进了历史观，从而才同形形色色的唯心史观划清了界限，创立了科学的唯物史观。也正是由于牢牢把握住了生产力，是社会变迁的终极原因、生产力决定生产关系等基本观点，才使马克思在创作《资本论》的过程中，能够透过纷繁复杂的社会现象，深入揭露资本主义社会生产关系与生产力的尖锐矛盾，得出资本主义必然被社会主义代替的科学结论。在唯物史观的指导下，马克思系统深入地研究了生产力理论问题。恩格斯在评论《政治经济学批判》的时候指出，马克思的经济学"本质上是建立在唯物主义历史观的基础上的"。正是因为建立在唯物史观的科学基础之上，马克思才能胜过先前的一切经济学大师，创作了像《资本论》那样博大精深的著作，其中也包括对生产力的远比前人更深刻、全面、科学的研究。马克思使生产力概念科学化、理论系统化、实践创新化……不难理解，马克思主义的生产力论，大大丰富了唯物史观和经济科学，是世界经济科学史上的光辉篇章和经典名著。我们应当珍视和继承这份极为宝贵的理论遗产。

三是我国近30年来关于生产力理论科学研究的曲折道路。熊映梧认为，可以把我国对于马克思主义生产力经济理论的研究分为三个时期。

第一个时期（1949—1956年），这是一个社会生活比较安定、经济欣欣向荣的时期。社会科学面临着大量的新问题，但是，社会科学特别是经济科学工作者的队伍还很弱小，远远不能适应时代的需要。这个时期在生产力理论研究上的一个突出特点，就是没有超出对苏联理论界观点的模仿，在"二要素论"和"三要素论"这个狭小的空间里踌躇不前。用一句话来概括，就是"模仿色彩浓厚，缺乏创新精神"。

第二个时期（50 年代后期至"文化大革命"），这个时期同政治上的大动荡相一致，对生产力理论的研究也是很曲折的。在那个政治动荡和科学园地杂草丛生的年代，也有"异花独放，引人注目"的特例，这就是现在收集到的《论生产力问题》这本文集书中的平心同志"十论生产力"的文章。匡亚明在为这本文集所写的序中指出："平心同志对生产力所做的探索和研究，是很认真的，是很有成效的，是硕果丰满的。由于他的知识渊博，读起来深感持之有据，言之成理，堪称一家之言而无愧……他在生产力课题上所做出的研究成果，都是一个很有价值的贡献，在国内也是迄今独一无二生产力理论专家，但后来谁都没有想到他惨遭围攻和迫害而致死。"60 年代初，在从理论上总结"大跃进"的教训时，中国公认的著名经济学家于光远提出了建立"生产力经济学"的重要意见。他的许多关于生产力经济学的观点都是正确的和有价值的。于光远老前辈关于建立生产力经济学的主张，是马克思主义经济学史上的一个重大创见。

第三个时期（开创社会主义现代化建设新局面的新时期），党的十一届三中全会以来，随着全国工作重点转移到社会主义现代化建设上来，生产力经济问题的研究出现了空前未有的繁荣景象，1980 年年底和 1982 年年初两次召开了全国生产力经济学学术讨论会，成立了全国及一些省市的生产力经济理论和实践问题的研究会。在短短的三四年时间，就发表了一大批有学术价值和实践意义的论著，在若干理论问题上有许多新的突破。

我国生产力经济理论和实践问题的研究，在 80 年代蓬勃兴起和硕果累累。首先是时代的迫切需要，是我们全党和全国人民把工作重心转移到经济建设上来的迫切需要，更是建设有中国特色社会主义的迫切需要。所以，在短短的几年内就获得了远比过去三十年更为显著的成果。

最后，是结束语，虽然很短，却颇有启迪。他说："按照惯例，在一部著作的最后总要写几句结束语，或者叫作跋。"回顾一下《生产力经济概论》共十章及一篇序言，约 20 万字，广泛论及了有关生产力经济问题的一系列理论。有一个青年文学杂志，刊名《丑小鸭》。寓意颇深。我把这本《生产力经济概论》看作"丑陋的婴儿"，因为他是初生的，样子颇难看。但是，正因为他是婴儿，所以大有发展前途。我相信，生产力理论的研究将会随着经济繁荣而兴旺起来。

祝愿马克思主义生产力论发扬光大！

现在的结果是：熊映梧的"丑小鸭"，变成了一飞惊天的"美天鹅"；当时"丑陋的婴儿"成为传世名著。

第五章 中国第一部生产力 经济学理论著作

引用当时一些经济学家和评论家，例如唐昌黎、刘锦棠和章立等的评论来说：生产力经济学是20世纪80年代在中国大地上诞生的一门新兴的经济科学，如今已宛如一枝奇葩绽放在经济科学的百花园中。在它创建的过程中，既经受过了一个时代的风刀霜剑的严酷洗礼，又得力于众多科学工作者的耕耘播雨。

其中，熊映梧主编的《生产力经济学原理》堪称是中国这门新兴学科最早的名作。本书汇集了他本人及其团队的科研成果，也吸收了国内外相关经济科学的最新成果，整合成本书。

一 跨越时代的主题和跨越世纪发展的名著

熊映梧在他的《生产力经济学原理》第一版《前言》中写道："生产力经济学是80年代在新中国诞生的一门新的理论经济学。短短几年，它在理论上和实践上已经产生了重大广泛而又深刻的影响，不仅丰富了马克思主义理论经济学的内容，而且为社会主义现代化建设提供了决策的科学依据。正是因为这门新学科具有重大的时代意义和社会价值，所以迅速赢得了各界众多的读者。为了适应全国高等院校，各级党校和干部管理学院开设生产力经济学课程的迫切需要，我们编著了这部《生产力经济学原理》教科书。全书分为5篇20章，近30万字，已列入国家教育委员会《高等学校经济学专业教材编选计划（1985—1990年）》。但是，由于生产力经济学是一门新学科，这本教材也不可避免地带有不成熟性，故恳切希望广大读者批评指导。"

《生产力经济学原理》修订第二版《再版序言》中写道："在于光

远老先生的倡导下，1980 年于贵阳市召开了中国生产力学第一次会议，正式成立了生产力学会的组织，吹响了向这门新学科进军的号角。我在会前发表了《经济科学要把生产力的研究放在前位》（《经济科学》1980 年第 1 期），在已经沉闷多年的经济学界引起了激烈的争辩；会后，我更加倾注全力深入研究生产力经济科学问题，于 1983 年出版了中国生产力经济学的第一部专著——《生产力经济概论》。为扩展这方面的研究，我招收了三期硕士生，和其中的孟庆林、吴国华、王凯、张艺合作，创作了《生产力经济学原理》（1987），提出了这门新学科的结构框架和基本观点。非常高兴本书得到了同行的肯定和广大读者的欢迎，获得了 1988 年孙冶芳经济科学著作奖，并纳入国家教育委员会《高等学校经济类专业教材编选计划（1985—1990)》。经过十几年的社会验证和科学实践考验，表明这本书的基本内容是可取的。而许多读者又想读到这本著名教科书，所以，我们做了一些修改，再次出版以飨读者。"

熊映梧指出：一是第一版出版已经十多年了，中国的国情发生了很大变化。我们创作《生产力经济学原理》的时候，是以 20 世纪 80 年代的资料为依据的。现在理所当然地要用 90 年代之后更新的资料加以补充。但是，完全更换资料也没有这个必要，我们尽力而为。二是如今第一版的作者已经各奔东西，有的到南方执教，有的去干实业，有的留学海外，只有我和孟庆琳（黑龙江大学经济学院）还在属地留守，坚守这块生产力学的老基地。因此，也只好由我们两人担当第二版的修订任务。不言而喻，本书第二版的文责应由我和孟庆琳负责。

熊映梧　2001 年冬

熊映梧带领团队共同主编的第一版和修订第二版的《生产力经济学原理》由五篇、二十章、六十八节组成。

第一篇，总论，包括生产力经济学的对象和生产力经济学的方法论共两章；

第二篇，构成生产力的因素，包括劳动者、劳动对象、劳动资料、生产力的基础结构和生产力系统中的"软件"共五章；

第三篇，生产力系统，包括生产因素到生产力的转化和生产力系统的特点共两章；

第四篇，生产力发展的规律和条件，包括生产力运动规律、当代生

产力发展的趋势、生产力系统与社会系统、生产力系统与自然系统共
四章;

第五篇,生产力的组织,包括再生产模式、产业结构、劳动方式、
规模经济、生产力布局、生产力系统的宏观调控、生产力经济学的由来
和发展共七章。

二 生产力经济学的研究对象和方法

《生产力经济学原理》开篇就是论述生产力经济学的研究对象和所
应用的方法。

"生产力经济学是八十年代初在新中国诞生的一门新兴的经济学
科。本章要说明生产力经济学产生的历史背景,生产力经济学的研究对
象,以及它在经济科学中的地位。"

"在人类有文字记载的数千年的历史上,曾经碰到过许许多多的社
会经济问题,但是,归纳起来,无非是两大问题:剥削与贫穷。因此,
可以说,马克思主义经济学有两大课题:消灭剥削和消灭贫穷;或者
说,批判旧世界和建设新世界的经济问题。"

熊映梧继续写道:"翻开中外历史看看,触目惊心的是连篇累牍的
劳动人民遭受残酷剥削和生活极端贫困的血泪史……不管是盛世还是乱
世,由于剥削制度未变,社会生产力水平低下,剥削和贫穷始终是无法
根本解决的社会问题……资本主义是历史上最发达的也是最后的剥削制
度,但是富有和贫穷的对立并没有在普遍的幸福中得到解决……资产阶
级由于掌握了强大的机械生产力,创造了比先前一切时代全部生产力的
总和还要多的生产力,从而使社会财富大大地增加。然而,机器是生产
剩余价值的手段,并不是创造全体人民幸福的工具……总之,现在资本
主义社会,剥削与贫穷两大社会问题仍然尖锐地存在着,只不过是表现
形式不同罢了……历代的思想家或多或少地探讨了剥削与贫穷问题,提
出了不同的医治方法……当然,马克思主义者批判剥削制度并非基于道
德义愤,我们是科学地运用唯物史观来对待剥削和贫穷的这两类问题
的。恩格斯还认为:'社会分裂为剥削阶级和被剥削阶级、统治阶级和
被压迫阶级,是以前生产力不大发展的必然结果……它将被现代生产力

的充分发展所消灭'。"

"马克思生活在资本主义时代，它的历史使命是推翻旧世界，消灭最后一个剥削制度……破坏旧世界并不是历史的终结，也不是马克思主义所要实现的全部目的；建设新世界，使人人都过上最幸福最美好的生活，才是历史发展的新阶段，也是马克思主义的新课题。要解决建设新世界的伟大历史任务，毫无疑问，必须认真研究社会生产力发展的客观规律。"

（一）生产力经济学是研究社会生产力运动规律的科学

熊映梧教授指出，马克思主义唯物史观认为，物质资料的生产是人类社会存在和发展的基础。马克思在《政治经济学批判》序言中，总结了自己多年研究的记录，对唯物史观的概括言简意赅，提出了以下三个相互关联的基本观点：第一，物质生活的生产方式制约着整个社会生活、政治生活和精神生活的过程。正像达尔文发现了有机界的发展规律一样，马克思发现了人类历史的发展规律。第二，社会的生产力决定生产关系，经济基础决定上层建筑。社会的物质生产力发展到一定阶段，使同它们一直在其中活动的现存生产关系或财产关系发生冲突，于是这些关系便由生产力发展的形式变成了生产力的桎梏。那时社会革命的时代就到来了。随着经济基础的变更，全部庞大的上层建筑也或慢或快地发展变革。第三，一切社会变革，必须"从社会生产力和生产关系之间现存冲突中去解释。无论哪一个社会形态，在它们所能容纳的全部生产力发挥出来以前，是绝不会灭亡的；而新的更高的生产关系，在它的存在的物质条件在旧社会的胎胞里成熟以前，是绝不会出现的"。

列宁在评论马克思上述唯物史观的时候，曾一语点破，他说："只有把社会关系归结于生产关系，把生产关系归结于生产力的高度，才能有可靠的根据把社会形态的发展看作自然历史过程。不言而喻，没有这种观点，也就不会有社会科学。"马克思关于生产力是社会变迁的终极原因的唯物史观，在本世纪受到了新考验。从上可见，理论和实践都说明了生产力的重要性和决定性。奇怪的是多年来没有一门科学认真研究生产力，以致哲学、经济学对于生产力的认识，长期停留在极其肤浅的阶段。随着社会主义现代化建设的蓬勃发展，一门新兴的经济科学在中国脱颖而出，这就是业已引起高度重视的生产力经济学。生产力经济学是研究生产力的属性、结构及其运动规律的科学。

总之，生产力经济学的研究对象，是社会生产力，而社会生产力，是一个地地道道的社会经济范畴。

（二）生产力经济学在经济科学中具有极其重要的地位

《生产力经济学原理》阐述了生产力经济学在经济科学体系的地位和作用。首先指出，经济科学迄今大约有三百多年的历史了。它经历了初创、成长和发展的若干阶段，现已发展成为包括许多分支学科的庞大经济学体系。

马克思的《政治经济学批判》（1859 年）和《资本论》第一卷（1867 年）的出版，标志着马克思理论经济学的创立。博大精深的《资本论》集中了两百年来经济科学的丰富成果，并加以改造和创造性地发展，把经济科学推向了一个新的高峰。马克思建立起了一个以劳动价值论为基础，以剩余价值为核心，全面分析资本主义生产和流通的理论经济学体系。这是经济科学发展史上划时代的大事件，它为各门经济学科的全面发展奠定了坚实的基础。

于光远主张把经济学分为两大类：一类叫基础理论，研究经济规律；另一类叫经济技术，研究如何应用经济规律。还有些人将经济科学分为理论经济学，从总体上研究社会生产力和生产关系的发展变化，揭示经济运动的一般规律。理论经济学是各门应用经济学和边缘经济学的基础。分为应用经济学，它们分别研究国民经济的某一部门、某一方面、某一地区或国家的经济状况，如工业经济学、农业经济学、劳动经济学和社会经济学等。分为边缘经济学，它们是经济学和其他学科的交叉学科，如人口经济学、生态经济学和国民经济学，等等。

生产力经济学和政治经济学均属于理论经济学，它们都是从总体上研究经济运动的规律。所不同的是，前者是联系生产关系，研究生产力运动的规律；后者是联系生产力，研究生产关系变化的规律。生产力经济学的诞生，丰富了马克思主义理论经济学的内容。

生产力经济学同政治经济学一样，也是应用经济学和边缘经济学的理论基础之一。工业经济学、农业经济学、技术经济学、生态经济学、经济效果学、生产力布局学等，都要以生产力经济学所解释的生产力运动规律为指导，去具体研究国民经济内某一个部门、某一个领域和某一个层级的生产力问题。而各门应用经济学和边缘经济学的发展，又丰富了生产力经济学所阐明的一般原理的内容。

总之，生产力经济学同政治经济学、各门应用经济学和边缘经济学组成了一个庞大的经济科学的科学体系。其中任何一个学科的出现和发展，都是具有一定的客观依据的。生产力经济学是在劳动人民建设新世界的时代诞生的，它将随着社会主义事业的兴盛而发展起来，成为建设新世界的思想武器。

（三）　生产力经济学的方法论

熊映梧教授把生产力经济学的方法论作为第二章，同第一章生产力经济学的对象一起放在《生产力经济学原理》总论之中。他开门见山地写道："马克思主义生产力经济学，同其他的经济学科一样，都是以辩证唯物主义和历史唯物主义作为方法论的理论基础或指导原则。但是，由于生产力经济学研究对象的特殊性，又决定了这门理论经济学的方法论具有自己新的特点。"

一是抽象法和经验法。生产力经济学是一门理论经济学，其任务是从纷繁复杂的经济现象中揭示生产力运动的规律。因此，在研究中必须采用抽象法。所谓抽象法，就是"将丰富的感觉材料加以去粗取精，去伪存真，由表及里改造制作功夫，造成概念和理论的系统"的高级逻辑思维能力。现在，通常把这种逻辑思维方式称作抽象法。一切理论学科要想揭示客观过程的规律都必须采用抽象法。马克思在《政治经济学批判》的《导言》中讲到政治经济学的方法论时，提出了"从抽象上升到具体"的方法。这是抽象法的具体化。当然，马克思在政治经济学中运用的"从抽象上升到具体"的科学方法，不是资产阶级古典经济学方法论的简单重复，而是在辩证唯物主义和历史唯物主义基础上改造的科学方法论。

所谓"从抽象上升到具体"，这里讲的"具体"，不是现实生活中的具体事物，而是思维中的具体。马克思说，其实，从抽象上升到具体的方法，只是思维用来掌握具体并把它当作一个精神上的具体再现出来的方式。但绝不是具体本身的产生过程。具体之所以具体，因为它是许多规定的综合，因而是多样性的统一。因此，它自思维中变现为综合的过程，表现为结果，而不是表现为起点，这就是说，现实生活的起点是具体事物，而思维中的起点则是抽象的概念。人们从接触客观事物，到获得客体的完整概念，包括如下一些过程：具体事物→抽象概念→具体概念。后一个具体（概念）是前一个具体（事物）在"精神上的再现"。马克思在《资本论》中应用的研究方法和叙述方法，就是从抽象上升到具体的科学方法。

生产力经济学也是一门理论学科，必须采用抽象法，遵循"从抽象上升到具体"的思维进程，建立自己的理论体系。因此，本书从研究构成社会生产力的各个因素入手，一个一个分析劳动者、劳动对象、劳动资料、能源系统、运输系统、信息系统，以及同上述硬件相对应的生产力"软件"系统；本书接着研究了各个生产力的因素向现实生产力的转化过程，详细考察了生产力系统的特点；进而，本书研究了生产力自身的运动规律，以及生产力系统与社会系统、自然系统的相互关系，也就是研究生产力发展的内部动因和外部条件；最后，本书探讨了生产力的组织问题，也可以称作"生产力的系统工程"，如产业结构和再生产模式，劳动方式和经济规模的优化，生产力的合理布局，生产力的宏观控制，等等。本书以生产力经济学的由来和发展作为终结。总之，力图应用"从抽象上升到具体的方法"，把现实的生产力运动在理论上再现出来。

与抽象法相对应的是"经验法"，这也是生产力经济学不可缺少的一种研究方法。熊映梧教授说道，邓小平有一句名言："摸着石头过河。"想当年改革初期，对于长期从事计划经济管理的领导层来说，谁说得清经济改革的目标模式是什么？还是邓小平高明："摸着石头过河"。在改革实践中找答案。经过多年的经验积累，从"计划经济为主、市场经济调节为辅"为开端，中间经过"计划经济与市场经济相结合"，最后明确改革的目标是"建立社会主义市场经济体制"，等等。这是经验法成功的一个范例。客观事物是复杂多变的，光靠抽象法很难把一切变数都估计到，因此，必须应用经验法予以补充，历史和现实的经验一再证明，生产力经济学必须采取抽象法和经验法相互结合的方法。

二是因素分析和系统分析。社会生产力是一个有机的整体，也是一个经济系统，因此，为了揭示生产力内部结构和发展规律，必须对它采取系统分析的方法。对生产力的研究，必须在因素分析的基础上，着重对它做系统分析。

三是静态考察和动态考察。对生产力的静态考察，就是舍掉时间的因素，研究各个时代生产力的一般规定性。对生产力的动态考察，则是把时间因素考虑在内,研究不同时代生产力的特殊规定性。

四是质态分析和数量分析。社会生产力的状况,包括质的规定性和量的规定性两个方面,因此,研究生产力必须兼顾质态分析和数量分析。总之,质态分析和数量分析相结合的方法,是生产力经济学的基本研究方法之一,它对于揭示生产力运动的本质联系和数量规定,以及指导社会主义经济建设,等等,都有重要意义。

三　生产力发展规律的系统论

《生产力经济学原理》第四篇是生产力发展的规律和条件,是这部著作的最核心部分,最具原创性的部分,也是最能体现它的贡献的部分。

《生产力经济学原理》创作的目的是什么呢?首先要弄通"原理"和"规律"。

关于原理。《辞海》《百科全书》和《哲学辞典》等书说:原理通常是指某一领域、部门事物或科学中,具有普遍意义的基本规律。科学的原理以大量实践为基础,故其正确性已为实践所检验与判定。从科学原理出发,可以推出各种具体的定理和命题,等等,从而对社会实践起指导作用。

关于规律。亦称为法则,是客观事物发展过程中的本质联系和必然趋势。它是反复起作用的。任何事物都有自己的运动规律,或发展变化规律。规律是客观的,是事物本身所固有的,是不以人们的主观意志为转移的。人们不能制造、改变和消灭规律,但能认识它、掌握它、利用它来改造自然界,改造人类社会,改造思维观念和实践法则,并且限制某些规律对人类生活的破坏作用。在阶级社会里,人们认识和利用规律受到阶级性的制约和影响。特别是对社会规律的认识和利用,同人们的阶级性地位关系更加密切。规律是看不见摸不着的,只有对丰富的客观现象进行分析研究,从感性认识上升到理性认识,才能认识规律。科学的认识就是解释和掌握客观规律,并且用来指导人们的实践活动。毛泽东早就指出:"马克思主义的哲学认为十分重要的问题,不在于懂得了客观世界的规律性,因而能够解释世界,而在于拿了这种对于客观世界的规律性的认识去触动地改造世界。"

关于真理。是人们对于客观事物及其规律的正确反映。真理就其形式来说是主观的，是主观对客观的正确反映，不是客观事物本身；但就其内容来说则是客观的，是不以任何人的主观意志为转移的客观事物的运动规律。承认真理的客观性，就必然要承认对于同一对象的真理性认识只能有一个。只有符合客观规律性的认识才是真理，不反映客观规律性的认识就不是真理。检验真理的标准也是客观的。一个认识或理论是否具有真理性，必须通过社会实践的检验。实践是检验真理的唯一标准。

原理、规律和真理这三大科学范畴（当然包括理论经济科学范畴和生产力经济学范畴在内）在熊映梧主编的《生产力经济学原理》中得到充分阐述。

（一）生产力有其自身运动的客观规律

这是生产力发展运动的客观规律的第一个原理。熊映梧指出：本书的基本任务，就是要研究社会生产力的属性、结构及其运动的规律。在我们谈到生产力运动规律的时候，首先碰到的第一个原则问题，即原理性问题是：生产力有无自身运动的规律呢？本世纪以来，经济学界存在着一种事实上否定生产力有其自身运动规律的倾向，在理论上和实践中造成巨大的挫折和损害……然而马克思主义生产力论的基本点，是毫不含糊地承认生产力有其自身发展变化的客观规律。一是马克思主义认为，生产力是一切社会变迁的终极原因。二是生产力是社会生活中一个相对独立的经济实体，因而它必然有其自身发展的客观规律。实践证明，有了生产力发展的经济规律，才有生产关系变化的经济规律，以及社会再生产运动的客观经济规律。三是全部历史，特别是当代社会经济发展的客观现实，雄辩地证明了生产力总是按照自己发展运动的客观规律不可阻挡地向前发展的。四是我国学术界对生产力发展规律的探讨经过了颇为曲折的道路，直到中共十一届三中全会，全国的工作重心转移到以经济建设为中心的社会主义现代化建设上来了，研究生产力及其发展规律成了新时代的迫切需要，这才引起了全国特别是经济学界的高度重视……但是，时至今日我们对生产力发展规律的认识还很肤浅。例如，生产力发展规律到底是不是经济规律？有哪些生产力发展规律？哪些经济学科研究生产力发展规律？……今天，开创社会主义现代化建设新局面的伟大历史任务，迫切要求我们研究生产力，特别是研究中国生产力发展的特殊规律，这是我们这些经济科学工作者义不容辞的责任和使命。我们应当为此做出更大的贡献。

（二）生产力运动规律是一种经济规律

生产力运动规律是自然规律、技术规律，还是经济规律呢？这是经济科学，尤其是生产力经济学必须回答的一个根本问题。经济科学的任务就是要探索和揭示经济运动的客观规律。历来的经济学家都非常关注经济规律的问题……马克思研究和写作《资本论》的最终目的就是揭示现代社会的经济运动规律。历史和现实的客观实践，都一再证明了生产力发展运动规律，不是技术规律，更不是自然规律，而是一种经济规律。从经济规律的内容来看，正如斯大林所讲的：经济发展的规律是反映不以人们的意志为转移的经济发展过程的客观规律……与此相适应的也有三类经济规律：生产力发展规律，生产关系变化规律，社会再生产运动规律。社会经济运动是上述三种经济过程的统一运动，它要受以上三类经济规律的支配。

（三）生产力运动规律有其自身特点

由于社会物质生产是自然生产和经济再生产的有机统一，因此，支配人类生产活动的规律有两种：自然规律和经济规律，而社会再生产运动的规律则是反映生产力与生产关系统一的本质关系。这三种经济规律共同存在于社会经济运动之中，它们的交互作用支配着社会生产、交换、分配和消费等全部经济活动。同其他两类经济规律相比较，生产力规律具有如下三个特点：一是生产力运动的规律是反映经济运动中"第二级本质"的经济规律；二是如果说生产关系规律主要是反映生产关系的质变的话，那么生产力规律则比较多的是反映经济生活中量变的规律；三是生产力规律同自然规律之间有比较密切的联系，而且有些极为明显。

（四）生产力发展规律的系统论

马克思《资本论》及其他著作对生产力做了广泛研究，如劳动生产力提高的规律、剩余产品增长的规律、社会生产两大部类相互关系的规律，特别是机器生产力发展的规律，等等。马克思是一个不喜欢下定义的学者，他总是引导读者从他的论述中得出自己的结论。所以，从字面上很难归纳出究竟马克思讲了哪几条生产力规律。斯大林在《辩证唯物主义与历史唯物主义》中，对于生产力发展规律做出了一些新的概括，尽管如此，也很难列出一个公认的"生产力发展规律"的清单。

熊映梧指出：生产力是一个复杂的系统，故而，客观上存在许多生产力规律，它们各自在不同的领域、不同的历史时期发挥作用。从经济生活的横断面来看，有宏观的社会生产力，也有中观的部门生产力、地区生产力，还有微观的企业生产力。与此相适应，有生产力发展的"总体规律"，也有生产力发展的"局部规律"，等等。研究生产力发展的总体规律，是生产力经济学的任务，研究生产力发展的局部规律的则是应用经济学及边缘经济学的任务。这两方面研究是相辅相成和相互促进的。没有生产力经济学从总体上研究生产力发展的规律，具体问题研究就缺乏正确的理论指导；没有各门应用学科对生产力发展规律的具体的探讨，总体考察和研究往往缺乏客观真实的基础和支持。

再从经济生活的纵断面来看，生产力发展的规律可分为普遍规律和特殊规律……既有各个经济时代所特有的生产力规律，也有一切是时代所共有的生产力规律。

综上所述，支配生产力发展的客观规律是多种多样的，有生产力发展的总体规律与局部规律、一般规律与特殊规律，它们形成一个互相联系、互相制约的规律体系。应当广泛开展对生产力经济问题的研究，从而全面深刻地认识和掌握生产力发展规律体系。

（五）运用系统分析方法探索生产力发展规律

熊映梧指出：过去社会科学界往往是从"生产力发展的动力"这个角度，去探寻生产力发展的规律。综观哲学界和经济学界关于这个问题的观点大致有如下四种：

其一，生产关系与生产力之间的矛盾是生产力发展的动力。这种观点流行甚久，范围甚广，影响甚大。毋庸置疑生产关系是否适合生产力的，将会加速或延缓生产力的发展。因此可以说，生产关系与生产力之间矛盾的不断出现和不断解决，是促进生产力发展的一个主要因素。

其二，劳动者和工具的矛盾是生产力发展的动力。这种观点来源于斯大林的论述……马克思认为，各种经济时代的区别，不在于生产什么，而在于怎样生产，用什么劳动资料生产。他还指出劳动资料是人类劳动力发展的"测量器"。

其三，社会需要是发展生产力的动力……我们承认，社会需要的不断满足、新的社会需要的不断出现，是生产力发展的一个主要因素，但同样也不是唯一的因素。

其四，科学技术是生产力发展的动力。这种观点的依据是马克思的一些论述，例如，"生产力中也包括科学"，"劳动生产力是随着科学和技术的不断进步，而不断发展的"，等等。对此没有什么异议。但是，不能把科学技术的进步视为生产力发展的唯一动力。

上述四种观点各有一定的道理，但不够全面。我们应当运用动态考察和系统分析的方法，深入研究影响社会生产力发展的各种因素及其相互制约关系，从而指出社会生产力发展的客观规律。

熊映梧最后说，本章没有列出有哪些生产力规律，是因为我们不赞成"规律排队"的研究方法。但是，细心的读者不难发现，全书处处都在探讨和阐述生产力发展的规律。

四　生产力系统、社会系统与自然系统的整合论

这是《生产力经济学原理》第四篇第十二章和第十三章的重要内容，也是运用系统论原理、系统论工程和系统论方法，研究探索生产力发展规律及其体系的范例。

（一）生产力系统与社会系统的整合论

熊映梧教授写道：以上诸章对生产力系统从不同角度做了详细的考察，揭示了生产力的性质、特点、内部结构和发展规律，而生产力系统不过是更大的社会系统中的一个子系统，所以有必要把它放在社会大系统中，进一步研究生产力与社会系统中子系统的相互关系，以阐明生产力发展的社会条件。

马克思在《关于费尔巴哈的提纲》中有一句名言："人的本质并不是单个人所固有的抽象物，实际上，它是一切社会关系的总和"……我们也可以说，社会就是人与人之间一切关系的总和，其中包括经济关系、政治关系、文化关系、家庭关系等，生产力总是在一定的社会关系中存在和发展的，研究生产力，必须考察影响生产力发展的各种社会条件和关系。

一是生产关系与生产力。生产关系和生产力的统一运动，构成了社会的经济运动，即我们通常讲的社会再生产活动。在探索了生产力自身运动的规律之后，再来研究生产关系与生产力的相互关系问题，这是顺理成章的事情。马克思在《政治经济学批判·序言》中总结了自己多年的研究成果，精确地阐明了生产力决定生产关系、经济基础决定上层建筑的基本原理。恩格斯、列宁、斯大林和毛泽东都在不同时代的历史时期，对生产力与生产关系的统一做出了历史唯物主义的论述。我们认为，生产关系一定要适合生产力状况的规律的基本要求是：第一，它首先意味着生产力决定生产关系；否认或忽视这个基本点，将导致否认生产关系一定要适合生产力的规律。

第二，生产关系要具有合适的生产力要求，因此，必须对生产力的实际状况做周密的调查，探索适合生产力要求的生产关系的具体形式。

第三，生产关系落后于生产力，会阻碍生产力发展；生产关系"超越"生产力，也会阻碍生产力发展，甚至破坏性更大。

第四，改革生产关系有革命与改良两种形式。

二是上层建筑与生产力。我们并不否认上层建筑通过对生产关系的反作用，间接地影响生产力发展。斯大林还有一个著名的观点，即上层建筑必须关心自己的经济基础，为经济基础服务。毛泽东则强调上层建筑与经济基础的矛盾是社会基本矛盾之一。这两种观点从不同的角度指示上层建筑与经济基础之间的对立统一关系。

三是人口与生产力。人口是社会系统中的一个重要组成部分。人口和生产力有极为密切的关系。恩格斯把马克思一生在社会科学方面的巨大贡献，简要地归结为这样一个基本观点。这是唯物史观的核心……把"人的生产"和物的生产等量齐观就不能坚持唯物史观。社会变迁的终极原因只有一个，就是社会生产力。人口问题不管多么重要，它绝不是社会变迁的终极原因，人口是基本的社会物质生活的重要条件之一，它对社会发展的影响是深远的，但是绝不能把人口和生产力并列为社会变迁的终极原因。人口状况对社会生产力发展的影响，首先是整个人口状况制约着劳动人口的数量、质量、结构，从而影响着社会生产力的发展。其次是人口作为消费者制约着生产和消费的关系，从而影响着社会生产力的发展。最后，人口作为一个重要的社会因素，它的数量、质量、构成状况制约着教育、就业、婚姻、家庭乃至社会治安，从而影响着社会生产力的发展。因此，必须充分发挥社会主义制度的优越性，逐步实现"人口—生产力"的良性循环。

以上分别考察了生产关系与生产力、上层建筑与生产力、人口与生产力的相互关系。事实上，社会系统中各个子系统——生产力、生产关系、上层建筑、人口——是相互制约和相互依存的。在本书中，只是从影响生产力发展的角度，分析了它们的相互关系，因而，不是全面研究社会系统中诸因素的相互关系问题，最后还要强调指出如下三点：

其一，在包罗万象的社会系统中，起决定性作用的是生产力系统。发展生产力，是推动社会进步的根本途径；认识生产力的结构及其运动规律，是认识和解决一切问题的基础。

其二，生产关系、上层建筑和人口等子系统是同时影响生产力发展的……可以说，诸因素是组成一种"合力"去影响生产力发展的。从"经济系统工程"的观点来看，应当在调节各种因素的作用方面减少摩擦和阻力，以期更好地推动生产力的发展、前进和提升。

其三，现在的考察和分析还是粗略不深的，如果再深入细致地分析研究的话，效果会更好更大。

（二）生产力系统与自然系统的整合论

一是资源、环境是社会生产力存在和发展的自然基础。上一章我们把生产力系统放在社会系统中考察，研究和论证了社会系统中各个子系统——生产关系、上层建筑、人口与生产力的相互关系问题。事实上，生产力不仅存在于一定的社会系统之中，而且也是依存于自然系统的。因此，本章专门探讨生产力系统与自然系统的相互关系问题。一般来说，没有特定的自然环境，就没有人类及其生产活动，当然也就没有什么生产力。因此说适当的资源和环境是社会生产力存在和发展的自然基础，自然与生产力之间有密切的联系；人进行物质生产的劳动对象是由自然界提供的；自然界为人类进行物质生产提供了活动场所；一切物质生产的主体——劳动者需要一个良好的生活环境。威廉·配第有句名言：劳动是财富之父，土地是财富之母。

二是人类—资源—环境是一个整体。破坏资源也就破坏了人类的生活环境。因此，在开发资源、生产物质财富的时候，应当把遵守经济规律和遵守自然规律联系起来，以求得到社会经济和生态环境的平衡发展，这样才能取得更好的长期的宏观经济效益。

英国著名的生态学家和生态经济学家爱德华·哥尔德史密斯认为：人类赖以生存和发展，赖以进行生产与消费的自然界，具体来说，是生物圈，应该作为经济学研究的重要内容。他警告说，自然是有限的，只是靠不断掠夺自然而幸存下来的经济必然是短命的。

三是马克思曾经预言，或者说希望实现这样的理想：社会化的人，联合起来的生产者，将合理调节他们和自然之间的物质变换，置于他们的共同控制之下，而不让它作为盲目的力量来统治自己；靠消耗最小的力量，在最无愧于和最适合他们的人类本性的条件下来进行这种物质变换。什么是马克思所讲的"适合于人类本性的条件"呢？显然包括有利于人类全面发展的优良的生活环境。如果由于开发资源、发展工农业而引起的环境污染的种种公害，那是违反人类本性的事情。

四是农业发展与生态平衡和工业生产与环境保护。农业的自然再生产和经济的再生产是不可分割地联系在一起的。既然说它们是再生产的统一过程，那是必然受自然规律和经济规律的双重支配。要办好农业，必须把遵守自然规律和遵守经济规律统一起来。甚至可以说，只有首先严格遵循农业发展的自然规律，才有可能进一步运用经济规律，取得较好或最佳的综合效益。同样道理，工业生产或发展工业生产力，也必须保护生态环境和社会环境。

五是提高生活质量是经济发展高级阶段的基本要求和主要目标。马克思主义经典作家始终把"每个人的自由、全面发展"，作为人类彻底解放的一个标志。《共产党宣言》宣称："代替那存在着各种阶级以及阶级对立的资产阶级旧社会的，将是一个以每个人都自由发展为一切人自由发展的条件的联合体。"马克思在《哥达纲领批判》中，把个人的全面发展同生产力的巨大增长联系起来，作为实现按需分配的共产主义条件……实现共产主义的伟大理想，使全体社会成员都获得自由的全面发展，过"最幸福、最美好的生活"，就必须做到以下几点：第一，消灭一切生产资料的私有制，消灭一切人剥削人、人压迫人的旧制度。第二，社会生产力的极大发展，有高度的物质文明和精神文明。第三，有良好的生态环境，为全人类的全面自由发展提供可靠的自然基础。

由此可见，摆在我们面前的是两种对策，两种前途，一是严格遵守自然规律和经济规律，把社会经济发展和改善生态环境统一起来，以达到生产力和生活质量同步提高的目标；二是靠浪费资源，牺牲生态环境，来换取暂时的经济发展的高速度，结果是资源日益枯竭，生态环境不断恶化，从而也破坏了生产力和人民生活稳步提高的自然基础，遭受自然的严厉惩罚。我们必须实现第一个前途，避免第二个前途。

（三）生产力系统、社会系统与自然系统的高级整合论

为了实现第一个前途，完全避免第二个前途，必须遵循生产力系统的规律、社会系统的规律与自然系统的规律，并且进行这三个系统的规律的博大精深而又最为高级的整合与再整合。整合的时代，整合的发展，整合的全球化发展创新整合的新世纪，如果没有系统的、整体的、互利共赢的和多元一体的整合与再整合，那么，全球化发展的大整合、全人类共同理想的大整合，根本不可能成功和最后实现。

五　生产力经济学的由来和发展

这是《生产力经济学原理》最后一章题目，下属三节题目依次是：西方经济学者对生产力理论的研究；马克思主义生产力论是经济学说史上的光辉篇章；新中国半个世纪生产力理论研究的曲折道路。全文两万多字。可以说是一部世界生产力经济学说发展简史。

十三年之后，《生产力研究》2000 年第 5 期发表了一篇"本刊特稿"，是中国生产力学会副会长熊映梧写的。发表后深受欢迎，好评如潮，多处转载。现作为本章附录刊载。

附录：

生产力经济学的由来和发展

生产力经济学是同政治经济学并列的又一门理论经济学，它是在经济大发展的改革开放时代，在于光远老先生的倡导下，一批有志于创建这门新学科的中青年学者共同努力下建立起来的。它已经有了 20 年的历史，初步建立了一个理论框架，并得到广泛的应用，逐渐得到社会的承认。回顾它走过的历史，可看到以下几个特点：

（一） 应运而生

早在 1958—1959 年李平心教授就发表了一系列论述生产力的精辟文章，因触犯了经济学只研究生产关系的教条，竟招来一场蛮不讲理的学术围剿，并在"文化大革命"中被迫害身亡。李平心先生可称得上为这门学科殉葬的第一人。"大跃进"失败后，一些学者从理论上思考其教训，于光远提出了创立生产力经济学的倡议，孙尚清主张建立生产力组织学，但从未得到官方的认可，甚至销声匿迹了。"文化大革命"中大批"唯生产力论"，谁敢研究生产力？在号称以马克思主义为指导、共产党执政的国家里，生产力成了禁区，岂不是咄咄怪事！

党的十一届三中全会后，一些学者开始闯这个禁区。1980 年春我在北大《经济科学》发表了《经济科学要把生产力的研究放在首位》一文，可称之为生产力正名的第一发重炮，在经济学界引起了一场大争论。同年冬，在于光远、孙尚清领导下，于贵阳召开了全国第一次讨论生产力的学术会议，成立了"中国生产力经济学研究会"，从此，大家可以正大光明地研究生产力了，生产力经济学成了 80 年代的热门。

（二） 在论战中成长

在社会主义国家里，有一个顽固的观念：生产力是一个"技术范畴"，经济学只能研究生产关系，所以，我们要建立生产力经济学就必须破"洋凡是"，否定列宁、斯大林关于经济学的定义，证明生产力是一个社会经济范畴。我们还采用系统分析和动态考察的新方法，解开了长期困扰哲学、经济学界关于生产力构成二要素论与三要素论之争。1983 年我出版了我国第一部生产力经济学专著《生产力经济概论》，此后，生产力经济学著作如雨后春笋般涌现出来，如晓亮和陈胜昌著的《生产力经济学》（1986）、我主编的《生产力经济学原理》（1987 年版，获 1988 年度孙冶方经济科学著作奖）、刘方棫主编的《生产力经济学教程》（1988）、刘贵访的《论社会生产力》（1988）等，从而初步奠定了生产力经济学的理论框架。1990 年在长沙举行第 10 届年会时，于光远会长总结了走过的历程，指出生产力经济学已经完成初创的历史任务，走上了成熟发展的新阶段。

生产力经济学从理论上充分证明了社会主义的根本任务是发展生产力，为实现工作重心的转移——从以阶级斗争为纲转到以经济建设为中心——提供了科学的依据。

（三）应用中显神通

生产力经济学的一个特点，就是应用性强。

社会主义国家一个教训，乃是片面追求经济增长的高速度，GDP 年增长率达到两位数才过瘾。这样，造成资源大浪费，甚至严重破坏国民经济的比例关系，带来经济危机，如我国的大跃进。

80 年代中期，宋则行、王积业、吴敬琏及我先后提出了"适度经济增长论"，我在《人民日报》7 月 6 日发表的《翻两番的经济学思考》影响颇大。文中鲜明提出了"结构优化的适度经济增长"战略，还根据统计资料测算出来我国适度经济增长率在 6%—9% 区间。这几年的情形证明了这个观点。我国第一部适度论的专著《适度经济增长的理论与对策》（1993）是我和两个助手孟庆琳、许正卿共同创作的。适度论事实上已为决策层所采纳。

生产力经济学创建人之一薛永应教授的专著《中国社会生产力发展战略大思路》，系统分析了经济发展战略问题，有许多独到之处。

以陈栋生教授为代表的一批生产力学者，在生产力布局及区域经济方面的研究成果是显著的，对于西部大开发的决策起到了促进作用。

近几年总会在普及知识经济、组织这方面的研究做了许多有成效工作。陈胜昌教授主编的《知识经济专家谈》发挥了良好的作用。

总之，生产力经济学不是坐而论道，既在经济理论上有重大突破，又具有很强的应用性。

（四）积极参与国际学术交流

1987 年 5 月，中国生产力学会第一次组团赴华盛顿参加世界生产力科学联盟会议，此后每两年一次的会议我们均组团参加。2001 年我们总会将同香港共同主办这个国际性会议。

我们还同一些国家、地区的生产力中心、生产力局有过交往，如1993 年 10—11 月我曾拜会台北"中国生产力中心"，同总裁石滋宜博士商讨交流事宜，我会副会长原道谋也曾访问新加坡生产力局。

（五）进一步发展的几个问题

1. 生产力理论需要进一步提高其深度和广度，特别要研究知识经济对生产力发展的影响；

2. 生产力是由自然、技术、社会、文化等多种因素构成的，因此需要许多部门协同研究，如技术创新体系不能光由科技部包办，黑龙江省也有生产力促进中心，但同生产力学会和生产力学者毫无联系，这是不正常的；

3. 现在，各界人士（官、企、学、工、农）对生产力颇多误解，要向他们做宣传工作，争取社会的认同；

4. 生产力学者自身的素质亟待提高。在文科与理工绝对分家的教育制度下，我们老中年经济学者基本上是科盲，而科技工作者大多又不太关注社会科学，双方要互相学习。首先，我们从自身做起，努力学习新时代的新知识，研究新问题，如"新经济"概念炒得很热闹，是怎么回事？

人类开始迈进 21 世纪，未来怎样，取决于生产力的保护、发展，生产力科学前途无量！

（原载《生产力研究》2000 年第 5 期）

第六章　中国第一部社会生产力考察专著

由熊映梧教授主编、吴国华和孟庆琳副主编，人民出版社 1990 年 8 月出版的《当代中国社会生产力考察》一书，是国家社会科学基金资助、列入国家社会科学"七五"计划的重点研究课题之一。

作者后来被誉为中国第一部社会生产力考察著作，其前言中说：首先，有必要向读者说明提出这个研究课题，并将研究成果公开出版的意图。新中国 40 年的历史经验表明，我们的成功和失败，总是同是否真正了解国情紧密联系在一起的。而中国社会生产力的实际状况，乃是国情中最基本最重要的内容。发展国民经济的第一个五年计划取得较好的成就，就是因为制订这个五年计划时从实际出发；而"大跃进"的失败，正是违背了社会生产力发展的规律，严重脱离了中国当时社会生产力的实际状况。中共十三大明确提出："社会主义的根本任务是发展生产力"，并且确立了这样一条明辨是非的客观标准："是否有利于发展社会生产力，应当成为我们考虑一切问题的出发点和检验一切工作的根本标准。"

为什么要改革？为什么要对外开放？这些问题都可以用"社会生产力标准"给予完满的回答。为了实现发展社会生产力的根本任务，就非常需要对中国社会生产力发展的历史与现状作一番系统的考察。我们对于国情（暂且限于经济方面），不能说一点也不了解，但是确实缺乏系统的、全面的、深入的认识。本书把中国社会生产力的现状概括为四个特点，其中之一是"中国国民经济的总量大，人均量小"，片面强调总量或人均量，都将得出荒谬的结论。总之，我们研究中国社会生产力状况，出版这部实证性的学术专著，目的是希望引起人们对中国这个最为重大的国情的关注，给予众多读者关于中国社会生产力发展的真实写照。

本书《前言》指出：本书是运用以上著作的理论，对新中国 40 年的经济发展运行实践作一番实证考察。全书包括四篇、十个专题。

第一篇：中华人民共和国 40 年经济发展的纵向考察。其中包括两个专题：首先是如实地描述新中国成立时的经济状况，这是本书对中国社会生产力考察的"起点"；进而对中国 40 年社会生产力的发展进行了一番总体考察，揭示其特点和规律。

第二篇：中国社会生产力现状的横向分析。包括两个专题：一是从"产业结构—技术结构"方面分析中国社会生产力的现状；二是从"企业的规模结构—城乡结构"扩展这个分析。

第三篇：中国社会生产力发展运行的内外环境。包括两个专题：一是研究中国社会生产力发展运行的国内环境，着重考察了经济体制、资源环境及人口问题对中国社会生产力发展运行的影响。二是研究中国社会生产力发展运行的国际环境，着重研究了"和平发展"、"世界新技术革命"等对发展社会生产力的影响。

第四篇：对中国社会生产力的总体评价、发展预测和对策建议。这也是本书的总结。虽然篇幅不多，但其重要性是不言自明的。

创作本书的基本要求即"实证考察，弄清真情，预测趋势，提出对策"。其一，这本书是一部实证考察的研究报告，有别于一般的经济科学理论著作；其二，本书研究的对象和范围，是当代中国社会生产力发展运行的状况，虽然也涉及纵向的历史比较（同旧中国社会生产力发展的比较），以及同其他国家和地区的国际比较，但这些都只是陪衬；其三，我们力求全面收集权威性的资料（以国家统计局公布的国民经济统计资料为主），并经过去伪存真、由表及里的科学分析，引申出来的有理论深度和客观性的结论，有别于一般的调查报告或资料记载；其四，一方面要充分吸收已有的研究成果，另一方面又不受现有结论及传统观念的束缚，尊重客观事实，发扬创新精神；其五，强化这一考察报告的"对策建议"的研究，使其具有较强的应用价值和可操作性。

有不少外国学者评论说，中国经济学家擅长写"经济哲学"式的论著，沉醉于逻辑推理之中，而对事实与数字却不大感兴趣。我们生产力经济学者从这门经济科学创立的第一天起，就立下了一个"门规"：必须把逻辑论述与实证考察结合起来。熊映梧教授曾提出生产力经济学创作的"三部曲"（见《生产力经济概论》的序言），本书是第三部曲试图用事实考察来验证生产力经济学理论的应用价值。

该书《后记》中写道:《当代中国社会生产力考察》是熊映梧教授主持的国家社会科学"七五"计划重点研究课题之一。这项研究工作,是以黑龙江大学经济研究所为主体,吸收了黑龙江省、辽宁省、北京市、天津市、浙江省、广东省、山西省、陕西省、湖北省 9 个省市 20多位生产力经济学家参与,历时四年才完成的。现在复印的书稿,同上述 20 多位学家提供的书稿有很大的差别。由于全书的系统框架、理论观点及素材取舍等方面均有很多的变动,故而对一部分初稿采用较多,删改较少;对另一部分初稿则采用较少,删改较多,甚至是重新撰写的;还有一部分初稿虽然有独立研究价值,却不符合课题的总体要求,只得割爱不用。

本书最后定稿,主编、副主编作了较大的改动,因此,本书应当完全由我负责。运用生产力经济学的观点,采用实证考察的方法,对中华人民共和国 40 年的经济发展过程作一番描述和评论,并且提出发展我国社会生产力的原则性建议,在中国学术界尚属初次尝试,肤浅或谬误之处在所难免,敬请同行和读者不吝赐教。

经过 1990 年以来近 25 年的实践检验,《当代中国社会生产力考察》完全可以称为中国第一部社会生产力考察的传世经典名著。

一　中国 40 年经济发展的纵向考察

(一) 新中国成立时的社会生产力状况

中国是最早点亮人类文明之大国之一。我们的祖先曾创造了至今令人赞叹不已的灿烂文化。然而,当历史走到近代,灿烂的黄河文化开始衰落,为数众多的国家一起飞速发展生产力,把中国远远地抛在了后边。

1949 年中华人民共和国成立之际,从旧社会继承下来的是手工生产方式为主体,兼有少量近代机器生产方式的二元结构的社会生产力。这是我们考察当代中国社会生产力的起点。

一是 1949 年中国社会生产力水平是最低的。突出表现为经济实力低下,国民收入 358 亿元,人均国民收入 66 元……由于连年战争的破坏和外国资本大量从中国撤走，1949 年我国社会生产力水平低于解放前曾经达到的最高水平。

二是与经济发达国家相比，在国民收入上相差最大的达到 18 倍；40 年代末，经济发达国家的社会生产力水平要高出我们 10—30 倍。中国与美国的差距最大，相差 30 倍左右，中国与英国、法国、联邦德国相差 15 倍左右，与日本相差了 3—5 倍。

三是与经济发达国家的"时差"都是很多很大……新中国成立时，人均国民收入同世界上经济发达的美国相比，至少相差半个世纪。

综上所述，我们可以得出这样的结论：1949 年中华人民共和国成立之际，从旧中国继承下来的是一个以手工生产方式为主体，兼有少量近代机器生产方式的二元结构的社会生产力；经济实力很低，只相当于经济发达国家产业革命起步时的水平，落后于经济发达国家百余年。

（二）新中国成立 40 年（1949—1989 年）社会生产力发展过程

中华人民共和国已经成立 40 周年了。回顾这个时期中国社会生产力发展的历程，可以看到一幅极其复杂的经济运行的画面：有伟大的成就，也有严重的失误，时而高速增长，时而大幅下滑，繁荣与萧条交错出现，先进生产力与落后生产力并存。简言之，40 年来，中国社会生产力是在一条坎坷不平的道路上运行着。客观地描述这 40 年社会生产力发展运行的轨迹，是考察中国社会生产力的第一步。

概括一下 40 年来中国社会生产力发展运行的状况，可以归纳为如下四个特点：一是新中国 40 年的成就超过先前的一切时代，国力大大增强；二是在经济上创造了少有的高速度，但是经济运行的轨迹显示出了很大的跳跃性、波动性和不连贯性；三是高积累、高投入与低产出、低收入并存；四是经济运行遭受非经济因素的影响较大。

纵观新中国成立 40 年经济发展运行的复杂历史，可以发现一种强烈的"赶超意识"贯穿于全过程。举世公认，中国几千年的悠久历史，长期是世界经济文化的中心，直到宋朝，中国科学技术仍在全球居于领先地位，中国对世界文明发展做出过杰出的贡献。如火药、指南针和印刷术的西传，对于近代欧洲的社会变革和科学的蓬勃兴起以至于整个人类的进步，都产生了巨大的推动作用。但是，中国在近代衰落了，经济和科学技术的落后成了国弱民穷的根源……

（三）如何正确评价新中国成立 40 年社会生产力发展的经验教训

以上简要分析了新中国成立 40 年社会生产力发展运行的四个特点。如何评价这 40 年的成败得失呢？我们不赞成那种简单化的"加减法"思维方法，成绩与缺点似乎是互相消长的，本书力求公正地评价新中国成立 40 年经济发展或社会生产力发展的比较客观的得与失，以利于今后生产力的更好发展与尽快振兴。

熊映梧教授指出：我们认为，可能出现三种状况：一是失误很大，失误甚小；二是成绩小，错误大；三是成绩很大，失误也甚严重。新中国成立 40 年社会生产力运行的情形属于第三种类型。正如前文所指明的那样，新中国成立 40 年的成就超过先前世世代代，国力大大增强，但是反映出来的失误也是很严重的，如果我们避免了诸如"大跃进"和"文化大革命"一类的重大错误，那么，中国社会生产力会得以持续、稳定、协调地发展，国力将比现在更加强大，人民生活水平也会比现在高得多。"前事不忘，后事之师。"我们应当牢记前 40 年的成功经验与失败教训。

二　中国社会生产力的横向分析

这是生产力经济学中的整体结构、系统结构、能级结构、组织结构等基本原理和客观规律的实践应用。

（一）产业结构——技术结构

产业结构是以产业划分为基础的生产力结构，它所反映的是一国或一地区产业部门的类别、规模、比例、相互关系、依赖程度与协调状况、产业部门中的技术装备、生产力的绝对水平与部门之间生产力的相对差异，等等。无疑，这些均是构成一个国家生产力的基本成分。因此，要了解当代中国社会生产力的实际状况，必须考察中国的产业结构状况。

考察产业结构状况，应当从纵向和横向两个方面入手。纵向方面，是指一国的产业结构在世界产业结构进化的等级系列中所处的阶段，这是产业结构的高级度；横向方面，是指一国产业结构中各个产业之间的协调状态，这是产业结构的均衡度。只有把握了产业结构的高级度和均衡度，才能对一国的产业结构的优劣做出全面准确的评价。

一是中国产业结构的高级度。世界产业经济史表明，产业结构的发展有其自身的客观规律，是一个从低级到高级渐次递进的过程。从三次产业之间的价值结构来说，现在中国三次产业之间的价值结构大体上相当于发达资本主义国家 20 世纪 20 年代的水平；中国三次产业之间的劳动力结构的高度，相当于西方发达国家 19 世纪 70 年代的结构水平。

二是中国产业结构的超前重工业化和加工高度化。对中国三次产业结构的研究，是粗线条的，分析逻辑要求进一步细化，深入到每类产业内部的结构研究，特别是作为现代硬技术水平标志的第二次产业，及工业内部的结构水平，是考察一国产业高度的更深层次的内容。随着一个国家三次结构的演变，工业结构内部也呈现出一种合乎规律的进化。因此，衡量工业结构水平的标志，其一是重工业化程度，其二是加工高度化程度。从这一侧面看，中国工业结构中的加工高度化已经达到 20 世纪 70 年代发达国家的水平，这与工业结构中的重工业化水平基本一致。

三是中国产业的技术结构现状。仅仅从三次产业结构状态和工业结构状态，来判断生产结构的高度，还不够全面。因为三次产业结构与工业结构生存的历史跨度很大，相同的产业结构比例，可以具有大不相同的技术基础；在相同的技术基础上，也可以具有不同产业结构，所以还必须考察中国生产力系统中的技术结构度。要考察宏观技术水平结构和宏观技术垂直结构，这样可以得出相同的结论：中国社会生产力系统中的技术系统，尚处于由传统技术向工业化过渡的阶段，手工技术尚大量存在，与机械化、半机械化、现代化的技术共同组成一个奇特的技术结构。

四是中国产业结构的均衡度。产业结构，是指产业系统中各个部门之间按比例地平衡发展的程度。在其他条件相同的情况下，产业结构的均衡度高，生产力系统运行得就越顺畅，宏观经济效益也就越高……产业结构的均衡度可以分为三大等级……不均衡的产业结构往往具有下列特征：产业结构残缺不全、产业结构比例失调、最终产品结构与社会需求结构脱节、产业结构中存在自我服务和自我循环的子系统……由于中国产业结构中存在的大跨度的错位现象，必然严重影响到中国产业结构的均衡度。当前，中国产业严重失衡，短时间内很难得到纠正，在相当长时期内将处于产业结构的均衡化过程。中国产业结构不均衡不协调状态，突出表现为农业过分落后；工业内部结构不当；第三次产业严重落后等。

（二）企业的规模结构——组织结构

一是企业规模结构。企业规模结构是微观生产力要素（劳动力、生产资料）的集中程度。所谓规模结构，则是指不同规模的经济单位在国民经济中的地位和作用及其量的比例关系。我们考察规模结构的历史和现状，旨在寻求我国各类经济规模的合理界限，以提高规模经济效益。这里重点也是考察工业企业的规模结构，同时也简略分析农业，建筑业和服务业等规模结构。

从道理上讲，任何企业都需要有一个适度的规模。在这个规模范围内，企业的平均成本比较低，平均利润率比较高；企业经济效益的提高，靠的是企业规模的调整，这种效益通常称为规模效益。当然，适度规模是一个相对的概念。综观世界各国的企业规模结构，在工业化时期均有一个从小到大的发展过程。例如日本有三井、三菱、佳友、三和、芙蓉、第一劝业六大财团控制全国经济命脉，同时又存在 620 万家小企业，其产值占国民生产总值的 50% 以上。美国有 1000 家大企业，同时又有 1000 万家小企业，产值占国民总产值的 40%。

新中国成立后，企业规模结构经历了四个阶段的演变和发展：1985年全国大中型企业 8320 家，拥有 600 家以上的省区是辽宁与江苏；拥有 500—600 家的是上海、四川；拥有 400—499 家的是广东和山东；拥有 300 家以上的有北京、天津、河北、黑龙江、河北、湖南；其余皆为 300 家以下。其中西藏、宁夏、青海与新疆分别只有 4 家、38 家、40 家与 90 家。拥有大中型企业最多的辽宁省与最少的西藏自治区相比较，前者是后者的 170 多倍。我国大中型企业的分布不均，很大程度上反映了地区之间工业发展的不平衡性。中国大中型企业的数量不多，仅为企业总数的 2.3% 强，但是产值却占近一半，职工人数与工资总额占 1/3 以上，资金额与利税约 2/3。毫无疑问，大中型企业在中国工业中起着主导作用。但是，中国的大型企业与世界发达的巨型企业集团相比，又显得"小"了很多。

二是企业组织结构的专业化。其一，要解决传统体制下专业化水平低的成因和特征；其二，继续大力推进 1979 年以来专业化协作的新进展；其三，继续运用行政力量促成专业化协作；其四，运用各种方法大力推进企业自发结成的经济联合。历史经验再三证明，在全能型的基础上，合理配置大中小企业。

三是必须解决企业组织制度的弊端。"大而全""小而全"，是众所周知的中国企业在组织结构上的一大特点。其实，中国企业更突出的特点是集"就业""福利""社会保障"诸多功能于一身。这是通常所说的，中国企业是一个"小社会"；中国企业带有"大家族"的性质，这是社会分工紊乱的表现。因此，必须从根本上解决我国企业组织制度的"九大弊端"。

总之，中国这种不能调动职工劳动的积极性，严重妨碍社会生产力发展的弊端很多的企业制度结构，现在确实到了非改不可的时候了。其实企业改革的方向和重点是明确的，即把社会福利保障功能与企业经济功能分开，让企业真正成为纯粹独立的商品生产和经营组织，成为充满活力和创新精神的社会生产力的细胞。

（三）地区结构——城乡结构

一是地区结构。社会生产力总是在一定的空间存在和运行。因此，生产力布局是合理组织生产力的一个重要内容。生产力空间布局，既体现为一定的地区结构，又体现为一定的城乡结构。在此，我们将对中国社会生产力的地区结构和城乡结构分别加以考察。

我们曾在《生产力经济学原理》一书中分析了生产力布局的特点，其一是"它具有非微观性"，无论是国民经济的微观布局，还是地区经济、部门经济的中观布局，甚至企业的宏观布局，都是社会生产力总布局的一部分；其二是"它对经济发展具有先决性的影响"，布局得当与否将对今后经济发展产生先天性的影响；其三是"它对经济发展具有长期的影响"，因此生产力布局应当持慎重的态度，不可轻易决策，更不可朝令夕改。

我国生产力地区结构的主要特点是地区之间的差异呈现为三大经济地带；在每一经济地带内部发展也不平衡；三大地带的产业结构也都是大同小异。

我国生产力地区结构的演变，是近百年来历史发展的产物，特别是新中国成立以来投资政策及实施的结果。经济体制在很大程度上决定了生产力地区结构的模式，在传统经济模式下的 30 年，地区结构的变化如下：第一，内地落后地区生产力发展较快；第二，少数民族地区经济有了相当的发展；第三，沿海地区生产力发展相对迟缓。

然而，由于经济体制的弊端，人们对布局规律认识不清等原因，在生产力布局的指导上存在几个严重的问题：第一，轻沿海，重内地，忽视原有工业基地的作用，热衷于内地铺摊子，不适当地强调地区经济的发展；第二，强调各地区层层建立完整的地方工业，自成体系，不注意发挥地方各自优势，致使各地产业结构高度趋同；第三，在指导政策上未能很好地把分散与集中统一起来，时而强调分散，时而强调集中，而且强调到了近乎极端的程度，因而在实践中就同时存在着过于集中和过于分散这两种现象。

经济体制改革以来我国生产力地区结构的变化是，在发展速度上东快西慢；经济发展水平的差距日益扩大。东部地带经济水平本来就高，近些年的高速度发展，就使三个经济地带的差距日益扩大，经济效益的差距十分明显。

二是城乡结构。社会生产力的空间布局，一方面表现为一定形式的地区结构，另一方面又表现为一定形式的城乡结构。

首先，进行中国城乡结构现状的分析。人类是在一定的空间范围内居住并从事各种社会活动的。这个活动空间又以其形态不同、功能不同，而区分为"城市"和"乡村"两大类。我们所研究的城乡结构，是指城乡生产力的空间分布和配置。

中国现阶段的城乡结构是在 40 年的社会主义建设过程中逐步形成的，进入 80 年代以来，我们全面推进经济体制改革，其中当然也包括城乡关系的调整，即按照社会主义有计划的商品经济的要求，再造新型的城乡关系。40 年来，我国的人口结构、经济结构、社会结构等，都有很大的变化，这些都在不同程度上影响了城乡结构的变化。但是，决定中国城乡结构现实格局的主要条件有三个：其一是中国社会生产力的整体状况，即跨世纪的城乡生产力二元结构；其二是新中国前 30 年实行的社会主义产品经济体制，决定了我国城乡关系的特殊性，即加剧了乡村落后于城市的态势；其三是中国人口总量巨大，因此，我国不可能像世界上大多数国家工业化过程中发生的那种乡村人口向城市大转移的历史性变化。

以上三个条件决定了目前中国城乡关系的格局，也决定了中国社会生产力的城乡结构的空间布局：第一，40 年来，中国城市与乡村处于生产力发展的不同历史阶段；第二，城市生产和生活的社会化程度较高，而乡村的生产和生活则尚处于半自给的封闭状态；第三，中国城市人口的大流动，有时是受政治因素的支配，并非经济发展的自然过程。中国城乡关系不是以大城市为中心组成一片一片的经济区域，而是按行政区划确立的格局。

其次，要掌握中国城乡结构变动的趋势。纵观世界近代史，可以发现三种依次更替的城乡关系：松散型→紧密型→融合型。中国现实的城乡关系，大体处于由"松散型"向"紧密型"的过渡阶段。随着社会经济的工业化、商品化和城市化，也必然出现城市化的大趋势，这是一条普遍规律。但是，我们又必须从中国的特殊国情出发，因势利导，建立良好的城乡关系，妥善处理各种过渡的问题，找到一条紧密型和融合型的城乡结构之道，最终实现城乡高度融合的美好理想。

三 中国社会生产力运行的国内外环境

（一）中国生产力运行的国内环境

一是中国生产力运行的国内环境。社会生产力不能孤立地存在，它总是在一定的社会环境及自然环境中运行。在熊映梧教授主编的《生产力经济学原理》一书中充分阐述了生产力自身发展的规律之后，还详细地分析了生产力运行的社会环境和自然环境。本书将从实证考察的角度，研究中国生产力运行的环境。此处研究的是生产力运行的社会环境，其中首先是经济体制这个大环境。

新中国 40 年的经济成就大大超过了先前的一切时代。但是，我们也有理由这样设想和考察：如果中国的经济体制比较适合社会生产力发展的要求，中国经济将取得更大的成就。正如中共中央《关于经济体制改革的决定》（1984 年）指出的那样，我国社会主义优越性还没有得到应有的发挥，之所以如此，除历史的、政治的、思想的原因之外，就经济方面来说，一个重要的原因，就是在经济体制上形成了一种同社会生产力发展要求不相适应的模式。这种模式的主要弊端是：政企职责不分，条块分制，国家对企业统得过多过死，忽视商品生产、价值规律和市场的重要作用，分配中的平均主义严重。这就造成了企业缺乏应有的自主权，企业吃国家的"大锅饭"，职工吃企业的"大锅饭"的局面，严重压抑了企业和广大职工群众的积极性、主动性、创造性；使本来应该生机盎然的社会主义经济在很大程度上失去了活力。

改革开放后的 10 年与前 30 年的考察对比，完全证实了上述的结论。中国必须进行经济体制改革，为社会生产力更好更快更大的发展开辟道路。由上可见，中国的经济改革将是长期的艰难的历史任务，新旧体制转换的过程可能长达数十年。至于政治体制的改革，良好社会环境的创造，将是一个更长的过程。所以，我们断言，中国社会生产力仍将长期在艰难的国内环境中运行。

二是中国生产力运行的资源环境。一般来说，没有特定的资源环境，就没有人类及其物质生产活动，因此可以说，适当的资源环境是社会生产力存在和发展的自然基础。

资源环境情况，在世界各国是很不平衡的。资源的多少，往往是相对于人口多少而言的。就全球范围来讲，综观人口与资源的情形，大致有四种类型：资源丰富，人口增长缓慢，人口数量相对少的国家，如美国、加拿大、澳大利亚；资源绝对量比较丰富，但人口众多且增长很快，人均资源并不富裕的国家，如中国、印度；资源缺乏，生存空间狭小，原材料和能源绝大部分依赖进口，但科学技术和加工能力强的国家，如日本、新加坡；资源丰富，人口虽少但增长迅速，资源开发能力很差的国家，非洲大部分国家是这样。

过去，常以"地大物博、人口众多、历史悠久"来概括中国的国情和资源环境。其实中国并非"物博"，甚至可以说是一个资源贫乏的国家，据说中国人均矿藏资源居世界第 80 位。我们这样一个人均资源贫乏的国度，又是一个资源浪费严重，忽视保护环境的国家。30 年来，相当普遍的地区，在不同程度上实行了掠夺性的经营方式，破坏生态平衡，致使资源衰退，形成农业的恶性循环……干出了许多危及当代人及子孙后代的蠢事，我们的子孙后代将何处容身，靠什么吃饭？我们没有美国那样得天独厚的丰富自然资源，也不具备日本那样进口国外资源的外汇支付能力。我们必须学会在有限的自然条件下发展社会生产力。

三是中国面临"人口压迫生产力"的严峻形势。马克思曾经分析了"人口压迫生产力"和"生产力压迫人口"的两种情形。中国人口与生产力的状况，基本上属于"人口压迫生产力"类型，但是又有其特点：其一，相对于社会生产力来说，中国的"人口过剩"，不是社会主义制度的产物，而是长期的"左"倾错误造成的。其二，中国人口压力特别严重是有其历史原因的。中国人口数量巨大，现在已占世界总人口的22%左右，是在长期的历史发展过程中形成的。其三，我国人口分布极不均匀，当前，中国人口问题日趋严重，成了最大的社会问题，也可以说是将长期影响中国社会生产力发展运行的大问题。

新旧体制的长期并存，资源相对贫乏，人口爆炸，是我国社会生产力运行的三大障碍。唯有通过改革发挥社会主义制度的优越性，采取有远见的决策控制人口数量，提高人口质量和劳动生产率，合理利用资源，保护环境，才能为我国生产力的长期稳定发展提供良好的国内环境。

（二）中国生产力运行的国际环境

一是三个不同时期的国际环境对中国生产力运行的影响。综观新中国在成立40年生产力运行的国际环境，明显地区分出三个大不相同的时期：第一个时期是半封闭状态（1949—1959年）；第二个时期是封闭状态（1960—1978年）；第三个时期是改革开放时代（1979年至今）。

中华人民共和国是在第二次世界大战结束后的第四个年头诞生的，这就给我国生产力运行造成了一个特殊的国际环境，即两大阵营的对立，中国不得不在半封闭状态下推进工业化。新中国成立的第二个年头，我们被迫进行了"抗美援朝"战争。接着，帝国主义列强，也是主要经济发达国家，对中国实行经济封锁，迫使我国"一边倒"，唯有向以苏强为首的社会主义阵营寻求技术经济援助。

20世纪60年代初，中苏关系恶化，随之而来的是同东欧社会主义国家关系也恶化了，我们同社会主义阵营的经贸往来大大减少，在近20年的时间里，我国处于全封闭的环境中。这个时期"阶级斗争"的调子越唱越高，"反帝反修"的口号越喊越响，从而使新中国回到了"闭关锁国"的古老时代。

改革开放后的10年，国民经济获得巨大发展，对外贸易及经济往来也空前活跃。据统计，在1979—1988年的10年中，进出口总额增长4倍，平均每年增长17.4%，大大超过前28年平均每年增长10.9%的速度。1988年进出口贸易总额达1028亿美元，占国民生产总值的比重，由1978年的10.3%提高到27.3%，在世界的位次，也由1978年的第 32 位，上升到 1989 年的第 14 位。

新时期对外开放的更大成绩，主要在于打破了中国生产力在封闭系统内运行的不利局面，大量吸收外国资金和先进技术。总之，改革开放后的 10 年，我国打破了封闭状态，以积极姿态参与国际经济交流，大大促进了我国生产力的发展和提高。我们从中发现，我国社会生产力发展的快慢与进出口贸易总额以及对外经济交流规模大小之间有一条正相关规律。

二是影响未来国际关系的关键因素——世界新技术革命。当今，中国社会生产力究竟面临一个什么样的国际环境呢？许多政治家和专家学者一致认为，和平与发展是世界的主流，蓬勃兴起的新技术革命，将很大程度决定世界发展的格局。因此，考察中国社会生产力运行的国际环境，就必须深入研究新技术革命及其对世界生产力的重大影响作用。

方兴未艾的世界新技术革命具有如下四个特点：其一是以电子技术为首的一系列新技术群的出现；其二是这次新技术革命的带头人是一批科学家，科学理论的指导作用很突出；其三是这次新技术革命的发展更为迅速，从一种新的科学理论到新的技术突破，再到生产的应用，周期大大缩短；其四是这次新技术革命不是局限于几个经济发达的国家，而是冲击着一切国家和地区，包括广大的"第三世界"。

三是世界新技术革命对生产力运行的影响。现在考察和讨论世界新技术革命对世界生产力运行可能产生什么影响，只能作粗线条的描述。历史经验表明，一次科学革命、技术革命必然引起一场产业革命，"科学革命—技术革命—产业革命"，是一条现代科技—经济发展的客观规律。

世界著名科学家钱学森在《关于新技术革命的若干基本认识问题》一文中，阐述了科学革命、技术革命和社会革命的相互关系。他指出：人们认识客观世界的飞跃，这可以叫作科学革命，钱学森进一步指出：人认识客观世界是为了改造客观世界，人改造客观世界的飞跃，就是技术革命，而新的技术革命不是单数，而是复数，是一个新的技术革命群。

钱学森认为：产业革命"不是生产技术应用到哪一个方面所引起的飞跃，而是全局性的、整个生产力体系的飞跃变化，不只是工业，还有农业，交通运输，以及经济关系的变化。因此，如果说成一个定义的话，产业革命就是生产体系组织结构及其经济结构的飞跃变化。它是因为生产技术促进了生产力的发展所导致的飞跃"。

熊映梧教授说，我们基本同意钱学森文章的观点。但是有一点不同的地方：我们认为，产业革命是由科学技术革命引起的社会生产力的飞跃，其中包括生产力的因素（如工具革命、材料革命）、结构、组织形式等方面的质变。至于经济制度、政治制度的变革则属于社会革命的范畴。依据这一观点来考察当代世界的新技术革命对现代生产力发展的影响，可以归纳为以下几个主要方面：第一，以电子技术为核心的信息系统和控制系统，将在社会生产力系统中居于主导地位；第二，随着新技术群的出现，将形成一个新产业群，并逐步取代某些旧产业的地位，或者用新技术改造旧产业，使它们"脱胎换骨"；第三，新技术革命将推动国际专业化分工和协作的发展，从而影响世界产业结构的变化；第四，新技术革命将大大开拓人类活动的场所，为合理解决发展与人口、资源、环境之间的矛盾创造了有利的条件；第五，新技术革命将引起管理的革命，从而大大提高了工作效率。

总之，世界新技术革命将引起社会生产力的大飞跃。如果说第一次产业革命使用机器代替体力劳动，在短短百年创造的成果超过了先前一切时代的话，那么，这次新技术革命以及随之而来的新产业革命，将用智能机器人的技术手段代替人类的部分脑力劳动，创造出更加伟大的奇迹。

四 对中国社会生产力的总体评价、预测和对策建议

（一）中国社会生产力的总体评价

本书认为，现实中国社会生产力具有四个特点：第一，"三元结构"生产力的特殊格局；第二，国民经济的总量大，人均量小；第三，生产力的局部先进，整体功能差；第四，在封闭系统内，中国生产力发展迅速，但是，同急剧变化的外部世界相比较，中国同经济发达国家的距离还很大。

一是"三元结构"生产力的特殊格局。熊映梧教授在他的《生产

力经济学原理》等论著中，提出了"四代生产力"的理论："原始生产力""手工生产力""机器生产力"和"现代生产力"。中国的特点在于，历史上依次出现的四代生产力，目前依然在中国大地上并存着。尽管原始的生产方式残余在我国仍依稀可见，但已不具有代表性。目前我国的社会生产力基本上是手工生产力、机器生产力和现代生产力的"三元结构"格局。各代生产力之间的"代沟"很深，"融合度"很差，因而中国社会生产力的总体功能不佳。

二是国民经济总量大，人均量小。如何衡量一国的国力，在国际上是一个有争议的大问题。有些西方学者，甚至官方机构用人均 GNP 多少美元作为划分社会发展阶段的尺度，这是很不全面的。中东一些生产石油的国家人均 GNP 很高，但是仍然属于不发达国家。过去巴列维国王曾经试图利用手中的巨额美元，在伊朗引进一个现代化。这个雄心勃勃的计划未能实现，而巴列维王朝却垮台了。日本经济企划厅 1987 年6 月发表的研究报告提出了一个"综合国力"的概念，认为它由三大要素构成，即国际贡献能力、生存能力和强制能力。这份研究报告将上述三大要素分别按 50、30、20 的权数来计算综合国力，得出的结论是：美国为 100，苏联为 70，日本为 53，联邦德国为 47，法国和英国为 45，中国为 17。这种"综合国力"论比单独按人均 GNP 前进了一步，但是，也有值得商榷之处。

这里不是对中国的综合国力作出评价，而仅仅是对中国社会生产力做出客观考察和真实描绘。从这方面来观察，"国民经济的总量大，人均量小"确实是中国的一大特点。世界银行《1988 年世界发展报告》提出的统计数字，也充分证实了中国的这一大特点。这种"两极化"的现象和特点，还表现在一系列的统计数字上面。

三是局部先进，总体功能差。社会生产力，是由多种生产要素、产业部门而组成的巨大经济系统，因而具有很强的整体性。即使具有同样的生产要素和产业部门，但是，由于组织状况、整体功能的优劣不同，将形成差别很大的现实生产力。中国社会生产力局部先进，总体功能差，是符合客观实际的。

四是在封闭系统内，中国社会生产力发展很迅速，但同急剧变化的外部世界相比，中国还是比西方经济发达国家落后很多。甚至落后得"令人震惊"和不敢相信：世界银行关于世界发展的年度报告提供的统计数字表明，中国的 GNP 在 128 个国家中的排位，这些年总是徘徊于倒数第 20 多位，处于世界第四等公民的角色，即人均国民生产总值在 500 美元以下的国家。

以上概述了中国社会生产力现状的四大特点，也许可以给人们一个较全面的印象。本书力求不掺杂主观色彩，客观地描述现状。最后再概括一下，可以说现时中国社会生产力尚处于从手工生产力向机器生产力过渡阶段。因为是在 20 世纪下半叶补工业化这一课，所以我国也有少量的现代生产力。

（二）中国社会生产力发展趋势预测

从世界生产力发展的一般规律来说，中国可以不经过资本主义阶段，直接进入社会主义社会——这已经是历史。但是，中国却不能越过"工业化"和"商品化"而达到现代化。所以，工业化（内容）和商品化（形式）将是中国社会生产力在相当长的时期内发展的轨迹。在此，仅仅对从现在到本世纪末下世纪初中国社会生产力发展的趋势，作一番中期的预测——估计可能碰到什么难题。

一是到本世纪末下世纪初，中国不大可能补完工业化的课，更不可能在较大范围内实现现代化；

二是中国经济运行今后可能将长期在追求经济增长的"高速度"、"翻番"，与调整产业结构、改善社会生产力整体功能之间摇摆；

三是日益增长的人口压力、就业压力和劳动者素质下降，将给中国社会生产力运行带来越来越多的困难；

四是今后社会生产力日益国际化，多为中国经济既提供了新的机遇，又将使其面临更加激烈的国际竞争。

经过 25 年的实践检验，以熊映梧教授为首的生产力经济学专家团队的预测是正确的。

社会生产力的发展，不仅是数量的扩大，质量的提高（如历史上三次产业结构的大变革），而且表现为逐渐消除生产力的孤立性、狭隘性，使生产力趋国家化和世界化……人类进入工业文明时代，社会生产力有了巨大的飞跃，在注意到经济日益国际化和全球化的同时，不能忽视另一种趋势，即近 10 年世界经济的多极化、地区化、集团化。目前，以美国、西欧、日本、俄国四强对峙为特点的世界经济格局，在 20 世纪最后十年不会有较大的变化。

世界经济的进一步多极化、地区化、集团化和全球化，意味着全球化的竞争将更加激烈，中国的未来，将在很大程度上受到全球化竞争将更加激烈的影响。我国必须更深地参与这些国际竞争的全球局势，在机遇更多和风险更大的环境中发展自己的生产力。是得利多、失利少，还是得利少、失利少，抑或得利少、失利多，关键在于我们是否善于处理中国与世界的关系，实践证明，这个见解也是正确的。

（三）发展我国社会生产力的对策和建议

在对中国社会生产力进行了纵向与横向的实证考察，分析了我国社会生产力运行的国内国际环境，并且对我国社会生产力作出了总体评价，预测了在今后的发展中可能遇到的问题之后，又根据对发展我国社会生产力提出若干对策建议。这些建议多属于战略性的、并非具体的政策方案。

一是发展我国社会生产力的中期（1990—2000 年）及长期（至 21世纪中叶）目标，应以工业化为主，现代化为辅，把目前三代生产力混成的"三元结构"改变为以近代机器生产力为主，现代生产力为辅的"二元结构"。这里，有必要强调指出，必须遵守生产力升级换代的客观经济规律。如果中国能够在经过几十年的努力，把社会生产力改造成为以第三代生产力为主体、三四代结合的生产力，则将从根本上改变我国生产力落后的面貌，社会主义中国才有强大的物质基础。

二是坚决采取优化经济结构和改善社会生产力整体功能的产业政策。包括提高产业系统高级度的产业政策；增强产业结构均衡度的产业政策；我们认为具体的产业政策还有十项。

三是从中国国情出发，确定适度的经济增长率。"优化产业结构"和"选择适度的经济增长率"是改善我国社会生产力的整体功能的两个不可分割的方面。熊映梧教授曾经在 1983—1986 年间发表的一系列论著中论述了这个问题，得出了必须实行结构优化的适度经济增长模式和战略。

四是改善生产力系统的细胞——企业的组织结构。根本出路是建立新型的社会主义现代企业制度，在明确社会主义产权关系的基础上，使我国的社会主义企业具有自我发展和自我约束的双重机制，从而发挥更好更大的作用。

五是坚持改革和深化改革。

六是在社会主义初级阶段的中国，以公有制经济为主体的多种经济形式，最有利于社会生产力的发展。

七是要为中国社会生产力的运行创造良好的社会环境。民族精神、社会风气、人的心态，也是生产力运行环境的重要组成部分。德国经济学家李斯特把提高人们的道德和宗教品质保障人权和公道、保护公共治安、提高民族精神力量等，均视为发展生产力的重要因素。

八是采取有远见的资源开发政策，为我国社会生产力的运行提供一个良好的生态环境。中国需要有远见的资源政策和环境保护措施，来保证其社会生产力长期稳定的发展。

九是控制人口数量，提高人口质量，应作为我国一项长期的基本国策。适度的人口数量，提高人口质量，应作为我国一项长期的基本国策。适度的人口数量，合理的人口结构，受过良好教育的劳动者，才能使中国后来居上，很快跻身世界先进行列。反之，中国经济很难起飞。

十是坚定不移地实行对外开放政策，积极参与世界生产力系统的物质、能量、信息交流，以促进中国生产力更好更快地发展。

在结束这本考察报告一书的时候，可以用最简单的语言概括一下我们的见解和观点：要使中国社会生产力能在一条"高速公路"上发展飞驰，需要做好三大社会工程：优化社会生产力的整体功能；大力发展商品经济；改善社会生产力发展与运行的社会环境和自然环境。

第七章　中国结构优化的适度
经济增长论

一　《适度经济增长的理论与对策》的时代价值

（一）研读《发展与改革丛书》总序

《发展与改革丛书》为黑龙江教育出版社出版的大型丛书工程，熊映梧教授撰写的《总序》全文如下：

发展是当今时代的主题。一个社会，生产力越不发达，经济越落后，它解决社会问题的可选择性越小；反之，生产力越发达，经济文化水平越高，它解决社会问题的可选择性越大。人类的出路和前途，都在于发展。当今世界各国，尤其是社会主义国家，要发展，就必须进行改革。所以，我们这套丛书命名为《发展与改革》。

集中华人民共和国40年之经验，我们得出一个最重要的结论：建设有中国特色的社会主义，这是富国强民唯一正确的道路。欧美的资本主义模式，在中国没有存在的客观基础；照搬苏联的社会主义体制，也是此路不通。我们经过三十多年的艰难探索，终于找到了建设有中国特色社会主义的金光大道。在这条大道上建设有中国特色的辉煌大厦，有两大基石，即社会主义初级阶段论和社会主义市场经济论。离开了这"两论"，就没有中国特色了。为了达到建设有中国特色社会主义的目标，我们必须坚定不移地执行中共十一届三中全会以来形成的"一个中心、两个基本点"的基本路线，始终不渝地坚持以社会主义经济建设为中心，在劳动生产率和生活水平方面持续提高，逐步赶上发达国家。只有这样我们才能立于不败之地。为了解放生产力，我们必须坚持改革、开放。我们的改革，是社会主义制度的发展和完善，当然要坚持四项基本原则，保证改革、开放和发展沿着中国特色社会主义道路前进。

大方向、大原则确定了。但是，怎样达到既定的大目标，有许多艰难的工作要做。例如，怎样实现国民经济持续、稳定、协调地发展？怎样把发展速度与优化结构、提高效益统一起来？在改革方面，最大的难点在于找到社会主义市场经济这个最终目标的途径、形式、步骤和方法。不少学者和企业家指出了"承包制"不可避免地带来短期行为、负盈难负亏等副作用。但是，又不可能一下子都变成股份制、合作制。那么，在承包与股份制、合作制之间怎样找到一种过渡形式呢？诸如此类的有关发展与改革的重大问题，有待大家去苦心探索和深入研究。

出于历史责任感和使命感，我们黑龙江学派一些专家学者高兴地接受了黑龙江教育出版社的委托，计划在三五年内编辑出版一套《发展与革命丛书》。这套丛书不是代圣贤立言，或者注解现行政策，也不是单纯介绍外国的学术思潮，而是立足于本国，探讨发展与改革中的新课题，为中华民族的伟大复兴略尽绵薄之力。

我曾经同黑龙江教育出版社张文达社长有过一段对话：

我说：要不拘一格出好书，题材不拘一格，观点和文风也不拘一格，唯新唯好。

张社长答：我社要不惜赔钱出好书！

在今日一片赚钱声中，我们听到这种支持学术事业的声音，是多么惊奇，又多么兴奋啊！不少乡镇企业超过国营大企业，同样，小出版社也可以干出大事业。只要有这种发展科学事业而不惜赔钱出好书的价值观念和方针政策。

人类学家麦克斯·格拉克曼曾经说过："科学是一门学问，它能使这一代的傻瓜超越上一代的天才。"本书的作者似乎比傻瓜还高明一点，我们为什么不能超越上一代的天才呢？

熊映梧 1992 年 1 月于冰城

（二）诸多共识和最新观念

认真研读这篇《总序》，会得出如下认识：

一是"发展与改革"或是当今中国的时代主题；

二是人类的出路、世界的出路、中国的出路，都在于改革和发展；

三是集新中国成立 40 年之经验得出的一个最重要结论就是建设有中国特色的社会主义，这是富国富民唯一正确的道路；

四是这条金光大道、这座宏伟大厦的两块基石，是社会主义初级阶段论和社会主义市场经济论；

五是为了实现这个大方向、大原则、大目标，必须把解放生产力、发展生产力、提高生产力放在首位；

六是发展与改革的统一目标和时代使命是"双重选择"：最优的增长观、增长论、增长模式和最佳的经济体制、政治体制和管理体制；

七是龙江学派的时代责任和历史使命，就是更好地研究探索有关发展和改革的重大问题与最新课题，为中华民族伟大复兴尽力；

八是本书作者们为什么不能超越上一代的天才，创新、创立、创建具有中国特色的经济理论、经济增长模式、经济增长战略和经济增长观念呢？

（三）深入研读"结构优化的适度经济增长论"

关于"结构优化的适度经济增长"理论、模式、战略和对策建议，在 20 世纪 80 年代前期的系列论著中，再三提到并且做出一系列详细的论证，这一见解日益受到各方各界的关注和认同，并且开始进入最高决策层的视野。本书试图在已有研究成果的基础上，从理论分析与实证考察相结合的角度，深入探讨这个重大的经济理论问题和实践课题。

其一，有必要阐明"中国经济适度增长"问题不是从书本上提出来的，而是现实生活迫使我们不得不认真对待这个重大课题。

其二，必须在总结历史经验的基础上，从理论上做出科学的回答：究竟是"高速度经济增长"，还是"适度经济增长"是一种客观经济规律？

其三，需要给予"适度经济增长率"概念一个科学的界定，并且运用真实的统计数字加以证实。

其四，尤其困难的是提出一套具有可操作性的对策，以实施"结构优化"的适度经济增长战略。否则，再好的理论也只是纸上谈兵，并不能改变和改善中国经济发展运行的不正常状态。借用一句马克思的话来说：不管人们对这个研究报告如何评价，它总是作者们"多年诚实探讨的结果。"

认真研读、分析上述短文，它明确告诉我们七个问题或观点：

一是"结构优化的适度经济增长"的理论观念、战略和模式，是他们 80 年代初在一系列最早论著中提出来并且经过详细论证而创建起来的。

二是这一理论创建日益受到社会顶层关注、赞同、开始进入决策层的视野。

三是目前正在现有研究成果的基础上，从理论分析和实证考察相结合的角度，深入探索这个重大理论和实践课程的规律性、真理性、实践性。

四是怎样给予"结构优化的适度经济增长率"概念一个科学的数字界定？

五是如何排除各种困难，提出一套具有可操作性的最佳战略决策，特别是制定和实施一个卓有成效和彰显作用的"结构优化的适度经济增长战略"。

六是结构优化的适度经济增长战略，不仅不是从书本上提出来的，而是冒着最大风险，越过马克思主义经典作家的条条框框和本本主义之后，才创立起来的。

七是"结构优化的适度增长"理论、观念、模式战略和对策是"多年诚实探讨的结果"。

二 创立"结构优化的适度增长论"的历史背景

熊映梧教授在本书的开篇说："适度经济增长论"不是坐在书斋里冥思苦想出来的，也不是从书本上抄下来的，而是现实生活迫使我们不得不认真思考的一个大问题。社会主义国家长期把国民经济高速度增长视为社会主义特有的经济规律，或称为社会主义制度的优越性的体现，故而多年来一贯地推行以高速度增长为主要目标的经济发展战略。

苏联二三十年代工业化时期，拼命追求高速度的经济增长。从权威的苏联《政治经济学教科书》披露的情况，可以大致看到那个时期的概貌。他们是这样论述"高速度经济发展战略"的根据：工业化的速度对于苏联是一个尖锐的问题。这是世界上第一个社会主义国家生死存亡的问题……为了解决谁战胜谁的问题，必须在短暂的历史时期内，迅速发展重工业。苏联《政治经济学教科书》还引用列宁的名言强化自己的论据。列宁说：革命所已经做到的，是俄国按其政治制度来说，在几个月内就赶上先进国家了。可是这还不够，战争是铁面无情的，它斩钉截铁地提出问题：或是灭亡，或是在经济方面也赶上并且超过先进国家。上述论据，显然都是从政治上的需要方面讲的，而未涉及高速度经济增长的客观可能性……

总之，经济发展战略的失误和计划经济体制的弊端两者的合力，把苏社会主义制度的根基冲垮了。中国经济运行的大起大落，受政治因素的影响甚大，我们对各个不同时期的经济运行略作分析，即可见一斑。一是低基数、高增长时期（1949—1957 年）；二是大起大落及动乱时期（1958—1978 年）；三是改革开放时期（1978 年至今）。

1978 年 12 月召开了中共十一届三中全会，实现了"把全党的工作重点和全国人民的注意力转移到社会主义现代化建设上来"的历史转变，从而中国进入了改革、开放、发展为特征的经济发展新阶段。

1979 年 3 月的中共中央政治局会议及同年 4 月的中共中央工作会议，确立了"调整、改革、整顿、提高"的方针。陈云讲："不能认为指标上去是马克思主义，下来是资本主义。在一定情况下，原地踏步，可能是马克思主义……"

总之，纵观新中国 40 年经济发展的进程，可以清楚地看到一个特点：各个时期都深受政治因素的影响，只不过是不同阶段的这种影响有大有小，有正效应负效应的区别而已。由此可见，历史上出现的"高速经济增长"，并不是什么经济规律，更不是什么优越性，往往是为了某种政治需要而不顾客观规律的蛮干，造成了极大的恶果。

当然，世上没有绝对好或绝对坏的事物。站在历史的高度来评判推行了 70 年的高速度经济发展战略，可以说，它有短期的正面效应，如保卫了新生的社会主义国家的独立；但是，超出一定的时限，它就产生负面效应，而且，推行的时间越长，负面效应越大。如果苏联在"二战"后，中国从"二五"开始，以民生为经济发展的基本目标，从本国实际出发，采取"结构优化的适度经济增长战略"，从而实现国民经济的持续、协调、稳定发展，社会主义事业也许不至于出现那么多的重大挫折和失败。

三 适度经济增长的客观必然性

适度经济增长是社会生产运行形式。因为，第一，资源是有限的，把它们大量用于某一或某些产业的高速发展，必然减少其他产业的资源供给，造成国民经济比例失调。到头来，某些产业的优先和高速度发展也难以为继，不得不把发展速度降下来。第二，生产力规律表明，经济的发展一方面表现为数量的增长，另一方面，更重要的是品质的提高，即产品结构、技术结构、产业结构的不断优化。熊映梧教授曾经提出"两种再生产模式"或"两种经济增长模式"的理论，作为实现经济增长形式的"经济增长模式"或"再生产模式"是多种的，下面简略加以考察。

一是"速度型"，即由于经济发展速度加快而引起的经济增长。这是一种常见的经济增长模式，显而易见，很为人们所重视。其实，经济发展速度加快，未必一定是经济增长。孙冶方常讲，要以最小的劳动消耗取得最大的经济效果，简称为"最小—最大"的孙冶方公式。所以，不能离开投入与产出的比较分析，离开经济效益去片面地追求高速度经济增长。

二是"结构型"，即由于技术结构、产品结构、产业结构的改善和升级而引起的经济增长，这是一种往往被忽视的经济增长模式或再生产模式。从社会经济发展的历史来看，"结构型"的经济增长尤为重要。

人类社会经济史表明，社会再生产运动迄今已经发生了三次重大的结构性转变。第一次是从原始的"渔猎采集经济结构"，过渡到"农牧手工业结构"……第二次是从"农牧手工业结构"，过渡到以机器生产为基础的"重轻农结构"……第三次是从近代机器生产为基础的"重轻农结构"，向以电子技术为特征的"高技术产业群"过渡。西方有的未来学者把这次伟大的转变称作"第三次浪潮"，说是从"工业革命"向"信息社会"的过渡，也有人把它叫作"第四次工业革命"……不管中外学者持什么观点，但有一个共识：就是世界正处于产业结构发生重大质变、社会生产力又一次升级换代的重要时刻。

所谓"速度型"的再生产模式和"结构型"的再生产模式，是对现实的社会再生产运动所作的理论上的抽象，前者从数量上反映了社会再生产运动的变化，后者从质态上反映了社会再生产运动的变化。事实上两者是并存的。当然，有时前一种变化较为显著，有时后一种变化更为突出。客观的社会经济运动呈现着两种再生产模式交错并存的多种情形：其一是结构基本不变，速度变化；其二是速度基本不变，结构变化；其三是速度和结构朝同一方向变化；其四是速度和结构朝相反方向变化……

综上所述，可以得出如下的结论：社会再生产运动客观上存在着"速度型"和"结构型"等多种模式。对社会再生产问题的研究，在理论上应跳出仅仅注目"速度型"再生产模式的狭小圈子。

国民经济发展速度的加快，未必就是社会生产力的提高，也不一定带来相应的经济效益；产品结构和产业结构的不断优化，则将促进生产力的提高，并且带来良好的经济收益。在"速度型"和"结构型"再生产模式的多种组合中，最佳状态是结构不断优化的高速度发展模式，但这是不常见的；次佳状态是不断优化的适度经济增长；而损害产业结构、导致技术停滞或倒退的虚假的"高速度"则是不可取的。

纵观新中国成立40年经济运行的复杂历史，可以发现一种强烈的"赶超意识"贯穿于全过程。我们还不得不重视中国的特殊国情：贫穷与巨大的人口压力。也是促成"赶超意识"的一个重要社会条件，是"数量扩张型"经济增长的内在机制……《当代中国社会生产力考察》有这样一个预测：今后中国经济运行可能长期在追求经济增长的"高速度""翻番"与调整产业结构、改善社会生产力整体功能之间摇摆。

"高速度—调整（降速）—再高速度—再调整（降速）"，这是过去40年经济运行的轨迹。造成追求高速度的动因是很复杂的，主要有三个方面：体制上的、政治上的和战略失误上的。今后是否完全消除这种高速度的影响，坚决转到"结构优化的适度经济增长"战略上去呢？恐怕在短时期内也办不到。因为要从理论模式到政策上真正实现战略转变，是一个相当长的过程。这里最根本的问题是怎样尽快地把我国的经济运行真正纳入遵循客观规律的正确轨道。

四 适度经济增长率的界定

什么是适度经济增长率？简言之，适度经济增长率是合理运用各种生产要素，能够产生良好的近期以及长期经济效益的生产力正常运行速度。

适度经济增长速度不同于最优增长速度，最优增长速度往往具有唯一性，基本含义是指在一定约束条件下，经济增长所能达到的最大速度。最优增长速度无疑是经济增长理论和制定实际增长率的重要内容……

适度增长速度不具有唯一性。适度的增长率与其说是一个"适度"的点，不如说是一个速度集合更为准确。这是"适度"一词本身就具有的内在含义。因而适度增长率应当是：在所有可能的经济发展速度中，那些令人满意的发展速度的总体。最优增长率往往不包含在我们所讲的适度增长率的集合之内，充其量只是这一集合中的一点。

把国民收入增长率作为经济增长率的主要指标，除因为国民收入是积累和消费之源泉，是经济增长的根本原因外，也是因为国民收入的增长率与其他经济总量的增长指标具有相当高的正相关关系。因此，国民收入增长率指标有极大的代表性。

对适度增长率的以上认识决定了研究方法。首先，我们尽可能全面地考察经济活动的各主要部分对适度经济增长的要求，从而得出与之相关的"局部"适度增长率；其次，考察各个局部的适度增长率之间的关系，从中得出既能满足经济协调发展，又能实现一定政策目标的"结构优化的适度经济增长率"。

考察适度增长率的大小首先从其自身开始，这无疑是一个合理的起点。我国经济增长是否存在一个"适度增长率"的内在规律？适度增长率是长期的经济现象还是短期的经济现象？对这些问题的回答不能仅仅依赖理论分析，还必须给予实践证明。

我们将从增长率的分布、密度、均值等统计特点和经济波动幅度方面考察适度增长率的存在和范围。

根据增长率的这些统计特性有理由相信：我国经济增长具有内在规

律，这个规律决定一个比较稳定的、波动相对小的增长范围，这一范围就是适度增长率。对此，有必要具体阐述如下：

一是增长率的均衡值在7%—8%之间。在经济条件不发生显著变化时，短期经济波动不会使增长率远离这一区间。适度增长率的范围应是包括这一中心区而分布密度相对高的区间。在经济运行出现"正常"震动时，增长率仍会"经常"落入这一区间之内，因而具有适度性。

二是经济波动幅度的大小与增长率偏离中心区的程度成正比。增长率偏离中心区域越远，经济波动的幅度就越大；反之，波动幅度相对小的增长率不可能远离中心区。增长速度与波动幅度这种统计关系与理论相一致，因而不可能是偶然的因素巧合，而应看作是由经济内在原因所决定的规律性关系……

三是增长速度分布的正态特征也不是偶然的巧合。无论从统计还是从经济理论（长期增长理论）看，都有理由认为这一特征是规律性的必然结果。由此我们可以得出决定适度增长率的第二个条件：适度增长率的范围与该范围上的概率密度成反比，平均概率密度越小，其对应的"适度"范围就越宽……我们可以确定适度增长率的两个范围：较宽的适度增长率应取4%—12%之间；较窄的适度增长率应取6%—9%之间。

熊映梧教授最后强调指明：我们倾向于窄的适度增长率范围。这除了因为窄的"适度范围"更具明确性外，还有以下理由：我国1952—1989年的年增长率的平均值为6.8%，1979—1989年的增长率平均值为8.7%。这两个平均值在这一范围内，并且分别处于两个端点附近。这两个统计量具有重要意义，其前者为样本总体平均值，后者为近期平均值。经济影响有随时间递减的特点，经济增长受其近期经济活动的影响大于受其远期的影响。因而，经济增长近期很可能以8.7%为中心，而不太可能小于6%的平均值。因而把适度增长率确定为6%—9%更为合适。

五　投资与经济增长

一个国家经济增长的基本推动力是投资，没有一定量的投资，经济是无法启动与增长的。投资是一把"双刃剑"，对经济增长具有双重作用。一方面，投资会形成直接的需求，这种需求通过产业间的关联产生波及效果，进一步扩大需求；另一方面，投资又扩大了经济的供给能力，通过新增固定资产的运转扩大总产出。

（一）投资规模与经济增长

投资在外延上一般有广义和狭义之分。狭义上仅指固定资产投资；广义上则包括流动资产投资、证券投资、风险投资、教育投资、人力资本投资等。

我国统计指标中出现的固定投资是指以货币形态表现的建造和购置固定资产的工作量，它是反映固定资产规模和使用方向的综合性指标。按照我国计划管理体制，全民所有制单位固定资产投资分为基本建设投资、更新改造投资和其他投资三部分；全社会固定资产投资还包括城乡集体所有制单位投资和城乡居民个人建房以及农村个人购买生产性固定资产的投资。

固定资产规模有两种类型：一是年度投资规模，即一个国家或地区在一个年度内实际完成的固定资产投资额；二是再建设投资规模，即一个国家或一个地区在一定年份内，所有在建过程中的项目建成所需要的投资。年度投资超过当年的国力可能，就表现为年度投资规模过大；在建投资规模超过一个时期的经济承受能力，则建设周期必然拖长，大量投资长期处于投入阶段，被占用在建设过程中不能形成的产出，增加有效供给。这对于总需求与总供给的平衡，对于国民经济持续、稳定、高效发展，都会产生不利的影响。

我国固定资产投资大体上经历了六个高峰期。值得讨论的是这些投资规模是否合理？投资规模是否膨胀？投资规模是否正常？我们将从投资增长与经济增长相适应，中国投资增长与国外投资增长相比较，两个角度讨论……

综观 1953—1990 年，我国投资增长与经济增长的特点如下：一是积累增长率明显高于国民收入增长率；二是积累增长率高于国家财政总收入增长率；三是固定资产投资增长率高于 GNP 增长率；四是积累率与投资率水平较高。

由上可以看出，中国经济在其增长过程中，积累明显偏高，投资规模明显过大……这与前面所讨论的六个周期大致是吻合的。这说明，中国经济的高速度是由高积累和高投资所推动的。同时，在相当大的程度上，中国经济的波动也是由积累的波动和投资的波动引起的……

确定适度积累率、适度投资率是长期以来一直争论不休的问题。我们试图在两条准则下统一平衡，并在此基础上确定适度经济增长率。

判定适度积累率与适度投资率的准则为：积累增长率 = 国民收入增长率；投资增长率 = GNP 增长率。

由于经济增长过程是政治、经济等因素综合作用的过程，所以，在不同的政治、经济环境下呈现不同的状态。我们所期望的经济增长应该是符合经济规律的增长过程，故在讨论适度经济增长时，应该将特殊年代的经济增长率作为特例考虑，正常年份的适度经济增长应由满足两个准则的公式得出。

（二）投资结构与经济增长

投资结构一般是指固定资产投资在国民经济各个产业、各个部门、各个地区和再生产的各个方面的分配比例以及它们之间的相互关系。投资结构包括投资的产业结构、投资的地区结构、投资的再生产结构、投资的规模结构，等等。

人们普遍认为投资规模的膨胀、产业结构的失衡、经济增长的震荡，主要原因在于投资结构不合理。

投资结构合理化的标志是，投资结构必须和生产结构、消费结构相适应，有利于满足人民日益增长的物质和文化的需要；投资结构也必须与经济资源结构相适应，有利于资源的优化配置和合作使用。同时，合理的投资结构还要有良好的适应性和选择性。

在我国宏观投资结构中，重工业和农业的投资结构变动异常剧烈，成为经济增长率大幅度波动的主要原因。由于资料所限，只考虑"一五""二五""五五""六五""七五"，从占投资总额比重的变化幅度（极差）和自身增长率的变动幅度（极差）两个角度，讨论重工业投资与农业投资的幅度一直较大，尤其是"二五"时期波动得最剧烈。从经济增长率的波动与投资波动的关系来看，轻工业的经济增长率与投资增长率大致同向波动，而重工业的波动幅度超过轻工业的波动幅度。农业经济增长率的波动与投资波动不太一致，这与中国农业生产力水平较低和受自然环境影响较大有关。

（三）地区投资结构与经济增长

"七五"投资特点如下：一是体现了加快沿海地区经济发展的战略方针；二是地区投资分布的集中度高；三是投资普遍过热；四是各地区的固定资产投资为该地区带来了较大的投资效益，具体表现为增强了地区经济实力；促进了地区经济增长；改善了地区经济布局。存在的问题是：外延投资过热；投资取向"短、平、快"，地区产业结构趋同；投资综合效益下降。

六　科技进步与经济增长

科学技术是生产力中最活跃、最积极的因素。它可以优化各生产要素及生产力整体功能，开拓经济活动的新领域。

科学技术的进步，对社会经济的发展起着巨大的推动作用。

美国 1964—1967 年国民生产总值年增长率为 3.16%，其中由于技术进步引起的为 2.6 个百分点，即美国该时期国民生产总值增长率的71% 是由技术进步造成的。日本 1952—1966 年国民生产总值年增长率为 9.5%，其中 65% 是由于技术进步造成的。韩国 1966—1976 年国民生产总值年增长率为 10.47%，其中 22% 是由于技术进步造成的。科学技术是通过作用于生产力的诸要素而转化为生产力的，它对经济增长的作用如下。

一是不断提高劳动手段的水平，提高人类改造自然的能力。劳动手段是人类支配和控制自然的强大杠杆，它的发展标志着社会生产力的发展水平。当人类社会处于由农业社会向工业社会转变的关键时期，新生的资本主义有力地推动了社会生产的发展，它使得自然赋予人的体力的局限性很快地暴露了出来。生产力的发展迫切需要有新的动力来克服人力畜力的限制。牛顿经典物理学理论体系的建立，以及在这一理论影响下建立的整个自然科学体系，是第一次科学革命的主要理论成果。它的主要物质手段是蒸汽机。1786 年蒸汽机的使用标志着人类历史上第一次工业革命的开始，动力机和工作机的变革，使人的部分体力劳动实现了机械化，人类开始从繁重的体力劳动中解放出来。经过第一次工业革命，生产的机械化程度提高了。随着机械运转速度的加快，只靠人的精力和体力难以完成的机械化大生产的任务，有办法完成和实现了。控制机的发明与应用（从简单的控制到电子计算机的控制）尤其是智能机器的发明和应用，使人类大大增强了控制自然、改造自然的能力。在"信息爆炸"的当今社会，自然赋予人脑的局限性日益暴露出来。信息论、控制论、系统论等重要理论与应用结果，将把人类控制自然的领域扩大到通信、图像、信息的自动处理和识别、大系统的自动化控制、宇宙航空等领域。

二是科学技术扩大和优化了劳动对象，使原材料工业发生了革命。新劳动对象的发现，劳动对象品质的提高，以及对劳动对象进行综合利用，都大大地提高了社会生产力水平。

三是科学技术强化了劳动者的体力和智力水平。

四是科学技术为管理科学化和现代化奠定了基础。

衡量科技进步，在经济增长中的作用，就是运用科学的方法，在促进经济增长的诸因素中，把技术进步的作用单独地分离出来，并给予定量的估计。在西方经济学界，测算技术进步的理论和方法，主要以柯布—道格拉斯、丁伯根、索罗、丹尼森、库兹涅茨等为代表。度量方法主要为生产函数法与经济核算法，都是用余项（或称残差）来表示技术进步。

例如，生产函数及其性质、柯布—道格拉斯生产函数、CES 生产函数和索罗的增长速度方程等。

中国经济的最优增长，主要是利用新古典增长模型讨论中国经济的最优增长问题。因为积累率与经济增长具有较强的相关关系，所以先从积累开始谈起，然后讨论在黄金消费法则下的最优积累率，在此基础上建立社会经济增长率与积累率关系模型；最后选择和确立中国经济的最优增长模式和最佳的经济增长率。

七　经济增长的数学模型

依据马克思的两大部类学说，我们来考察我国投资与适度增长率的数量关系。为此，我们提出以下三个部门（投资品生产部门、消费品生产部门和社会福利部门）的增长模型。

模型条件。首先，我们认为各部门的积累产出率为常数。这一要求虽然比较严格，但仍然有其内在的合理性。在生产设备正常使用下，其产出量的变动主要依赖于技术进步的速度。一般来说，技术进步是长期而缓慢的过程。另外，规模扩大往往会伴随收益下降的趋势，两者结合，认为产出积累率为常数仍是可取的抽象，从我国经济实践的分析可得同样结论；其次，在适度经济增长范围内不会出现严重的"瓶颈"现象，如果一旦出现，有可能在短期内经过适当调整而能消除，对模型参数没有影响。这一假定，从我国经济的实际发展看，与增长率在6%—9%的范围内时有极大的可能性。

米哈尔·卡莱斯基和R. M. 索洛都提出过可变动的资本产出率的增长模型。我们的增长模型虽然具有可变的产品积累率，但是，它既不同于卡莱斯基模型也不同于索洛模型。它在形式上与索洛模型相似，但其变动原因更接近卡莱斯基理论。

亚内什·科尔内提出的经济和谐增长的理论，基本要求有12项。毫无疑问，使经济能够和谐增长的增长率，必然是适度的增长率。科尔内的和谐增长不仅仅包括经济结构和增长速度问题，还包括社会发展的全面协调和均衡的内容。因而，就其范围来说，适度增长率只是和谐增长的重要部分。对适度增长问题的全面分析所包括的许多无法计量和无法取得数据的因素，我们在这里存而不论。这也是我们的适度增长率与和谐增长以及其他适度问题研究的区别之一……

根据以上的分析，为保证满意的消费增长需要和实现全面工业化的政策目标，6%—9%的经济增长率范围，仍然是满足这些要求的最"适度的经济增长率"。

八　经济增长速度与"瓶颈"问题

一般来说，"瓶颈"部门是指由于这些生产部门生产能力不足，使其他部门或整个社会生产力不能充分发挥作用。显然，具有"瓶颈"结构的经济，其实际生产量小于适度生产量，其实际增长率也必然小于适度增长率。

"瓶颈"结构经济必然产生市场短缺现象，但据我们对"瓶颈"问题的以上理解，并非所有短缺现象都可以归结为"瓶颈"结构。决定经济是否具有"瓶颈"结构，不仅要看是否具有短缺现象，还要看适度生产能力和短缺的关系。一般来说，造成短缺现象的原因有多种，只有那些生产能力正常使用下的短缺，即适度生产能力的短缺才属于"瓶颈"结构问题。

与能源、原材料相比，交通运输问题要严重得多，它可能是真正的产业结构中的"瓶颈"。1983 年以来，交通运输紧张日甚一日，货物积压、人员滞留、车站拥挤、列车超载，等等，成了交通运输中的通病。特别是 1989 年和 1990 年国民收入大幅下降以后，年增长率仅为 3%—4% 之间。但是交通运输的紧张状况毫不削减，由此可以推断，交通运输能力远远小于经济增长所要求的适度数量。

无论从哪个角度出发，都很难确定适度交通运输规模。交通运输的长期趋势取决于生产的专业化程度、生产力布局、市场经济的比重、物资分配体制和产品结构等经济变量的变动。这些经济变量的未来值都有极大的不确定性，因而对未来交通运输规模的任何估计都可能和实际需要相去甚远。

根据以上分析，我们认为：我国的交通运输能力小于适度增长的需要，已经成为制约我国经济正常发展的因素。调整经济结构的重心应为提高交通运输能力，其可行的政策措施大体上包括三个方面：一是改造铁路的物质技术状况，使铁路运输现代化；二是提高公路运输能力，建立以高速公路为主体的国家干线公路网络系统；三是必须适当地发展水运、空运和管道运输能力。

鉴于我国交通运输的实际情况，显然应当提高其投资比重。以相似发展程度的发达国家的平均投资比重为准。我们估计，交通运输邮电投资占总投资的比重至少应提高 2—3 个百分点；交通运输占国民生产总值的比重至少应当提高 1—2 个百分点。

九　分阶段多层次的适度经济增长

经济增长的最优状态只是一个理想状态。事实上，在经济系统中绝对的最优是不存在的。因为在经济系统求解最优的过程中省略了许多约束条件,例如,资源约束、产业结构约束、"瓶颈"产业约束,等等。
而这些约束对于经济过程可能更为重要。因此,经济增长不可能是最优
的,而应是适度的。由于中国是生产力水平较低的发展中国家,与发达
国家在生产力发展水平、经济实力等各方面相比都存在较大差距,而这
种差距又不能在短期内消失,所以适度的经济增长应该是分阶段的。经
济系统是变量众多、联系复杂的大系统,它由处在不同层次上的子系统
所构成。因此,适度经济增长又应该是分层次的,所以我们应该提出分
阶段多层次的适度经济增长理论。

首先讨论分阶段问题。

1. 发展中国家第一阶段适度经济增长——建立在本国发展起点比
较低、自然资源未充分开发及技术条件差等基础上的经济增长率。

2. 发展中国家第二阶段适度经济增长——以中等发达国家为参照
系的经济增长。(应选择与本国经济结构相似的中等发达国家)

3. 发展中国家第三阶段适度经济增长——以发达国家为参照系的
经济增长。

从理论上说,对适度经济增长应该分阶段递次考虑,即适应本国当
时的生产力发展水平、国力条件、国际环境等,逐步分阶段地考虑适度
经济增长,超越这些条件的高速度是不可取的。当然,当上述条件相对
具备时,低速增长政策也同样不可取。

上述将适度经济增长划分为三个阶段,只是一种理论上的划分,实
际上在相邻两个阶段之间并没有十分严格的界限。

其次研究分层问题。

第一层适度经济增长——总量适度经济增长。即 GNP、国民收入等
总量指标的适度增长。

第二层适度经济增长——三次产业适度经济增长、农轻重适度经济
增长。

第三层适度经济增长——各部门适度经济增长。其中包括长线、短
线、"瓶颈"等部门的适度增长。

在分阶段多层次适度经济增长理论中,一个非常重要的问题就是各
阶段之间的递阶发展及各层次之间的相互协调问题。

所谓各层次之间的相互协调问题,就是总量适度与三大产业、农轻
重的协调;总量适度与长线、短线、"瓶颈"部门的协调。

《当代中国社会生产力考察》一书指出，产业结构是以产业划分为基础的生产力结构。从纵向来看，一国的产业结构在世界产业结构进化中所处的阶段，是产业结构的高级度；从横向来看，一国各产业之间的协调状态，这是它的均衡度。应当用"高级度"和"均衡度"两个指标来衡量产业结构是否合理。统计数字表明，中国三次产业之间的劳动结构的高度，只相当于西方经济发达国家 19 世纪 70 年代的水平；中国三次产业之间的产值结构大体上与西方经济发达国家 20 世纪 20 年代的水平相近；中国的工业结构高度，已达到 20 世纪 70 年代西方发达国家的水平。如果这个判断正确，那么，我国产业结构的三个分量——产值结构、劳动力结构与工业结构的高度，分布在极不相同的层次上，前后的水平相距长达 50—100 年。这是我国产业结构中一种很奇特的大跨度的错位现象，也是我国产业结构的均衡度很低的根本原因。在分析中国产业结构状况的时候，切不可把这种极不正常的大跨度错位现象，误以为是什么"优越性"，否则将给宏观决策带来难以估量的危害。

十　实现适度经济增长的机制

如何找到一个有效地实现"适度经济增长"的机制，是比确定"适度经济增长率"更加困难的事情。

20 世纪，存在两种截然对立的资源配置方式或经济管理体制，即"计划经济"与"市场经济"；相应地，有两种调控手段：指令性计划与市场机制。

为了实现"适度经济增长"的目标，可供选择的办法只有三种：计划经济、市场经济、计划经济与市场经济相结合。

我们可从苏联、中国几十年的历史经验中，经过比较分析，寻求一个科学的答案。

曾经被正统的马克思主义者定义为"社会主义制度的基本特征和优越性"之一的"计划经济"，随着第一个社会主义国家苏联（而且是一个超级大国）的瓦解而宣告破产。这是值得人们反思的一个重大问题。

熊映梧教授曾著文指出，苏联计划经济在七十多年期间演了一出"懒、穷、垮"的三部曲悲剧。导致这一场悲剧的主要原因有三个：

其一，苏联计划经济体制违背了等价交换的基本规律，引起各方面利益关系的紊乱，从而挫伤了农民、工人、知识分子及干部的积极性，严重阻碍了社会生产力的发展。

其二，苏联计划经济排斥竞争机制，造成了普遍的懒惰……

其三，苏联计划经济体制缺乏调节供求关系的平衡机制，由于决策失误，屡屡引起严重的经济危机……

中国1958—1960年的"大跃进"，钢铁产量一年翻一番，要在15年内"超英赶美"，带来了一场巨大的灾难。新中国成立40年的经济运行，出现了多次大起大落的波动。以上种种经济上的"出轨"现象，都反映了计划经济缺乏调解供求的平衡机制，因而无法保证国民经济的正常运行……

可否采取"计划经济与市场经济相结合"的办法，去实现"适度增长"的目标呢？

中国从1979年开始进行经济体制的改革大致经历了三个阶段：第一，以"计划经济为主，市场调节为辅"，作为改革的指导方针；第二，以"计划经济与市场经济相结合"为指导方针，试图把两种根本对立的资源配置方式捏合在一起；第三，"建立和完善社会主义市场经济体制"为目标。这将使中国的经济体制改革进入一个新阶段，这也要求我们以新的思维方式来考虑经济增长问题。

本课题提出的"适度经济增长率"，是揭示中国经济在现阶段运行的大致轨迹，作为一种经济参数供宏观调控作参考，绝不是规定一个什么"指令性"的指标。其实，在市场经济体制下，不可能存在什么指令性指标，各企业、各地区、各部门都将根据市场需求和利益原则决定自己的经济行动。

十一　结论

在结束《适度经济增长的理论与对策》这个科研课题的时候，有必要简略地归纳一下研究结论。

第一，"适度经济增长"是社会生产运行的正常形式，是一种客观规律性。苏联、中国在一段时期内，其经济曾高速增长。但它们在高速发展一阵之后，紧接着就是低增长，甚至是负增长，几十年算算总账，平均增长速度仍在我们讲的"适度经济增长率"范畴之内。与其高一阵，低一阵，还不如自觉地遵守适度经济增长规律，保持国民经济持续、稳定、协调地发展，以取得较好的经济效益，国家和人民均可得到较多的实惠。

第二，经济的"适度增长"和"结构优化"是不可分割的两个方面。离开了产品结构、技术结构、产业结构的不断优化，空谈适度经济增长就没有多大意义了。正如实现本世纪末国民生产总值翻两番，同生产的社会化和商品化、工业化、现代化是不可分割的一样，离开了四化，即使国民生产总值翻了两番，中国还是一个发展中国家，仍然改变不了社会生产力的落后状况。还必须指出，自觉地保持经济的适度增长的势头，不去追求国力难以承受的高速增长，形成一个比较宽松的经济环境，也有利于优化结构，实现"四化"的目标。如本书第二章所分析的，像中国这样一个"大而穷"的文明古国，强烈的赶超意识和巨大的人口压力，是诱发"高速发展"的两个重要原因。"前事不忘，后事之师"。我们应当汲取历史教训，在今后的经济建设中步子要迈得更稳健一些。

第三，"适度经济增长"是一个内涵确定、外延不确定的"模糊概念"，因此在不同的发展阶段、不同层次，适度性经济增长率有所不同；而且它不是一个"点"，而是一个集合。本书经过大量计算及统计资料印证的"适度增长率"，是指国民生产总值为6%—11%及国民收入年增长率为6%—9%。显然，这讲的是社会主义初级阶段的中国，处于发展中国家阶段的适度增长率。根据世界银行历年的《世界发展报告》提供的统计数据，发展中国家、中等发达程度国家、发达国家三者的经济增长率是递减的。其原因有二：其一，发达国家的国内生产总值大大超过发展中国家（1989年美国国内生产总值是51546亿美元，中国是4178亿美元），前者比后者增长一个百分点代表着大得多的产值；其二，发达国家生产潜力利用得较为充分，增长难度大，而发展中国家生产潜力大，增长较容易。我们预测，中国进入更高的发展阶段后，不大可能再保持初级阶段的增长速度。

第四，计划经济时代是用指令性计划下达经济增长指标，强制实施，不计经济效果。原来苏联、中国的历史表明，高积累、高速度带来的却是低效益、低收入。市场经济时代，经济增长率指标只是一个经济参数，一种预测，供宏观调控参考。实际运作，要受市场规律支配，政府只能因势利导。即使预定的国家经济增长指标未达到或超过，也未必是坏事，不必由政府出面干预、一切顺其自然为好。

第五，本研究报告提出了不少与常规不同的观点，可算作一家之言。如对"长线"与"短线""瓶颈产业"的看法，我们坚持以下几点：其一，多年来讲补短线、向长线看齐，是服从于高速增长的目标的。我们认为，向高速增长的"长线"看齐是不对的，应以"适度经济增长率"为中心，"长线"与"短线"产业均应向它看齐；其二，如果经过调整产业结构，把发展过快的加工业淘汰一部分，而把"长线"变短一些，并广泛采用节能技术，那么，中国的能源未必是"短线"，更不是"瓶颈"。中国真正的"瓶颈产业"是交通、通信，它们是实现"结构优化的适度经济增长"战略的关键。我们的产业政策应向这些部门倾斜。

十二 研读《后记》的思考

熊映梧教授写的本书《后记》启发心智、引人深思。全文如下。

本书是受国家社会科学基金资助的一项重点研究课题的成果汇编。我和两个助手孟庆琳、许正卿先生为此项研究，从收集资料、计算、研讨到最后成书，整整花费了三年心血。也许有人认为，这个题目不大合时宜，至少会遭到冷遇。但是，我们坚信经济运行有其自身的客观规律。经济学家的责任就是揭示经济规律。至于揭示反映阐述客观经济规律的著作，是否能得到社会的公正评价，能否应用实际并且发挥社会效益，这就不是经济学家所能左右的事情了。聊以自慰的是本书的结论，是我们多年诚实研究的结果，而不是人云亦云，东抄西摘拼凑出来的。

为了明确文责，兹将分工写作的情形公之于众：

熊映梧——全书设计、总撰，（一）、（二）、（九）、（十）；

孟庆琳——（三）、（六）、（七）；

许正卿——（四）、（五）、（八）。

读者不难发现，我的两位助手在观点、分析方法以及某一些结论上并不完全相同。鄙人未强行统一他们两人的见解，而是保持"大同小异"的风格。是非曲直，概由读者来评定。

最后，仅对国家社会科学基金会，黑龙江教育出版社的帮助表示衷心的感谢。

课题主持人：熊映梧　壬申岁末于冰城

研读这个《后记》，会得到如下认知：一是国家社会科学基金资助的重点研究课题项目；二是仅最后成书就花了整整三年的心血（之前的十年多的系列研究所付出的心血不在其内）；三是"我们坚信经济运行有其自身的客观规律"；四是"经济学家的责任就是揭示经济规律"；五是能否遭到冷遇，能否得到公正评价，是否合乎时宜，能否应用于实践并且发挥社会效益，等等，是非曲直概由读者来评定；六是本书的结论是多年诚实研究的结果；七是三人创作团队在观点、方法、结论上，实行"和而不同"和"大同小异"的整合哲学理念。

由此，引发了我们反思和考察同类课题的兴趣。

（一）转型为何仍然困扰着中国

这是著名经济学家吴敬琏《中国增长模式抉择》再版前言的题目。2005 年 11 月第 1 版的《中国增长模式抉择》一书，是制定"十一五"规划（2006—2010）前的一场大辩论的产物，它详细讨论了诸如为什么要进行经济增长模式的转型，如何通过改革建立实现这一转型所需的制度环境等相应问题。

这本书从出版起，已经过去了八年。但是，在那次大辩论看似已经取得共识的经济增长模式从粗放型增长到集约型增长转型的问题，为什么至今仍然困扰着中国。

吴敬琏指出：在中国的理论和政策的讨论中，常常发生一种"引喻失义、数典忘祖"的现象。一种观点或政策经过辩论好不容易被学界和政府官员普遍接受，写进了党的文件，成为政府工作的指南，可是过不了多久，在人们头脑中保留的，往往只是一句空洞的口号，至于它的内容，则在实际执行中发生漂移畸变，甚至完全走样。经济增长模式转型问题，就是一个相当典型的例子。

实现经济发展方式由"粗放发展"到"集约发展"的转型，是"九五"规划（1996—2000）明确提出的要求。然而经过了三个多五年计划（规划），这个要求并没有得到实现。由此导致粗放发展引起的种种恶果，例如资源枯竭、环境破坏、投资过度、消费不足、货币超发等问题愈演愈烈。"经济增长方式转型"或"经济发展方式转型"，究竟是从哪里转向哪里，也往往成了问题。这就不可避免地造成了政策摇摆，方向不明。

我们关心的重点问题不仅仅在这里，更在于中国的领导层和决策机构能否真正重视如吴敬琏一样的改革家和经济学家们提出的科学结论和正确策略。

中国学者型官员刘鹤点评吴敬琏所著《中国增长模式抉择》就是最具典范意义的案例："我认为，吴敬琏教授所写的《中国增长模式抉择》是一部具有重要历史价值的著作。这本书以著名经济学家敏锐的专业眼光和丰富的经济学、历史学、哲学和现代技术的专业知识，从广阔的国际视野出发，创造性地提出了经济增长模式的选择和转换问题，必将对中国未来发展起到重要的导向作用，也将是一部在中国经济学留下重要位置的书。我在国务院信息办和中央财经领导工作小组办公室工作期间，曾参与了中国信息化的发展规划、中央政府的第十一个五年规划和年度经济会议等重要工作。在这期间我曾多次与吴教授就这个问题交换意见，他所提出的重要思想对相当多的参与国家重要经济政策制定的人都产生了很大影响"。

（二）厉以宁推出新著《中国经济双重转型之路》

党的十八届三中全会前夕，厉以宁推出新著《中国经济双重转型之路》。文汇报记者范昕、李扬、杨逸淇专访了厉以宁先生，期望厉先生的真知灼见有助于我们深化对改革的认识，以最大的信心和勇气继续推进改革。作为积极主张改革开放的著名经济学家，厉以宁的经济理论推动了中国经济改革的发展。

厉以宁教授说，从 1979 年起，中国进入了双重转型的阶段。双重转型是指体制转型和发展转型的结合或重叠。体制转型，就是从计划经济体制，转向市场经济体制。发展转型，就是从传统的农业社会转向工业社会。两种转型的结合或重叠是没有先例的，也是传统的发展经济学中没有讨论过的。1978 年以后的中国，一方面，要摆脱计划经济体制的束缚，以市场经济体制代替计划经济体制，这就是体制转型；另一方面，要从传统的农业社会转向工业社会，使中国成为一个现代化的国家，这就是发展转型。

中国双重转型的经验表明，没有中国的国情，不根据国情进行转型，什么实践和经验都不会产生，也不会有"中国道路"。同过去一样，继续以体制转型来带动和促进发展转型，为中国的发展开路。因此说，中国的双重转型的重点是体制转型。

到目前为止，尽管我们的改革开放已经 30 多年了，但是内生动力还不健全，主要还是靠外生力量来调控经济发展，比如说，我国仍然存在一种"投资冲动怪圈"的现象。这都是需要从经济体制上根本解决的核心问题。因此，必须坚持双重转型重点是经济体制转型的正确策略。

（三）对《适度经济增长的理论与对策》的再认知再评价

熊映梧教授的学术成果的主题是《结构优化的适度经济增长理论》，也可以称为"结构优化的适度经济增长模式"和"结构优化的适度经济增长战略"。从第一版印行的时间来说，比吴敬琏教授 2005 年 11 月首版发行的《中国增长模式抉择》专著早 12 年，比厉以宁教授 2013 年 10 月出版的《中国经济双重转型之路》一书早了 20 年。从社会反响、科学评价、权威推展和实践意义来说，三部专著都可以被评定为当代中国，特别是改革开放以来最为难得的经典之作。但是，从他们的著作中的原创力、领导力、推动力、影响力、实践力、权威力和知名度、诚信度、品牌度和美誉度来说，一定会有较大差别和不同。这都是由现代管理科学中的"能级原理"所决定的。这不仅仅是名著的能级差别，而且也包括作者所在的社会地位的能级差别。

经过比对评价和全面鉴别，我们认为，对于熊映梧教授的评价实在是太保守了，大有不及之处。

附录：

改革要坚决　发展要稳健

墨夫

熊映梧，1929 年 10 月出生，湖北省松滋县人，早年就读于中共中央党校、中国人民大学，现任黑龙江大学副校长、教授，并任黑龙江省社会科学界联合会主席。1986 年获"国家级有突出贡献的中青年专家"称号。他是中国生产力经济学的主要创立者之一。经历十余年的苦心钻研,完成了生产力经济学"三部曲"创作:1987 年出版《生产力经济学原理》(获孙冶方经济科学著作奖);1991 年出版《当代中国社会生产力考察》;1993 年出版《适度经济增长的理论与对策》。目前他以"拼将余生著新说"的精神,撰写《中华民富论》一书。

1. 熊教授,你在中国社会科学界素以"标新立异"著称,请你谈谈对目前经济生活中一些热点问题的看法。

答:谢谢同行们的夸奖,"标新立异"应是有作为的学者的本色。科学总是通过一代一代人的标新立异而发展的。

说到经济生活中的热点,大概首先要数"市场经济"这个主题。经济学家有责任向社会说明,中国必须彻底扬弃计划经济旧体制,不失时机转向市场经济新体制。

我在近期的一些论著中再三指出,苏联解体主要不是输在政治上或军事上,而是在和平经济竞赛中败下阵来。以原苏联为代表的计划经济模式,违背等价交换的利益机制,挫伤了社会主义国家大多数成员的积极性,阻碍了社会生产力发展。"两低"(低效率、低效益)是这种体制的不治之症,使国家和人民长期处于贫穷状态。

2. 计划经济难道没有它的历史价值吗?

答:回顾一下十月革命以来的世界史,可以清楚地看到,在长达半个世纪的战争和冷战时代,计划经济充分发挥了它的优越性,它可以在短期内实现大规模的资源配置,有效地达到某种特殊的政治、军事目标。但是,把它用于和平时代,那就出问题了。在 80 年代末 90 年代初,苏联、东欧诸社会主义国家纷纷瓦解之际,中国为什么岿然不动呢?就是因为中国进行了十多年的改革,开始转向市场经济,赢得了初步的经济繁荣。

3. 为什么我国经济改革的目标是建立社会主义市场经济呢?

答:世界上并不存在资本主义性质的市场经济与社会主义性质的市场经济。市场经济是一种中性的资源配置方式。那么,为什么中共十四大文件规定:中国经济改革的目标是建立"社会主义市场经济体制"呢?我认为,这是向全世界声明:中国是在坚持社会主义制度的前提下转向市场经济。这样,我们面临来自三方面的挑战:

　　——"正统的马克思主义者"认为，社会主义的本质特征是计划经济，市场经济就是资本主义。持这种观点的同志未必在一年半载内就真正把几十年的信条放弃了。

　　——苏联东欧的一些改革理论家，现在也因这些原社会主义国家改革的失败，而得出结论说社会主义条件下没法搞市场经济。任牛津大学客座教授的布鲁斯先生，是东欧改革的理论家和先驱者，他曾忧伤地对我说："东欧改革失败了，现在是改变制度，这是不可避免的。"他所谈到的"改变制度"指的是，1989 年东欧剧变、苏联解体后，这些原社会主义国家实施的以产权私有化为基础的改革。

　　——包括美国哈佛大学教授萨克斯在内的西方人士一向认为，只有西方资本主义市场经济成功的经验，以及社会主义计划经济失败的教训，"第三条道路"是没有的。

　　以上情况表明，中国要在坚持社会主义条件下搞市场经济，的确是前无古人的伟大创举。

　　4. 人们更为关心中国怎样向市场经济过渡？萨克斯的"休克疗法"在中国是否行得通？

　　答："休克疗法"是一种可供选择的改革方式。波兰在 1990 年 1 月 1 日开始采用"休克疗法"，其中一个重要条件是需要有大量的外援，据悉，波兰改革从西方得到 10 亿美元的援助。

　　但是我认为，中国应采取"针灸疗法"，即渐进式的改革方式。因为，中国是一个拥有 11.7 亿人口的大国，不可能靠外援改变短缺状况；再者，中国各地区经济、社会、文化条件差别很大，发展很不平衡。这些都决定中国的改革只能慢慢干，不可能一蹴而就。而中国向市场经济过渡面临的许多难题，也只能采取渐进方法去处理。例如：

　　——国有大中型企业目前缺乏活力与市场经济的矛盾，是向市场经济过渡必须妥善解决的第一大难题。

　　对于国有企业的改革，不能回避产权改造。股份制是改造国有制产权的一种好办法；但是，要把数十万大中小国有企业的一半改造成股份制企业，至少要花费 10 年、20 年工夫。众多经营状况不佳的国有企业难道能长期等待吗？我历来主张，拍卖一批，或卖给本企业职工，实行合作制（报刊上称作"股份合作制"），或卖给个人，成为私人企业；租赁一大批，即把国有资产有偿租给企业使用，按利率收取费用，由企业自主经营，自负盈亏，企业盈利除缴纳税、费外，形成属于企业法人所有的资产。否则，国有资产者相互参股又有什么实际意义呢？采取这些改革措施后，国有资产由实物占有变成价值占有，变死钱为活钱，可以利用控股的方式更好地发挥它在国民经济中的主导作用。当然，应当着力办好一批国有企业甚至国营企业，目前应包括这样三类：非营利性公用事业、有代表性的高技术产业、超大型企业。

——庞大党政及关于市场经济的矛盾。看来，不大量精简机构，空喊"转变政府职能"是行不通的。如今，民众对贪污、受贿一类的腐败现象极端不满。这是两种体制并存、庞大官僚机构对市场经济的必然反应。因为，计划经济部门有"权"，市场经济单位有"钱"，市场经济要发展，在许多方面要得到计划经济部门的批准就要发生许多"权与钱的交易"。消除腐败的办法甚多，但根本的一条是尽快消除"权钱交易"的基础，用适应市场经济需要的机构去管它。中国能否完成改革的大业，在很大程度上取决于"精简机构"。

5. 目前，人们很关心经济发展是否"过热"的问题，听说熊教授刚刚出版《适度经济增长的理论与对策》一书，请你也谈谈看法。

答：要客观、正确判断经济形势，首先要扫除一个大的思想障碍，即判断经济发展是否过热，同是否拥护改革风马牛不相及。我早在1989 年前就提出"结构优化的适度经济增长"理论。近作根据大量统计资料分析，得出这样的结论：中国国民生产总值年增长率在 5% 以上10% 以下为"适度"。如今，国民生产总值年增长率在 10% 以上，资金极度紧张，物价上涨率过高，货币贬值率也很大，交通、原材料等基础产业显得十分不足。这样，经济"紧运行"对经济改革是很不利的。所以，我主张，战略指导方针应强调"结构优化的适度经济增长"，在具体措施上应用市场经济的办法慢慢降温。总之，我主张改革要坚决，发展要稳健，在形势大好的时候尤其要慎重。

原载 1994 年 4 月 1 日《经济日报》

生产力三部曲与适度经济增长论

《经济学消息报》记者

近日，本报记者专访了刚刚从台湾讲学归来的我国生产力经济学研究会副会长、黑龙江大学教授熊映梧老先生，承蒙他对生产力经济学及经济增长速度问题坦率地回答了记者的提问。

1. 问：听说您新近完成了"生产力三部曲"的创作？

答：是的。从 1980 年发表《经济科学要把生产力的研究放在首位》开始，历经 14 个寒暑的努力，终于完成了"生产力三部曲"的创作。我主编的这三部曲是：《生产力经济学原理》（黑龙江人民出版社 1987 年版，获 1988 年孙冶方经济科学著作奖）、《当代中国社会生产力考察》（国家社科七五规划重点研究课题，人民出版社 1990 年版）和《适度经济增长的理论与对策》（国家社会科学基金资助研究项目，黑龙江教育出版社 1993 年版）。

2. 问：古时候考状元也不过是"十年寒窗苦"，您这比考状元还辛苦哩！

答：不仅仅是辛苦，而且还要冒风险。有些人把我们开创生产力经济学这门新科学，视为"异端邪说"。至今，有的学界衙门还不承认生产力经济学是一门二级学科，不准招收这个学科的研究生。所以，我曾大胆地把马克思那段名言修改为：社会科学的道路是崎岖的和危险的，只有不辞劳苦和敢冒险的人，才有希望达到光辉的顶点。

3. 问：现在已经在中央文件中确认，社会主义社会的根本任务是解放生产力和发展生产力，还有什么理由反对或忽视生产力经济学呢？

答：自从党的十三大、十四大确立生产力标准，把发展生产力规定为社会主义社会的根本任务以来，生产力经济学日益受到社会的重视，并影响到经济决策。这门新科学在于光远先生的倡导下，经过全国一批中青年学者的共同努力，现已初步建立了一个理论体系，而且以其"新、实"的特点引人注目。所谓"新"，就是反映新时代的需要和现代科学的成就，不是从故书堆里寻章摘句，炒现饭；所谓"实"，就是密切联系经济生活，不是做空话连篇的文章，而是实实在在地研究问题。例如，我主编的三部曲，有理论分析，也有现状考察，对策研究。

4. 问：您到过很多国家讲学、考察，听说国外很重视生产力研究？

答：借改革开放的光，这十几年有幸到北半球 11 个国家及我国香港、台湾去看看。的确，他们很重视研究生产力，如新加坡、我国香港、我国台湾都有"生产力中心"（Productivity Center），去冬，我在台湾拜访了那里的"中国生产力中心"（CPC）。那是一个拥有 300 多员工、包括大批管理专家的财团法人机构，被誉为"推动台湾产业转型升级的火车头"。CPC 的总裁石滋宜博士，是台湾公认的"企业自动化的先驱者"。CPC 在台湾经济腾飞中立下了汗马功劳，受到普遍的尊重。其他如中华经济研究、台湾经济研究院等实力雄厚（华院的基金是 10 亿新台币）的研究机构，也都花大力气研究经济成长模式及速度一类具有重大理论意义和实践意义的课题，很少搞"经济哲学式"的空泛议论。

5. 问：您的新作不是叫作《适度经济增长的理论与对策》吗？记得 1985 年 7 月 8 日《人民日报》发表了您那篇广为传播的论文《"翻两番"的经济学思考》，就提出了"适度经济增长"的观点，请您结合当前的经济状况再谈谈这个问题。

答：在 80 年代中国经济飞速发展时期，不少有识之士先后都论及"适度经济增长"问题。如宋则行教授、王积业教授、吴敬琏教授等。我在新作中，从历史经济、理论分析和统计测算等多方面系统论述了这个问题。我认为，这不仅是一个重大的理论问题，也是当前亟待解决的一大实际问题。

6. 问：对这两年的经济形势众说纷纭，提出的对策也大不一样，您怎么看？

答：我认为，这两年 GNP 的年增长率达到 13% 左右是快了。我不认为这是经济运行的正常状态，绝不能继续下去。我们正处于转制时期，经济运行机构很不健全，如对投资膨胀就缺乏有力的约束机制。若是现状都很正常，那有什么改革的必要呢？只要认真分析一下目前"高速低效运行"的实际状况，自然会得出合乎逻辑的结论：目前经济运行很不正常。

7. 问：能否确定一个"适度经济增长率"呢？

答：可以，我在新作中，根据历年的统计资料，以及我的两位助手孟庆琳先生和许正卿先生运用模型所作的测算，并参照世界银行历年发表的《世界发展报告》的数据，我们得出的结论是：

中国的国民生产总值及国民收入年适度经济增长率在5%—10%区间；若以7%—8%为中心，则波动的幅度以7%—8%正负2个百分点为宜。

我们在《当代中国社会生产力考察》一书中分析了新中国40年经济运行的特点，指出：创造了少有的高速度，但是经济运行的轨迹显示很大的波动性、跳跃性。如社会总产值的年增长率，1958年高达54.8%，1961年是-35.6%，波峰与谷底相差90.4个百分点。40年算一算总账，1953—1978年的26年间，国民生产总值年增长率为6.2%，1979—1988年10年间为9.6%，均未超出我们给定的5%—10%的区间。显然，盲目地受适度经济增长规律支配，要付出巨大的学费；而自觉地遵守这个规律，则可以保持经济的稳定增长，取得良好的经济效益。

8. 问：经济增长是否过快，有无什么警戒线呢？

答：有。根据国际经验，特别是我国台湾与巴西的对比，可以看到，有两条明显的警戒线：通货膨胀率和内外债务额度。经济学的常识告诉我们，经济高速增长需要高投入，高投入需要的巨额资金从而筹措？纵观第二次世界大战后各国经济腾飞的历史，不外乎两种途径：

一种模式——日本、我国台湾，主要靠企业的高效益、投资的高回报率积累高投入的资金。如我国台湾80年代GNP年增长率达到8%以上，而通货膨胀率仅2.9%，外债甚少，外汇储备达800多亿美元。

另一种模式——巴西、墨西哥，靠大量借外债极高通货膨胀来维持高速增长。现时，巴西的外债已高达1300亿美元，通货膨胀率也高得惊人，难以为继，这种做法已为世人公认不可取。

9. 问：我国现时高速增长是否已接近警戒线呢？

答：正是。拿1993年来说，GNP年增长率大约是13%，是否过快呢？孤立地说，难以判断。同几项主要数据比较一下，事情就清楚了。我国尚无通货膨胀率的统计数据，但从正相关的几项数据看，零售物价指数上涨大约13%，35个大中城市零售物价指数上涨约13%，工业品出厂价格指数上涨约20%，可以断言，我国1993年通货膨胀率已是两位数。这也从存款利率10%以上得到印证。两位数的通胀率就是警戒线。

再看看债务，据前不久的国际商报报道，1993 年累计外债 800 多亿美元，内债 400 多亿元人民币，已占 1993 年 GNP 30000 亿元的 18.7%（按现价 1 美元 = 8.7 元人民币计算），已大大超过债务占 GNP15% 的警戒线。

10. 问：在结束此次访问时，您还要强调什么呢？

答：我想再强调五点。

第一，"发展是硬道理"，但是绝不能理解为"越快越好"。应当把"加快发展"限制在"适度经济增长"的区间，以经济效益高低作为评判优劣的标准。

第二，应主要依靠提高现有企业的效益和投资回报率，来积累高速经济增长所需要的大量资金，不能靠大量发钞票和借债。

第三，可以把通货膨胀率（力求限制在一位数）和债务额度（限制在 GNP 的 15% 以下）作为警戒线，一旦高增长突破了两个警戒线，就必须刹车。

第四，中国各地区经济发展极不平衡，东南地区可能快些，内地可能慢些，不能要求东中西三个经济地带按同一速度发展。

第五，我国正在向市场经济过渡，在经济发展速度的宏观调控上，也应靠市场机构来运作，不可再用计划经济的老办法去管。

1994 年 4 月 24 日

第八章　社会主义市场经济与国有企业改革论

熊映梧教授关于社会主义市场经济和国有企业改革的理论创新占有极其重要的地位。除他的几十篇原创性学术论文之外，还有以其小整合、中整合、大整合为重要特征的三本学术专著。

一是《市场经济与国企改革》（黑龙江教育出版社 1996 年版）；

二是《跨世纪的难题：中国国企改革》（湖南出版社 1996 年版）；

三是《中华民富论·改革篇》（江苏人民出版社 1998 年版）。

这三部著作是继熊映梧"生产力三部曲"之后又一具有重大系列创新价值和实践意义的关于社会主义市场经济与国有企业改革的"三部曲"。

一　社会主义市场经济与国有企业改革"三部曲"概论

（一）第一部曲：关于《市场经济与国企改革》的整体研读和简评

熊映梧教授在《市场经济与国企改革》序中说：《市场经济与国企改革》是我的第四部文集，收录了 1993 年以来写作的 21 篇论文。这部文集一如既往，保持了"标新立异"的学风，立足于中国，研究改革发展中的一些重大理论和现实问题。

其一，着重研究了中国从计划经济向市场经济过渡中，面对的理论课题和实际问题。

其二，国有企业改革，是本书的一个重点。《国有企业的出路：少数按照现代企业制度重组，多数民有民营化》《国有企业改革的新思路》《国企改革与解放生产力》等文，明确提出了一种新思路：通过改革，保留少数国家独资公司，或国家控股公司，让多数原先的国企从国有制束缚中解放出来，走民有民营的新路。

其三，从市场经济的新格局着眼，论证了非国有经济大发展的必然性，指出了市场经济的主体应是非国有经济（其中大量是合作制经济或股份合作制经济）。

其四，提出了"公民产权本体论"，从理论上阐明了基本产权形式只有两种：国有制和个人所有制。传统马克思主义观点是把古已有之的国有制，美称为"全民所有制"，并且奉为"公有制的最高形式"，在苏联建立了一个以国有制经济为基础的"国家社会主义"。苏联、东欧诸社会主义国家的瓦解，宣告了国家社会主义模式的失败。我主张以公民产权为基础，去重建一个"人民社会主义"，把国企改革同选择什么样的社会主义模式联系起来，这正是本书的一个突出的新观点。

此外，根据三次访问台湾地区的亲身感受，写作了《中国大陆与台湾经济高速成长的比较分析》《海南与台湾产业政策的比较分析》等，提出了发展中的若干重大理论问题和实际问题。

本书最后一篇文章《读〈建议〉的理论思考》，综合阐述了我对改革与发展的"两个转变"和"两大问题"的基本观点，也可以算作《市场经济与国企改革》的总结。

我曾在 80 年代"关于《资本论》是否有历史局限性"的辩论中，强调指出："只有空前的佳作，没有绝后的天书"。我也用这个观点看待自己的作品，主观上总是努力使后问世的著作多少要超过以前的水平。

这部诞生于 20 世纪 90 年代的学术名著，经过 18 年跨世纪的风雨洗礼和重大考验，更加彰显和充分发挥出它的理论光芒、时间价值和时代意义。其中最为突出的是它的总论。我的经济改革观。再加上它的市场经济观、结构优化的适度经济增长观、生产力发展首位观、马克思主义发展观、公民产权本位观和中华民富观等，共同构成熊映梧关于改革、开放、发展的立场、观点和方法，全部提升到了经济哲学的高度和追求客观真理的高度。

（二）第二部曲：关于《跨世纪的难题：中国国企改革》

熊映梧教授写道：本书采用"国企"的概念，并非节省笔墨，而是因为现实的通行的"国有企业"的称谓，不能反映真实情况，甚至造成一些误解。古云，名不正则言不顺，言不顺则事不成。所以，本书从"正名"开始，阐述作者对一个"跨世纪的难题"的系统见解。如同我的前几本专著一样，本书仍然不是代圣贤立言，也不是注释现行政策，或者单纯介绍中外名家观点，而是立足于本国，探讨中国改革、发展中的新问题，为人民富裕、国家强盛略尽绵薄之力。我的这个愿望也许是不自量力，但鄙人宁可在艰险的科学道路上奔波终生，甚至跌得鼻青脸肿，也不愿意舒舒服服地坐在书斋里咀嚼前人的成果。

一是国营企业改名为国有企业意味着什么？在新中国成立后30多年的历史中，由国家投资兴办、国家经营的企业，定义为"国营企业"并载入《共同纲领》《宪法》和许多法规文件，一度还把国营企业划分为中央直属的国营企业与地方的国营企业，如"一五"时期，中央政府集中财力兴办了156项限额以上的大型企业。同时为发挥地方的积极性，由各地方政府利用自己的财政及地方资源兴办了许多中小型的地方国营企业。

过去，我们把政府办的企业叫作国营企业，是符合国际惯例的。因为，就企业的本性而言，是按照经营模式分类的。从历史上看，企业经营模式经历了如下的变化：个人业主制—合伙制—公司制—包括有（无）限责任公司、股份有限公司。就现状而言，世界上各国都只有两类企业：国营企业（国家投资公司或国家控股公司）和民营企业（公司制、合伙制、个人业主制均有）。近几年，一改过去习惯了的"国营企业"名称，叫作"国有企业"，难道发生了什么实质性的变化吗？我看没有。改革16年，主要是体制外改革，对于计划经济体制的微观基础——国有企业（国营企业）只做了一些小改小革。放权让利也好，经营承包也好，都没有改变国有企业对政府的依附关系，政府捆绑企业的"紧箍咒"也未消除。

由于"国有企业"名不副实，实际上已经变成了民有国营企业，据戴相龙谈：到1994年年末，城乡居民的金融资产超过3万亿元，其中储蓄2.3万亿元。国有企业负债，是通过国家银行，间接地向城乡居民负债，就是说，相当多的国企，是通过国家银行借老百姓的钱办的。这类企业或是"民有国营企业"（负债率100%以上的"国有企业"），或是民有资本占多数的企业（负债率在50%以上100%以下的"国有企业"），应该如实地叫作"民有国营企业"或"民间控股的国营企业"。这类特殊的企业，大约占目前中小型国有企业的多数。

综合上述三类企业，冠之以"国有企业"的称谓，与现实情况是多么不符。因此，本书不愿采用名不副实的概念。本书采用"国企"的模糊概念，以涵盖上述各类与国家有关的企业，作为本书的研究对象。在以下的叙述中，除了引文中还将出现旧的国营企业，国有企业概念之外，一律使用"国企"的新概念。

二是跨世纪的新情况、新挑战。本书的书名《跨世纪的难题：中国国企改革》其含义有两层：其一，我们正处在 20 世纪即将结束，21 世纪就要来临的历史转变关头。我们应当面向 21 世纪来考虑国企的命运，安排国企的改革……可以毫不夸张地讲，不对国企改革采取积极的态度、有效的对策，恐怕是很难跨进 21 世纪的；即使挤进了 21 世纪，在更加激烈的经济—科技国际竞争中，中国若仍然背着一大批负债累累、效益低下的国企包袱，怎么能立于不败之地呢？……其二，国企改革是号称"第二次"革命的全面改革中最为艰难的事业……由于四个方面的重要原因，中国国企改革自然有一个"摸着石头过河"的较长过程。

1988 年在纪念改革 10 周年时曾发表了一篇论文《中国改革的理论思考》，指出了中国改革的长期性，不赞成一些乐观的预期（如预计 90 年代中期建立市场经济体制）认为本世纪末只能建立亚市场经济体制，到下一世纪二三十年代才能建立完善的市场经济体制。这个观点也适用于国企改革。所以，本书才叫作"跨世纪的难题"。在这个大题目下，从理论、对策、历史的纵向考察、现实的横向比较等，各个角度，探讨国企改革面临的难题。既然是"跨世纪的难题"，仁者见仁，智者见智，改革方案也是多种多样的。本书抛出一家之言，希望它成为一块引玉之砖，从而推动对国企改革的研究。

三是写作本书的宗旨和方法。简单地讲，写本书的宗旨是寻求真理，而不计毁誉得失。我很赞赏岳麓书院一副对联的三句话：

是非审之于己　毁誉听之于人　得失决之于数

作者从事经济学的教学与研究工作四十多年，经历了痛苦的反思过程。在《我的经济观》一文中描述了这一过程：

"模仿—彷徨—彻悟—创新"，大致勾画出了治学道路。正像《理论经济学若干问题》的后记中写的：50 年代前期刚刚步入经济学界，完全是照抄照搬苏联政治经济学教科书，可以说没有自己的独立见解……但是受到十一届三中全会精神的鼓舞，我拿出"拼将余生著新说"的劲头，在经济学界猛冲猛打了十余年。扪心自问，我觉得自己无愧于一个正直的经济学家的称号……如果从全民族的视角，历史的高度来看，我深深感到内疚：为什么中国这样一个文化悠久的头号大国却出不了具有世界影响的大经济学家呢？人类学家麦克斯·格拉克曼说过："科学是一门学问，它能使这一代的傻瓜超越上一代的天才"。中国数以万计的经济学者为什么不能超过上一代的天才，创造出可以同亚当·斯密的《国富论》、大卫·李嘉图的《赋税理论》、卡尔·马克思的《资本论》相媲美的巨著呢？

科学发展史表明，每一位伟大的科学家以其卓越的贡献，在历史的长河中树立了一座座里程碑，但是，谁也未曾达到终点。一代代杰出的经济学家接力赛式地不断发展经济科学，但是，谁（包括马克思）也没有穷尽真理。科学史上不乏空前伟大的佳作，但是绝无绝后的天书。

总之，《资本论》的原理要发展，马克思主义的一切原理都要发展。发展意味着不断总结新的经验，修正完善已有的结论，并且不断增添新的内容，不断创立新的学科、新的学派。共产主义的伟大事业，亿万人民的伟大实践，将产生更多的杰出科学家、思想家，工人阶级的理论体系不是趋于僵化、贫困化，而是日益丰富化、多样化。

概述十多年前的这场学术风波，用意是"温故知新"，在今后的学术研究中更加坚定不移地探索真理。这正是本书的一个鲜明的特点。

在《跨世纪的难题：中国国企改革》这"第二部曲"的《后记》中，熊映梧说：写完这部书稿的时候，聊以自慰的是保持了"熊氏风格"，即敢于讲真话，勇于探求真理。一位老学者曾批评我说："熊映梧就爱标新立异"。我高兴地接受这个批评，并引以为荣。我认为，科学总是通过一代又一代学者们的标新立异而向前发展的。如果几千年只念一本经，如中国封建社会流行的所谓"半部《论语》治天下"，那还有什么科学？我写这本书是希望自己有关国企改革的"标新立异"之见解，为人们所接受，帮助决策层解决国企改革中的困难。至于人们是否接受，是否会招来什么无妄之灾，对于我这个"看破红尘心无累"的人来说，那是无所谓的。我尝以"曾经沧海不怕水"的态度，对待接二连三的不公正批判，如1983年提出《资本论》也有历史局限性、马克思主义要大发展的观点，就遭到了一场"国家级"的批判。可悲的是批判者及被批判者均还健在，批判声犹如在耳，历史已经宣判了批判者的谬误。如今，有几个人还怀疑马克思主义（包括基本原理）要大发展呢？我写了一首打油诗以自勉自慰：

年近古稀欲何求，标新立异屡碰头。毁誉得失身外事，我行我素写春秋。

在这本书中，我引用了刘常勇、孟庆琳、王忠民诸位教授的研究成果，我将充分尊重他们的知识产权。对于大力帮助我出版发行此书的曾赛丰先生及其湖南出版社谨表示诚挚的谢意。

熊映梧
丙子仲夏于北国冰城

（三）第三部曲：关于《中华民富论——改革篇》的部分研读和简评

1998 年 1 月江苏人民出版社出版的《中华民富论》是一部具有独创价值和鲜明时代意义的巨著，也是熊映梧教授所有名著的集大成。全书包括：序、历史经验篇、改革篇、发展篇、反思篇，下属十二大专题。其中，改革篇有中兴之路：从计划经济转向市场经济；公民产权本体论与共同富裕的社会主义；国企改革与社会主义模式的转换。这都是社会主义市场经济与国企改革论（或改革观）的核心课题，也是社会主义市场经济与国企改革发展的顶层设计及其根本建设。

二 国有企业改革与解放和发展生产力论

熊映梧教授说：我国经济改革的基本内容，是从计划经济的旧体制过渡到市场经济的新体制，从而解放生产力和发展生产力。中国改革进入第 16 个年头，国有企业要不要改革，这个不成问题的问题倒成了争论的焦点。这是值得人们关注的一件大事。本书的观点是：国企改革是经济改革的关键；国企必须大改，才能大大地解放生产力和发展生产力；国企改革的思路是，少数国企按照现代企业制度重组，多数国企逐步民有民营化。

（一）新旧体制转化中的中国国企，是计划经济体制的一个事物的两个侧面

计划经济的基础，或说它的"载体"是千千万万个国有企业，其上层建筑是庞大的官僚机构。计划经济与众多的国有企业和庞大的官僚机构，形成三位一体的相互紧密依存的利益群体……如果对千千万万个国有企业不能触动，对庞大的官僚机构不改革，所谓"从计划经济转向市场经济"将流于空谈，很可能出现不堪设想的后果，使民众失去对社会主义的信心。

20世纪社会主义的历史表明，以国有制为基本形态，以计划经济为资源配置方式的社会主义模式，并不能真正为民众谋福利。我提出了"公民产权本位论"的另一种社会主义模式。资本主义制度的弊端在于少数人富，多数人穷，两极分化。20世纪的社会主义实践提供了一个十分重要的教训：在大家都是无产者的基础上，只能建立一个没有生命力的穷社会主义，最终不可避免地要垮台，只有当全体社会成员都有财产，才能建立一个共同富裕的社会主义。

（三）国企大改才能更好地解放生产力和大力发展生产力

国企改革走过了"放权让利"和"经营承包"等政策调整阶段，进入了"制度创新"阶段，碰到了三大难题：一是沉重的债务负担。据悉，国有资产负债率已高达79%，而且还有日益增多的趋势。二是远远超过企业负担能力的社会负担。据黑龙江省一位主管工业的副省长谈，该省社会负担每年支出约100亿元，超过该省的一年财政收入。三是多余职工的安置问题。若按20%—30%的比例计算国企的多余职工，即隐性失业者，绝对数高达2000万—3000万人……

总之，不按照社会主义市场经济体制的要求，改造计划经济时代遗留下来的国企，很大　部分生产力就不能解放和发展，我国改革的目标就不能实现……

当一些人大讲国企的巨大作用时，我们有理由提出这样的问题：若按照现代企业制度重组，避免了上述种种弊端，从而解放这部分巨大的生产力，岂不是使国企发挥更大更有益的作用吗？

（二）国企改革的新思路

改革16年来，国企改革明显地落后于其他方面的改革，盖源于改革的思路是要维持计划经济时代形成的国企大摊子不放。我提出国企改革的新思路，就是放弃上述计划经济时代的旧观念，按市场经济观念重新考虑国企改革问题。理论界有两种对立的观点：国有制与市场经济难以兼容；国有制可以同市场经济相结合。我的观点是居于二者之间，市场经济绝不可能以国有经济为普遍形态和基础，而可能容纳少量国企，社会主义市场经济也不例外。建设由中国特色的社会主义，首先必须从中国的实际出发。国企改革的出路，也必须从国力出发。实有国家资产只有9000亿元，那就量力而行，缩小国企摊子，集中国家财力，少办，办好。

总之，在社会主义市场经济体制中，国有经济不可多，国有经济不可无。国企改革的基本方针应是：少数国企按照现代企业制度重组，多数国企民有民营化。

三　国有企业改革与公民产权本位论

邓小平针对"穷社会主义"的历史教训，明确指出："社会主义的本质是解放生产力，发展生产力，消灭剥削，消除两极分化，最终达到共同富裕"。"公民产权本体论"的创立者熊映梧写道，由此引申出了又一个基本理论问题和重大实际问题：社会主义要求什么样的产权形式，才能解放生产力，促进生产力顺利发展，较快地实现"共同富裕"的伟大目标。我的回答是：公民产权本位论。

（一）20世纪社会主义实验的历史教训

1917年十月革命，开创了社会主义的新时代。可惜在1974年后，超级大国——苏维埃社会主义共和国联盟毁于一旦，在20世纪四五十年代东欧建立起来的一大批社会主义国家也纷纷垮台。这些社会主义国家失败的历史教训是什么呢？我们这代人对此必须作出正确的回答，对后代有一个负责任的交代。

联合无产者闹革命，有成功的经验；但是，在革命胜利后，试图在大家都是无产者的基础上建设社会主义，只能孕育出来一个畸形儿——穷社会主义。也就是说，把少数人富、多数人穷的旧社会，变成一个大家穷的无产者社会，并不能达到共同富裕的社会主义目标，只不过是使贫穷普遍化而已。穷，几十年一贯制，这正是苏联、东欧一批社会主义国家破产的经济根源。

有一个根深蒂固的传统观念：社会占有生产资料，国家垄断财产，才能为全民造福。所以，正统的马克思主义政治经济学把"全民所有制"（其实是国家所有制）视为公有制的高级形式，社会主义的标志。中国流行一句违背自然规律的官话："大河有水小河满"。这就是说，国富才能民富。而20世纪社会主义的实验，恰恰提供了相反的结论。

苏联是一个与美国平起平坐几十年的超级大国。如果把它拥有的巨大军事装备也算作财富，再加上丰富的自然资源，数以万亿计的国民生产总值，可称得上是一个富国。但是，由于以下原因，苏联人民确实是地地道道的穷老百姓。这几年俄罗斯民众的困苦，正是以前积累下来的。

在苏联模式的社会主义国家里，为了管理巨大的国有资产，并按照计划经济方式运作，建立了空前未有的庞大官僚机构，以及数千万计的官员队伍。他们大量挥霍国有财富，每年国民收入都所剩无几，民众所得也就不多了。例如，中国的官僚机构及官员数量，大概可称为古今中外之最大。除了工资及各种福利待遇，要花掉上千亿的财政收入，光公费吃喝每年要花掉800多亿元，官员买小轿车每年也要花掉上百亿元……这种体制必然要把老百姓吃穷，把社会主义吃垮。可见，国富未必民富，也有可能国富民穷。这就是20世纪社会主义实验显示的一个沉痛教训。

计划经济的失败，也是以国有制为基础形态的社会主义模式（可称为"国家社会主义"）的失败。计划经济与国家社会主义是形影不离的。如今，人们对计划经济的弊端已有所认识，但是，对"国家社会主义"还缺乏了解。

（二）公民产权是社会主义社会的经济细胞

公民产权，应是社会主义社会的经济细胞。在全体社会成员均有产权，都是有产者的基础上，才有可能建立共同富裕的社会主义社会。这正是跟无产者的"穷社会主义"迥然不同的根本点。

提出公民产权本体论，是有充分的理论根据和事实根据的……如果社会主义社会的成员都拥有"公民产权"，通过"公民产权"联合形成的合作制企业、股份制企业，把广大劳动者的利益和社会利益协调起来，从而才能彻底解放生产力，实现资源的最佳配置……

熊映梧提出，创立建立"公民产权本体论"，必须破除按"公、私"分优劣、决取舍的传统观念。公有经济就一定比私有经济好吗？这个争论又得回到生产标准上来。邓小平在1992年春南方谈话提出的三条标准是："判断标准应该主要看是否有利于发展社会主义社会的生产力，是否有利于增强社会主义国家的综合国力，是否有利于提高人民的生活水平。"这同样也适用于判断产权形式的优劣。历史经验再三证明，凡是有利于解放生产力和发展生产力的产权形式，就有存在的历史权。

（三）共同富裕的社会主义社会产权结构设计

以公民产权为细胞，去构造一个共同富裕的社会主义社会，这就要把传统观念颠倒过来：不是"大河有水小河满"，而是"小河有水大河满"，民富而国更富。

可以预料：12亿人都有了财产，他们都成了纳税人（当然指其中具有公民权利与义务者，估计占总人口的70%以上），财源也就丰富了，这岂不是民富而国富？

公民产权，有两点必须加以控制：其一，公民产权的差别性，有的人财产多，有的人财产少，若任其发展，可能造成贫富两极分化；其二，公民产权的分散性。市场经济的发展，要求资本积累和经济规模扩大。因此，客观上要求分散的公民产权联合起来，形成多种多样的联合产权形式，建立合作制企业和股份制公司。如果说公民产权是社会主义市场经济的细胞，那么，联合产权乃是它的普遍形式……

以公民产权为基础，以联合产权及其组织形式，以国有产权及与其相适应的独资公司或控股公司掌握国民经济命脉，发挥宏观调控的职能，这便是公民产权本位论及其新的社会主义模式的框架。

最后《中华民富论》中公民产权本位论（观）综合论述摘转如下：

第一，马克思预测的"重建个人所有制"，应是社会主义社会里每个公民普遍拥有自己的财产所有权。这是人民解放的经济基础，是建立"自由人联合体"的前提。

第二，"聚财于国"和"藏富于民"两种治国方略的长期较量，结果证明"民富国必富"，而"国富未必民富"，甚至可能是"国富民穷"。若要实行"藏富于民"的方略，当然要尊重、保护公民产权，即以"公民产权本位论"为理论基础。

第三，社会主义国家以国有制为基础，市场社会主义则以公民产权为基础。如果维持国有制的一统天下，不管怎样包装国企，例如把国有工厂都换个公司的标牌，给党委书记戴上"董事长"的桂冠，厂长换个"总经理"的头衔，仍然无法形成市场竞争环境。我国改革业已确立了以"建设社会主义市场经济体制"为目标，这个新体制必须是以普遍存在的公民产权为基础，这是不以人们的主观意志为转移的客观必然性。

第四，穷社会主义制度下，对职工实行低工资制。如 1952—1985 年，中国全民所有制职工工资总额，在国民收入中占的比重介于 11.5%—17%；对于农民，通过工农产品价格"剪刀差"的手段，使他们长期处于低收入、低生活水平状态。如果按照市场经济规则，实行等价交换，又允许工人农民及一切社会成员涉足投资市场，获得其他途径的合法收入，那么，中国人很快就会改变无产者身份，成为大大小小的有产者。因此，"公民产权本位论"就不是幻想，而是实实在在的普遍事物。

第五，公民产权本位论绝不赞成穷富两极分化，造成分配不公，而是主张强化对公民产权的宏观调控。一是针对公民产权的差别性，通过税收和社会保障等制度，把差异限制在合理的范围之内；二是针对公民产权的分散性，通过合作制、股份合作制及股份制，把它们联合起来，形成一定的资本规模，合理地运用资本，以适应社会主义建设事业的需要。

公民产权论，是实现共同富裕的社会主义的理论基础。历史将证明它的正确性。这就是熊映梧教授在总结人类 20 世纪的宝贵实践经验的基础上，发现、揭示和得出的马克思主义中国化、时代化、大众化的关于公民产权本位论的五大"金科玉律"、客观规律、真理性的科学认识和最权威的表述。这不仅是他的重大发现、重大创造、重大建树，也是他的重大贡献、追求真理的重大成就，具有重大的时代意义、革命性作用和里程碑价值。

此外，熊映梧还全面、深刻、科学地阐述未来知识社会与更高阶段的知识产权的真理性认识。他赞同"知识将成为财富的主要形式，主要的权力"，诚如弗朗西斯·培根所讲，知识就是力量，由此便引申出来一个"知识产权"的理论和规律。它将是未来知识社会的主要产权形式和力量，由此可以得到两点结论：

一是未来知识产权将成为主要的产权形式；

二是知识产权是无法共产的，只有归个人所有，才能调动所有者的积极性、创造性，从而才能发挥其所固有的重大作用。

总之，知识产权是第一个"天赋人权"，这正是我力主"公民产权论"的根据之一。以知识产权为核心的"公民产权"将是市场社会主义的经济基础，国有产权只能居于第二位，作为人类社会调控力量而发挥有限的作用。

四　国有企业改革与社会主义经济模式转换论

（一）改革的实质是社会主义模式的转换

20世纪80年代以来，社会主义国家兴起了改革之风。改革有两种类型：一种是以苏联为代表的，抛弃了干了七十年的社会主义制度，以私有化作为改革的方向；另一种是以中国为代表的完善社会主义制度，以建立"社会主义市场经济体制"为目标模式。

我们常常使用"僵化的旧体制""充满活力的新体制"等一些模糊概念。什么是"僵化的旧体制"？什么又是"充满活力的新体制"呢？到中共十四大，这些根本性问题才得到较为明确的答复。从经济上来讲，旧体制即计划经济体制，新体制就是官方讲的"社会主义市场经济体制"。改革，即第二次革命的对象是计划经济体制，改革的目标是建立市场经济体制。由此可见，中国经济改革的实质是社会主义经济模式的转变，即把"国家社会主义"变成"市场社会主义"。

我们三令五申一定要坚持社会主义道路，如邓小平语重心长地讲的那样，但问题是：什么是社会主义？如何建设社会主义。我们的经验教训有许多条，最重要的只有一条，就是要搞清楚这个最根本、最核心的最大问题。的确，中国人讲了几十年，也干了几十年的社会主义，回过头来反思一下，却并不清楚什么是社会主义，更不懂得怎样建设社会主义。

中国人对社会主义的了解，可以概括为"四个一"，即一个主义、一个模式、一条道路和一种倾向。

一个主义：中国人主要是从苏联了解社会主义的。毛泽东讲：十月革命一声炮响，给我们送来了马克思列宁主义，这时，我们才知道有一个马克思主义的社会主义，而且长期以为社会主义只此一家，别无分号……外国俗语说，社会主义有 57 种，不知究竟哪一种才是对的。

如今，按照马克思的科学社会主义学说建立的社会主义国家，大部分垮了，少部分正在大刀阔斧地改革，同马克思预测和设计的社会主义大相径庭。

其实，马克思、列宁、毛泽东等并未完成社会主义从空想到科学的历史转变。

一个模式：是同一个主义密切相关的，中国人只知道社会主义这一个模式，即以苏联为代表的国家社会主义模式。中国改革不能顺利推进，许多该办成的事情未办成，究其原因，源于决策人有意无意地还固守着旧的社会主义模式。其突出表现就是把古已有之的"国有制"美化为"全民所有制"，捧为"公有制的高级形式"，并且给官办企业戴上了"全民所有制企业"的桂冠。我们预期，全民所有制将使劳动人民在经济上当家做主、大大解放生产力。很遗憾，大半个世纪的经济竞争表明，以国有制经济为基本形态的社会主义国家，输给了以非国有制经济为基础的市场经济国家。苏联和东欧一群社会主义国家的瓦解、蜕变，证明了一个可悲的结论。面临这样一个巨大的历史教训，难道我们不应当对国有制和官办企业进行一番认真的反思吗？

总之，国家社会主义同穷社会主义都是没有生命力的，历史已经作出了判决：它们已经寿终正寝。

一条道路：苏联、中国过去只知"计划经济"一条道路。靠计划经济体制未能实现共同富裕的目标，却培育出了一个"穷社会主义"的怪胎。如今，不管是坚持社会主义的中国，还是放弃社会主义的苏东，都从计划经济转向市场经济。

一种倾向：一些社会主义国家把马克思主义奉为国教，从而使自己思想僵化，不能接受新事物，不能及时纠正失误。我们在实际工作中早已抛弃旧的社会主义模式，由计划经济转向市场经济，但是，我们的观念却固守旧阵地。这个矛盾还能存在几天呢？"实践是常青之树，理论是灰色的"。现在必将迫使"国家社会主义"转变为"市场社会主义"。

（二）经济改革的决定性"战役"：国企改革

熊映梧教授说，《跨世纪的难题：中国国企改革》的前言首先提出了"正名"的问题，诸位专家和读者也都深明其意了吧。

一是国营企业改名为国企意味着让其名副其实。认清本质、转变观念，以利国企改革成功。并且以国企改革和转换社会主义模式，相互促进，协同改革和取得两大成功。

二是国企是计划经济的微观基础和宠儿，也是社会主义经济的主体。

三是过渡时期的国企，在新旧体制并存的大环境中，国企的地位作用，都发生了很大的变化。

四是国企改革的思路。其要点是：把国企改革作为经济体制改革的中心环节；建立以公有制为主体现代企业制度是国有企业改革的方向和目标；搞好大的，放活小的，区别不同情况采取不同办法；坚持以公有制经济为主体，多种经济成分共同发展；国家集中力量抓好1000个国有大型企业和企业集团的改革与发展，等等，其中有"邱郑方案"和"熊氏方案"，以及整体方案和"路径模式"等。

五是国企改革的难点是如何解决"过度债务"。

（三）国企改革与发展非国有经济

一个令人深思的对比是：凡是非国有经济发展快的省区，其经济水平和人民生活水平的提高就快；反之，凡是非国有经济发展慢的省区，其整体经济水平和人民生活水平的提高也比较慢。这种鲜明的对比，也可以从各个省区实现国内生产总值"翻两番"的进展情况得到证实。国企改革需要大力发展非国有经济相配合。

五 中国国有企业改革：跨世纪的难题论

（一）对国企的历史考察与过渡时期国企的认知

《跨世纪的难题：中国国企改革》指出，国有经济古已有之。早在两千多年前的春秋战国时代，中国已有相当发达的国有经济，如盐、铁的国家专营。但是，它们并非现在意义上的企业。中国真正的企业，其初始形态是在晚清洋务运动时出现的官办企业。因此，对国企的历史考察，应当从洋务运动谈起。

一是洋务运动与官办企业。1860 年（咸丰十年）到 1894 年，这 35 年在中国近代史上是一个引人注目的特殊时期——"洋务运动"时期。以恭亲王奕䜣、曾国藩、左宗棠、李鸿章、张之洞为代表的洋务派，在内忧外患逼迫下，提出"自强"和"求富"的纲领，推行新政，建立近代工业。据牟安世著《洋务运动》一书分析，洋务运动的"求富"包括这样一些内容：第一，求富在于振兴商务，借以"稍分洋商之利"；第二，求富在于开办企业，岁入财富数以万计；第三，通过经济垄断，以达求富目的；第四，先办军事工业，围绕军事工业发展更加广泛的其他工业；第五，修建铁路、发展钢铁以及纺织工业等。

洋务派在发展中国近代工业方面有一定贡献，不能一概骂倒和全盘否定。但是，付出的代价太大，所获甚小，有许多教训值得吸取和借鉴：首先，靠腐败政府办企业，只能是企业也腐败；其次，在官僚体制的控制下，官督商办企业或官商合办企业，仍然难以克服官办企业的弊病，民族资本难以成长；最后，官办企业及其变种亏了国家，肥了操办官僚，培植了中国第一批官僚资产者。回顾百年前官办企业这段历史教训，自然得出了腐败的政府办企业是不会成功的结论。

二是国企是计划经济的微观基础。计划经济与国企形影不离，计划经济要求垄断国家的一切资源，以利于它迅速实现大规模的资源配置，达到政府既定的政治目标；国有资产的法人代表是政府，企业的一切权利和命运都掌握在政府手里；企业不负盈亏责任；与高度集权管理体制相适应是一个庞大的官僚机构……

三是过渡时期的国企考察分析。中国从 1979 年由计划经济转向市场经济。估计这个过渡时期将持续到下个世纪初。这个过渡时期具有以下几个特点：第一，新旧两种体制并存，市场机制只能发挥有限作用；第二，由单一的国有制经济变成了多种经济成分并存，两种体制实施发生摩擦碰撞，权钱交易的腐败行径日盛一日；第三，宏观调控乏力，出现了令中央政府十分恼火的所谓"上有政策，下有对策"的问题。在新旧体制并存的大环境中，国企的地位、作用、风气都发生了很大的变化；国企的绝对垄断地位，国企的计划经济的微观基础和时代的宠儿，特别是众多国企债务沉重，经营不佳，亏损严重等，成了政府难以承受的重大包袱。所谓"东北现象"、"老工业基地衰败"和"必须抛弃论"，甚嚣尘上。

《中国经济大趋势1995》（刘佩琼主编，香港商务印书馆1995年版）一书对此有较为详尽的阐述。该书第二、第六部分由熊映梧教授撰稿。他指出：东北三省是中国工业化最早、工业化程度最高而闻名中外的地区，有全国最强大的机械、能源、化工、冶金等工业……岂料转向市场经济后，优势变成了劣势，辉煌变成了衰败，巨大的动力变成了沉重的包袱，造成了令人担忧的"东北现象"，一时难以扭转。我国中部的一个重工业及农林业大省的状况，也是比较典型地反映了新旧体制转换过程中国企兴衰的情景。

以上对国企的历史考察得出这样的结论：其一，中国近代官办国企遗留下来的一个很坏的传统，它不能不影响后来的国企；其二，随着计划经济制度退出历史舞台，国企必须进行脱胎换骨的改造；其三，在新旧体制并存时期，国企处于历史上最为艰难的境地，只有锐意改革创新，才有生存发展的出路。

（二）必须解决国企改革的诸多重大难点

一是尽快解决国企过度负债难题。国企改革，可以形象地比喻为"雷声大，雨点小"。何以推而不动呢？过度的债务成了"拦路虎"。不解决国企过重的债务问题，一切改革都难以进行，更谈不到成效了。首先要正视债务，敢于并善于从根本上解决债务危机。

二是尽快解决国企功能转变的难题。多年来国企改革难以推进，关键之一是国企功能转换举步维艰，"厂长与市长错位"一类问题从来未能妥善解决。"大而全"和"小而全""大锅饭"和"小锅饭""大社会"和"小社会"等，是众所周知的中国国企在组织结构和功能效用上的一大特点和最大弊端。熊映梧教授在书中列出了九大表现，剖析其深刻根源，提出了从根本上予以解决的办法。

三是尽快解决国企庞大管理机构改革的问题。熊映梧教授是很早或最早提出必须尽快解决计划经济与众多国有企业和庞大官僚机构三位一体的重大弊端的正确观点、策略和办法的经济学家。今天，庞大的官僚机构与国企改革、建设社会主义市场经济体制已经处于尖锐的对立状态，要么保留庞大的官僚机构，使改革半途而废，要么坚决革掉庞大的官僚机构，保证国企改革及全面改革顺利推进并取得成功，现在是到了必须决断的时候了。

最大的难题就是改革理论、思维理念和指导思想方面的变革。从一定意义上说，这是国企改革、经济体制改革、中国社会主义模式改革成败兴衰的首要难题。熊映梧教授在《中华民富论》中指出：对于国企改革，主要存在三大障碍：其一，是旧意识形态作祟。集中表现为坚持国家社会主义模式，拒不接受苏联、东欧诸多社会主义国家失败的惨痛教训，不接受市场经济社会主义模式。其二，是理论障碍。特别是中国特色社会主义理论，尤其是中国化、时代化、大众化的经济科学还没有建立起来。没有科学理论的指导，就不会有正确并且成功的实践。其三，是政治障碍。与计划经济体制相适应的政治体制、庞大的官僚机构，在三十多年的经济改革过程中，有什么实质性的变化呢？相反，官僚机构越来越大，腐败现象日益严重，成了最大的公害。民众最为气愤的是，莫过于党政官员把国家财产当作私产，随意挥霍，肆意侵吞……好话说尽，坏事做绝。显然，如今国企改不改革，不仅是一个重大的经济问题，而且也是一个严肃而关键的政治问题。可以断言，光搞经济改革，不搞政治改革，不革除庞大腐败的官僚机构，国企改革是推不动的。

（三）突破跨世纪的难题，保证国企改革成功

熊映梧教授极为坦诚而又意味深长地说，对于国企改革的前途，我是既不乐观，也不悲观。从历史趋势看，走市场经济道路是人类同享共同富裕的必由之路。国企改革成功是迟早的事情，20世纪完不成，21世纪总是可以完成的。从这方面说，我是乐观主义者。我相信那些跨世纪的官员会办好这件大事。

从近期看，国企改革能够顺利推进，改革成本是大是小，却是颇堪忧虑的事情。有许多变数，尚难预料。现在，常讲要统筹安排改革、发展与稳定。实际上是把稳定放在了首位。国企改革若深入展开和推进，很可能会引起一些社会动荡，如许多国企破产，失业人数增多。但是，国企若是不改，许多国企长期发不出工资，只是逢年过节送一两次"温暖"，难道能长治久安吗？改革不可能在绝对风平浪静的环境中进行。因为，改革打破了原有的利益格局，重组新的利益关系，故不可能获得全部的信任票。唯一明智的决策是权衡利弊，选择社会可以承受的改革方案，以较小的成本去实现改革目标。我们殷切期望各级决策层能够当机立断，把以国企改革为中心和重点的全面改革坚持下去，最后取得成功。

第九章　中华民富论

江苏人民出版社 1998 年 1 月出版的熊映梧的《中华民富论》封套提示本书要点：

一、富民的纲领是消灭私有制，还是"耕者有其田"和"节制资本"？

二、计划经济并非富民之道。

三、历史经验总结：不是走快了，而是走错了路。

四、21 世纪中国经济发展大趋势。

五、什么是公民产权本位论？

六、怎样才能使十几亿中国人富起来？

七、民富国才强。

八、21 世纪中国面临的最大问题是什么？如何解决？

熊映梧教授在本书写道："富民论"，是一个古老的课题，历代先进人士均做出了种种回答。但是，怎样使十几亿中国人富起来，还是一个有待探讨的新问题、大问题。

本书作者有幸参加了新中国半个世纪的社会主义试验的全过程，饱尝了几十年的酸甜苦乐，目睹了大成功与大失败，积累了洋人及青年不可能有的丰富的亲身感受，因而萌生了创作《中华民富论》的强烈愿望。我长期酝酿着这个写作计划，曾几度踌躇不前。我倒不在乎这种研究、写作活动是否合时宜，会遭到什么灾难。经过多次政治运动，特别是"文革"的洗礼，反而变得坚强起来了，我常以"曾经沧海不怕水"自诩。我担心的是自己是否有那么多的学问，能否胜任这样庞大的"写作工程"。

我给自己取了一个别号：痴生。我就愿意干一些让人认为是"傻事"、"吃力不讨好的事"而我认定是有益的学术工作。我从事教学和研究工作四十多年，有一深刻的体会：社会科学研究工作不仅是辛苦的，而且是政治风险率最高的事情（至少在中国是如此）。但是，我宁愿在艰难而充满风险的社科研究道路上跌得鼻青脸肿，也不愿舒舒服服地坐在书斋里咀嚼前人的成果。

读鲁迅《自嘲》诗，突发共鸣，我也胡诌了一首以明心迹：

年近古稀欲何求，标新立异屡碰头。

本性难移惹是非，文章执着不随流。

苦寻真理多蒙难，毁誉得失不计酬。

岂顾舆论成一统，我行我素写春秋。

这首歪诗就算作我写作《中华民富论》的态度吧！

《中华民富论》全书分为四篇，十二个问题，谈不上什么理论体系，但都是围绕着"怎样使十几亿中国人富起来"这个主题展开的。本书是作者一辈子研究成果的汇集。俗话说："爹妈不嫌孩子丑"。不管人们对它的评价如何，我都是珍惜这个几十年苦心培育的"孩子"的。因为，它终究是自己亲手创作的。

我很赞赏龚自珍的名言："欲知大道，必先为史"，所以，本书从总结近代以至新中国的历史经验入手，去寻找富民强国之路。我没有能力，也认为不应当先构建一个完整的理论框架，然后把复杂的现实硬塞进这个先验的理论体系中去。

我不赞成照搬照抄别人的东西，我们在这方面吃的苦头够多了。先是照抄苏联，现在又照抄欧美的。我认识的一位专门研究社会主义国家经济的英国博士 Peter Wood，他说：西方经济学界是"万家争鸣"，"两个经济学家在一起就有三派"，"中国人太听信西方经济学家的话了"。这个批评是中肯的。

我主张对东西方经济学各派兼容并包，充分吸取世界上一切有益的文化成果，植根于本土、创立中国自己的学派。而中国学派的创建，不是坐在书房里苦思冥想就能办得到的，而应踏踏实实地去研究中国社会生活中的重大问题，"积细流而成江河"。我愿为这条"大江大河"贡献涓涓一滴。

我还要说明一点，由于众所周知的原因，本书研究的范围仅限于中国大陆，对于中国的另一部分——中国的台湾、香港、澳门未曾涉及。

最后，我要感谢我的几位助手孟庆琳、张艺、王恺、吴国华先生，本书的一部分研究成果，是同他们合作的结晶。

对于江苏人民出版社，特别是责任编辑胡凡女士，为本书出版所付出的辛苦，表示深深的谢忱。

1999 年仲夏

接下来，编者学习、研读、评鉴和推展《中华民富论》。

一 历史经验回答了富民强国的康庄大道

熊映梧教授在《历史经验篇》导言中指出："欲知大道，必先为史。"本书从总结历史经验入手，来探讨富民的道理。

首先，对近代"富民"与"强国"两种主张作一番评述。我是一个"民富而国强"论者，主张"藏富于民"。

探索富民之道，必先弄清国情。旧中国乃大穷之国，要使十几亿人民共同富裕起来，是十分困难的事情。凭幻想决策，妄图一步登上天堂，是不会成功的。

富民的纲领是什么？历史经验证明，"消灭私有制"并不能实现富民的目标，而"耕者有其田"和"节制资本"为民众所拥护，这才是富民强国的康庄大道。

"以俄为师"，实行计划经济，这是新中国成立时的唯一选择。但是几十年的教训表明，计划经济是热战冷战时代的产物，不适合和平与发展时代的要求，绝非富民之路。

（一）对中国近代富民与强国主张的评说

本书宗旨是要探索中华民族的富民之道，自然要以史为鉴。我接受了哲学教授张锡勤的建议：不要按人物，而是以学说分类，去研究近代几种主要的、影响大的富民强国主张。我着重深入研究了中国近代史上三类富民强国之说，即农本主义、重商主义与重工主义；孙中山的民生主义。

中国是以农业社会的文明著称于世，几千年来形成了强烈的"农本主义"主流思潮，从古代到近代均奉行"重农抑商"的国策。他们认为，发达的农业才是强国富民的根本。

从传统农本主义转向近代重商主义和重工主义，是历史的一大进步。从 19 世纪下半叶出现的"洋务运动"、郑观应的"商战"、张謇的"实业救国"，等等，真是人才辈出，仁者见仁，智者见智，提出了许多可贵的富民强国的主张。从经济学的角度，我把它们分为两大类：国家资本主义和私人资本主义。

孙中山（1866—1925）倡导的民生主义，是中国近代史上最重要的一种富民强国的主张。他认为，民生问题是最重要的社会问题，民生主义是他创立的三民主义的核心。他说："三民主义就是民族主义、民权主义、民生主义，这三个主义和美国大总统林肯所说的民有、民治、民享三层意思，完全是相通的。"三民主义的道理，原来是一贯的。如果要考究它们发生的次序，世界各国都是先由民族主义进到民权主义，再由民权主义进到民生主义……孙中山认为，"民生主义就是社会主义"……孙中山在《关于民生主义说明》（1924 年）中有这样十分明确的解释："即就是非而言，本党既服从民生主义，则所谓'社会主义'、'共产主义'与'集体主义'均包括其中"，最为主要的是民生主义的两大基本原则："一曰平均地权；二曰节制资本"。

熊映梧教授在对中国近代富民强国主张作了概括论述之后发表评论：

一是不以成败断是非。经过了七十多年的曲折历程，作者深深感到，还是"平均地权—耕者有其田"和"节制资本"，是最适合中国国情的治国方略。

二是意识形态并非检验真理的客观标准。其实，从郑观应、张謇到孙中山，他们对世界潮流的了解，对市场经济的研究，绝不比后人逊色，也令后来的许多决策者自愧不如。提倡学这学那，但不应"数典忘祖"，首先要好好向老祖宗学习，学习前人苦心探索所得之真知灼见。

三是了解世界潮流和国情，是创立正确的"富民强国"主张的两个基本条件。郑观应、张謇、孙中山等人学贯中西，既明了世界情势，又深深懂得中国国情。所以，他们的主张符合国情及世界潮流，切实可行。

四是振兴经济需要全面改革相配合。当年有识之士都明确提出了政治改革的课题。通过政治改革，消除腐败，举贤荐能，建立一个贤能政府，振兴经济和富民强国才有可靠的保证。这一条宝贵经验，至今仍然是颇有现实意义的。

（二）认知国情是研究中国富民之路的起点

熊映梧教授强调，认知国情，是研究中国富民之路的出发点。但是，难点在于怎样去弄清国情。新中国历史上出现的种种重大失误，都是同忽视国情、错识国情、偏离国情密切相关的。

一是社会发展阶段具有不可逾越性和制度的可选择性。在苏联模式的社会主义国度里，长期以来形成了一种简单化的思维方式，即把多样化的大千世界和数千年复杂的历史套进五种经济制度之中，似乎古今中外都是依照"原始公社制度—奴隶制度—封建制度—资本主义制度—社会主义制度—共产主义制度"这一单线进行的。但是，这六种社会经济制度依次更替遇到了理论与现实两大难题，无法自圆其说……结果是五种经济制度更替论在它们的老祖宗那里找不到有力的理论根据，让复杂多样的历史适合简单化的理论框架，真好像"削足适履"一样。客观现实也对五种经济制度更替论作出了否定的回答，这就使得六种经济制度更替论的理论基础土崩瓦解了。

社会发展阶段具有不可逾越性，而人造的社会制度具有可选择性。因此，对于纷繁复杂的社会历史可以做多种分类：按照社会生产力的性质和水平的标准，漫长的人类历史可以划分为四个发展阶段，即原始社会—农业社会—工商社会—知识社会。我在《生产力经济学原理》等论著中，提出了"四代生产力"的理论：原始生产力、手工生产力、机器生产力和现代生产力。这"四代生产力"乃是划分社会发展阶段的客观标准。

熊映梧教授指出，有太多的教训足以证明：社会生产力的性质和水平决定社会发展阶段的规律，是谁也改变不了的铁的法则。近代东西方从农业社会向工商社会过渡，出现了两种截然不同的模式。英国模式：选择了效率第一的资本主义制度；苏联制度：选择了公平优先的社会主义制度。在此，对英国与苏联，中国作出不同的社会制度选择，作一番比较分析研究，是颇有意义的……值得注意的是，苏联、东欧一批社会主义国家在几十年后，又和平地转变为资本主义制度。这证明社会制度不仅具有可选择性，而且也有可转换性。

二是中华人民共和国成立前夕处于农业社会末期。提到新中国前夕处于何种社会发展阶段，人们或许会不假思索地回答说：半封建半殖民地社会。持这种观点的人，可以从《毛泽东选集》中找到充分的理论依据："自从一八四零年到鸦片战争以后，中国一步步地变成了一个半殖民地半封建的社会。"经济实力十分低下；技术水平呈现出以手工生产方式为主体，兼有少量近代机器生产方式的"二元结构"；基础结构很薄弱……总之，1949 年中华人民共和国成立之际，从旧中国继承下来的是一个只有少量现代工业、基本上还是古老的农业社会，只相当于西方国家第一次产业革命起步时的水平，落后于经济发达国家一百多年。

三是新中国各个时期国情判断的结论。关于新中国的国情如何科学地判断，是一个重大问题。半个世纪里，我们对此的论断，反反复复，时而比较接近实际，时而偏离度很大。大致可归纳为以下"六论"：新民主主义论；从资本主义到社会主义的过渡时期论；进入社会主义社会论；从资本主义到共产主义的过渡时期论；建设高度文明高度民主的社会主义论；社会主义初级阶段论。现在看来，我们对于国情的判断：第一，变化很大，很不稳定。第二，关于国情的"六论"，两头比较接近实际，中间几论偏离很大。第三，对国情的判断往往不是从实际出发，经过认真研究而得出的科学结论。

熊映梧强调，判断中国国情的基本依据，仍然是社会生产力的实际状况。《当代中国社会生产力考察》一书对中国社会生产力现状作了这样的判断：现时中国社会生产力具有四个特点：第一，"三元结构"生产力的特殊格局；第二，国民经济的总量大、人均量小；第三，生产力的局部先进，整体功能差；第四，在封闭系统内，中国生产力发展迅速，但同急剧变化的外部世界相比较，中国与经济发达国家的差距还很大，还落后得多。

四是中国是"封建后的社会主义"。《中国改革的理论思考》提出了一个新见解：中国是"封建后的社会主义"，这是与其他国家不同的基本国情。"封建后的社会主义"概念，没有任何褒贬之意，而是对中国所处的历史阶段的客观描述和准确定义。这个概念给人以清晰的判断：中国的社会主义不同于马克思设计的资本主义后的社会主义。中国从封建主义向社会主义过渡，绕过了资本主义发展阶段，这正是中国特色之一。封建后的社会主义的经济基础与资本主义后的发达的机器生产方式大不相同，或者根本不同。二者的重大区别是工业化、商品化和现代化，所以，"封建后的社会主义"更加需要补上这"三课"。不仅如此，封建后的社会主义，从旧社会遗留或继承下来的"三大遗产"：贫穷、愚昧、专制。这是我国实现高度文明、高度民主、高度发达的社会主义强国的宏伟目标的主要障碍，这也是中国特色之一。

综合以上对国情的分析，可以得出以下三点结论：第一，从社会发展阶段分析，旧中国基本上还是处于农业社会末期；新中国开始了大规模的工业化进程，但至今仍处在由农业社会向工商社会转变的时期，工业化尚未成功，现代化更是远期的目标。第二，从制度上来分析，中国是在封建废墟上建立社会主义制度……当务之急是发展生产力，为社会主义奠定必需的技术经济基础。第三，对中国国情的判断，应如实地定位为"正在实现工业化的国家"、"封建后的社会主义"，我们的历史任务是尽快地补上"三化"的课。因此，只能实行"新民主主义"或"社会主义初级阶段"的富民强国的纲领。

（三）富民纲领是消灭私有制还是节制资本

1949 年中华人民共和国成立之际，第一位国家主席毛泽东曾庄严宣称：将出现一个经济建设和文化建设的高潮，建设一个经济繁荣、政治民主、文化昌盛的新中国。那么，我们应当采取什么样的"建国纲领"去实现这个宏伟目标呢？是采用"耕者有其田"和"节制资本"的"新民主主义纲领"，还是"消灭私有制"的"共产主义"纲领？是以发展生产力为根本，还是"以阶级斗争为纲"？是以经济建设为中心，还是以不断变化的生产关系为中心？围绕这些基本问题，在新中国历史上出现了一波又一波激烈的斗争。闹得国无宁日，民不安生，造成了无法估量的有形损失和无形损害。我们理应认真总结这几十年的历史教训，以为后事之师。

第一，一定要走"节制资本"和"平均地权"的道路，即新民主主义的纲领。毛泽东和中国共产党在新中国成立初期奉行"节制资本"的国策，实行新民主主义纲领。1940 年毛泽东发表了《新民主主义论》，明确提出了新民主主义纲领。其中经济纲领与孙中山的民生主义是一致的。毛泽东说：中国经济一定要走"节制资本"和"平均地权"的道路，绝不能是"少数人所得而私"，绝不能让少数资本家、少数地主"操纵国民生计"，"绝不能建立欧美式的资本主义社会，也绝不能还是旧的半封建社会……"

第二，不是走快了，而是走错了路。回顾新中国将近半个世纪的历程，总结社会主义革命和建设的经验教训，可以得出两个截然不同的结论：一曰"走快了"，二曰"走错了路"，孰是孰非，这是有待严肃认真地回答的一个大问题，不仅关乎能否正确认识历史，而且更重要的是决定着今后怎么干……中共十一届三中全会以来，提倡解放思想，实事求是，通过改革开放大大地解放生产力和发展生产力，使中国发生了惊天动力的巨大变化的实践经验证明，"不是走快了，而是走错了路"。

第三，四十年回归到正确的富民之路。从 1949—1952 年实施新民主主义的《共同纲领》到 1987 年中共十三大提出"社会主义初级阶段论""建设有中国特色的社会主义"的理论和纲领，花费了四十年的宝贵光阴以及难以数计的代价，转了一个大圈子。这也许就是哲学家所讲的"否定之否定"吧："过渡时期的总路线"否定了《共同纲领》，"建设有中国特色的社会主义理论和纲领"又否定了"消灭一切私有制"的理论和纲领。最终认识到：（1）正视中国经济文化落后的基本国情，始终把经济建设摆在中心的重要位置；（2）"节制资本"，发展以公有制为主体的多种经济成分；（3）实现社会主义目标的唯一正确途径是市场经济社会主义；（4）对外开放参与国际经济贸易活动，是加速本国实现全球化大发展的必要途径。

（四）计划经济并非富民之路

首先，新中国唯一的选择是采用计划经济制度。以俄为师是中共一贯的方针；第二次世界大战后新中国只能向苏联"一边倒"；新中国只有向苏联寻求经济技术援助和学习苏联的管理经验；计划经济体制与中共的传统正相吻合；等等，唯一的出路是选择苏联模式的社会主义经济制度。

其次，计划经济理论的由来，熊映梧教授认为，就是作为"国教"的马克思主义的社会主义国家，普遍采用计划经济制度，并且把它视为社会主义制度的基本特征和优越性。这些国家的政界、学界和人民群众，数十年来一直恪守这样的信条：社会主义 = 生产资料公有制 + 计划经济 + 按劳分配。由此可见，计划经济理论是马克思主义的一个重要组成部分，是经典社会主义模式的标志之一。因此，探讨计划经济理论的渊源，应以马克思恩格斯关于未来社会的设想为研究的起点。若用 20

世纪社会主义国家的经验教训加以检验的话，可以得到这样几点有益的重要启示：历史的误会；认识的偏颇；美好的空想。由此，引起了对计划经济理论的诸多质疑。

再次，列宁、斯大林首先创建了苏联的计划经济制度。列宁亲自创建了第一个计划经济制度的社会主义国家；斯大林使苏联计划经济制度成熟化、定型化。社会生产是计划经济的物质前提；生产资料公有制是计划经济的经济前提；无产阶级专政是计划经济的政治前提。

又次，中国特色的计划经济制度表现为如下五个特点：其一，经济基础更加落后，新中国实行的可称为"原始计划经济制度"。其二，中国首先实行分两步走的国有化，然后采取更激进的方式搞公社化，急于向共产主义过渡，从而使计划经济掺杂更多的政治因素及主观色彩。其三，纵观新中国四十年经济运行的复杂历史，可以发现一种强烈的"赶超意识"贯穿于全过程……我们不得不重视中国的这一特殊国情：贫穷与巨大的人口压力。这也是促成强烈"赶超意识"的一个重要的社会条件，是"数量扩张型"经济增长方式的内在机制。其四，党政不分，造成"党强政弱"的不正常状态，从而大大削弱了计划经济的效能。其五，中国计划时期的宏观决策带有更大的盲目性，危害也更大。综上所述，我们不得不得到这样一个结论：中国特色的计划经济是一种原始的、更糟糕的计划经济制度。

最后，计划经济制度破产的原因。世界超级大国之一的苏联实行计划经济制度七十多年，为什么毁于一旦？这是一个国际性的重大热门话题。探究一下计划经济必然为市场经济所取代的原因有以下几条：第一，计划经济违背等价交换的利益机制，形成一种所谓"大锅饭"的利益格局，严重挫伤了社会主义社会大多数成员的积极性。第二，计划经济排斥竞争机制，使经济生活变成死水一潭，墨守成规。低质、低效是计划经济无法医治的顽症。第三，计划经济缺少调节供求及国民经济各方面比例关系的平衡机制，在宏观管理方面屡屡造成巨大失误，而陷入长期经济危机中难以自拔。

熊映梧教授总结说，对于计划经济与市场经济的评价，不能陷入伦理范畴的争论中去，问个孰好孰坏，谁符合道德原则、谁不符合道德原则；经济学只研究这两种资源配置方式的存在条件，对经济发展的作用。从这个角度来考察，可以得出两个为历史所充分证实的结论：

第一，计划经济是在特殊政治军事条件下产生的，在军备竞赛及战争年代，它可以存在、强化并发挥着不可代替的作用；一旦进入和平时期，经济发展成为时代主流，计划经济必然衰亡下去。

第二，计划经济不符合社会生产力发展的要求，它的生命周期是短暂的，不管人们的主观愿望与偏好如何，它迟早要为适合社会经济发展需要的市场经济所取代。

"无可奈何春去也"，计划经济制度已随热战、冷战时代过去而消失，这是不可逆转的历史潮流。

回顾新中国的历史，自然得出这样的结论——富民的社会主义目标："耕者有其田"和"节制资本"的纲领，市场经济体制，三者是不可分割地联结在一起的。

二 实现民众共富的社会主义目标靠大力发展生产力

集三四十年之历史经验，中国经济要复兴，要跟上世界迅速发展的步伐，必须坚决改革现行的体制。

"摸着石头过河"终于探明了改革之路，即从计划经济转向市场经济。中国特殊的国情给体制改革带来了许多难题，这正是本书着力研究的问题。

20世纪的试验证明，社会主义也有穷富之分，只有在公民产权本位论的基础上才能建成一个共同富裕的社会主义社会。

改革的决定性战役是国企改革。国企改革不能就事论事，必须从转换社会主义模式的高度，涉及国企改革的思路和对策。

《改革篇》的三个论题是：中兴之路——从计划经济转向市场经济；公民产权本位论与共同富裕的社会主义；国企改革与社会主义模式的转换。

《发展篇》的纲领是：实现共同富裕的社会主义目标，靠发展生产力。研究生产力的结构和运行规律是一门很有理论意义和实践价值的学问。这门新学科——生产力经济学在改革和发展时代应运而生。

要发展生产力，就需要有一个科学的发展战略，集半个世纪的教训，我国必须抛弃高速度经济发展战略，采取"结构优化的适度经济增长战略"。

展望 21 世纪，可以大致窥见未来中国经济发展的大趋势：市场化、民营化、产权多元化、农村工业化……

（一）共同富裕的社会主义的根本任务与生产力首位论

一是"文化大革命"后思考的结论是共同富裕的社会主义的根本任务是大力发展生产力。结束"十年动乱"，痛定思痛，上下总结中国几十年的历史教训时，很自然地达成一个共识：搞社会主义必须牢牢抓住发展生产力这个根本任务；否则丢掉了这个根本，光在生产关系方面"不断革命"，结果只能培育出一个"穷社会主义"的怪胎，从而失去人民的信任，导致垮台的悲惨结局。1980 年 11 月，在《认真总结历史经验，严格按照生产力发展规律办事》的学术报告中明确指出"集三十年的教训，我们的一切工作都必须抓住生产力这个根本"。

中国经济学界长期忽视生产力，或者藐视生产力。我曾指出当代马克思主义经济学者的致命弱点就是忽视生产力。身为中国的经济学家，对中国社会生产力的现状及其发展趋势不甚了解，那么，对中国经济问题有什么发言权呢？

我在经济学研究中经过近 30 年的摸索、反思，悟出一条真理，即经济科学必须把生产力研究放在首位。但是，这个新观点自然遭到传统观念维护者们的强烈反对，从而在 80 年代初引起不小的论战。在 1978 年第 11 期《经济学动态》发表的《理论经济学研究中的几个问题》一文中，我含蓄地提出："当前在理论经济学的研究中应当把社会生产力发展的规律性放在首位"。回顾"文化大革命"结束二十年来的历史，我为自己倾注全力鼓吹"生产力首位论"而创作生产力经济学的系列论著而感到自豪、自慰。

二是生产力经济学应运而生。熊映梧兴奋地说：80 年代中国经济学界的一大建树，就是在于光远先生的倡导下，经过一批有志之士的艰苦努力，创立了一门新的理论经济学——生产力经济学。这门新经济学的问世，可谓应时代的需要而生。因为，经过几十年的艰难摸索，中国人终于明白了社会主义的根本任务是发展生产力，故迫切需要有一门专门研究社会生产力的属性、结构及其运动规律的科学。1980 年在贵阳召开了全国第一次探讨生产力经济学理论的学术会议为起点，到 1990

年长沙会议，检阅十年研究成果，已出版专著几十部，论文数百篇，初步确立了生产力经济学的理论框架，并得到社会的承认，在经济决策方面已经产生很大影响和发挥了重要作用。

三是对生产力的系统分析。我们生产力经济学的一批开创者主张对生产力做"系统分析"和"动态考察"。这是生产力经济学这门新学科在方法论上的两大特色。生产力是一个复杂的经济系统。社会生产力系统的第一个特征是整体性，第二个特征是综合性，第三个特征是均衡性、比例性，第四个特征是多层次性。

四是对生产力系统的动态考察。熊映梧教授明确指出，"生产力动态考察论"，这是我在创立生产力经济学时标榜的一个新的方法。近代产业革命创造了宏伟的机器生产力，使人类社会跃进到一个新时代。当今世界正面临着一场远比前几次产业革命更伟大的新技术革命，以电子技术为首的包括核技术、航天技术、生物技术、激光技术、新能源及新材料的高技术产业群，将创造一代更新的生产力，根本改变社会面貌和世界格局。总之，当前方兴未艾的世界新技术革命将引起社会生产力的大飞跃创造出更伟大的奇迹。

五是生产力的组织。社会生产力是由多种生产要素组成的一个复杂的经济系统。如何把多种生产要素合理地组合起来，形成更有效率的现实生产力，这是一门很重要的学问——生产力组织学。即从生产因素到生产力转化的法则。生产力系统中"硬件"与"软件"的整合及其效应。当代生产力系统中软件的作用比硬件的作用要大得多，这是一种强大的智能资源。

生产力组织内涵十分广阔，如经济增长模式与经济发展战略。以上概略地研究了生产力运行的若干问题，可见生产力经济学是一门内容多么干富的科学，要想实现共同富裕的社会主义目标，就应当花大气力研究这门致富的科学。

（二）经济发展战略与适度经济增长论

关于"适度经济增长"的理论与战略建议，我在80年代初期的系列论著中再三提起并作了详细的论证。可喜的是这一见解和建议越来越受到重视和引起关注。特别是其中的《"翻两番"的经济学思考》被发表到了1985年7月8日的《人民日报》上，《宏观经济调控的重要一环：选择适度的经济增长率》刊载到《经济展望》1985年第1期，等等，其被重要报刊报道以后，得到了更大的重视和支持，开始进入决策层的视野和案头。

本书试图在已有的论著，特别是代表作《适度经济增长的理论与对策》出版发行后，有必要阐明和推行这个必须高度重视和认真对待的重大问题，并且科学回答究竟"高速度经济增长"还是"适度经济增长"是一种客观经济规律，对"适度经济增长率"给予一个科学的界定，尤其是制定出一套具有可操作性的对策，以便在实践中更好地实施"结构优化的适度经济增长战略"。首先，阐述了提出"适度经济增长论"的历史背景；其次，深刻论证"适度经济增长论"的客观必要性；再次，科学界定了适度经济增长论的标准；又次，对适度增长和高速增长两种经济发展战略作出科学的比较分析；最后，找到实施适度经济增长的机制，包括利益机制、优选机制和调控机制等等。

（三）21 世纪中国经济大趋势

熊映梧教授预测说，20 世纪末国际关系发生了根本性的重大变化：从对抗走向共处，人类将进入和平发展的 21 世纪。如今，全世界都很关注中国这个巨人的未来发展、崛起和伟大复兴。有人把中国的经济实力估计过高，拔高为世界"老三"；有人别有用心地散布"中国威胁论"；还有人对中国的前途持悲观的态度，提出了一个尖锐问题，"谁来养活中国"，等等。我们不能只听洋学者的议论，中国人应当有科学预测的能力和清醒的自知之明，对自己的未来和世界的发展作认真的研究，得出有科学根据的高水平的预测。本书对 21 世纪中国发展的走向，做出了一番概略的预测。

一是市场化。市场化将是中国经济发展的最为显著的大趋势，也是我们经济生活中最深刻的变化。人类从野蛮时代进入文明时代，有赖于农业化；人类从基础文明进入高级文明，又有赖于工业化和市场化。

二是民营化。经济市场化，必然导致民营化。从整体上说和本性上说，市场经济只能是以非国有经济，即各种各样的中外的民营经济为基础和主体的。

三是产权多元化。产权多元化是市场经济的基础和前提。从计划经济向市场经济过渡，从国家社会主义转变为市场社会主义，必然导致和发生由单一的国家所有制转变为多元化的产权制度。

四是第二次工业化即农村工业化。国家实施了八个五年计划，以推进国家工业化，而农村工业化却步履艰难进展落后。第二次工业化是农村工业化，其表现形式是乡镇企业大发展和工农城乡的整合。

五是经济增长转而追求质量。中国原是一个大而穷的国家，在经济起飞的第一阶段，自然注重经济增长的数量。在经济发展的第二阶段，是以"小康水平"和"中等富裕"为目标，必须转而重视经济增长的质量，这也是客观形势所迫。

六是经济重心西移。由于历史、地理、人文及方针政策等原因，致使中国形成了东部经济带、中部经济带、西部经济带的发展阶段和发展水平的较大差别。中国经济的进一步发展必然重心西移，这是21世纪中国发展的大趋势之一。

七是大陆与台湾、香港、澳门形成一个共同市场。大陆与台湾、香港、澳门民众，以及广大海外华人均倡导联合统一，或曰"大中华经济圈"，或曰"中华共同市场"。总之，合作皆利，分则俱损。

八是收入多元化与收入差距拉大。改革开放以来，经济多元化，产权多元化，利益主体化，导致了分配领域发生了两大变化：一是从单一按劳分配，走向按劳按资等各种生产要素分配；二是从平均主义分配，走向贫富两极化和平均主义并存的奇特格局。

熊映梧教授强调，收入多元化是经济进步的重要表现。光靠劳动收入，广大民众仍然是无产者，只能建成一个"穷社会主义"；而收入多元化，民众除了劳动收入，还有日益增多的投资收入，大家都成了有产者，在普遍的公民产权基础上，才能建成一个共同富裕的社会主义社会。

九是中国经济发展的制约因素：人口、粮食、资源、环保。人口不断增加，耕地及其他自然资源持续减少，再因片面追求高速度的经济增长，浪费资源，污染生态环境，等等，使矛盾更加尖锐化。中国进入21世纪后，将面临严重的人口和粮食问题、自然资源短缺和环境恶化问题。

十是价值观念的变化：官本位—商本位—学本位。官本位是农业社会的产物。有权（政治权力），就有地位、有财富，并且世代相传。可悲的是新中国继承了这份封建遗产，官本位更加严重。这是腐败的一种突出表现，也是社会严重腐败的根本原因。这是对改革发展的一种腐蚀剂，危害极大。"学本位"思想和观念在西方社会占上风。中国迟早也要走向"学本位"的文明，越早越快越有利于中国的发展和社会的进步。

三　有出息的经济学家应当研究中国最大的问题

《中华民富论》的最后一篇是《反思篇》，主要内容是：

在世纪之交，反思新中国走过的曲折道路，深感有重新认识过去之必要：对社会主义要再认识，对现代资本主义要再认识，对中国与外部世界的相互关系要再认识。

影响我们正确认识自己和他人的主要障碍是教条主义。"冷战"时代的结束，和平与发展时代的来临，呼唤着新经济学的诞生。未来，中国最大的问题是怎样使十多亿中国人富起来，有出息的中国经济学家应当对此作出满意的回答。

本篇有两个重大论题：一是中国与世界：对当代资本主义的再认识，对中国与外部世界关系的再认识；二是世纪之交的经济学反思。

（一）关于中国与世界的两大再认识

中国是世界大家庭的一员，我们这样一个大国要实现共同富裕的伟大目标，离不开国际市场，同与各国经济往来有十分密切的关系。

在封闭时代，中国人（特别是决策层）对外部世界很不了解，有许多意识形态上的偏见。如今，实行改革开放，就有必要重新认识现代资本主义，调整我国与外部世界的关系，以便充分利用国际资本、外国先进技术和管理办法，加速我国发展。

（二）对立转向共处：20世纪末国际关系的重大变化

1917年十月革命以来，一元化的资本主义世界一分为二，出现了社会主义制度与资本主义制度两大对立的政治势力。它们之间你死我活的政治斗争乃至武装斗争，成了国际关系的主轴。第二次世界大战结束后，按照《雅尔塔协议》（1945年）重新划分世界势力范围，形成了两大阵营——以苏联为首的社会主义阵营和以美国为首的资本主义阵营，更为深广地展开了政治、军事、经济、文化全面的争夺战。一方企图依靠"核威慑"和"和平演变"两手消灭共产主义。理查德·尼克松的名著《1999 不战而胜》（1988 年）就表达了这个战略意图。

又过去了 20 多年，现在的世界又是什么样子了呢？第一，两大阵营斗了几十年，谁也吃不掉谁；第二，新的认同："一条船"意识。正如戈尔巴乔夫讲的："尽管当代世界矛盾重重，尽管在这个世界上存在着多种多样的社会和政治制度，尽管各国人民在不同时期作出的选择各不相同，但世界是一个整体，我们大家都是地球这条船的乘客，不能让这条船翻沉。第二个诺亚方舟是不会有的。"

一方面，核武器等超级毁灭性武器的出现，逐渐使战争不能成为解决国际争端的手段；另一方面，世界各国各阶级人们开始认识到，大家生活在一个地球上，在自然开放、环境保护等领域必须合作。世界的整体性与依赖性日益突出。合作，则两利；对抗，则两损……

熊映梧在一些论著中阐述一个观点：穷社会主义是没有吸引力的，资本主义国家的"富奴隶"绝不乐于当社会主义国家的"穷主人"。

（三）对当代资本主义的再认识

对国际关系的新思维，并非主观上空想出来的，而是现代资本主义和现代社会主义的新变化的产物。过去，资本主义与社会主义两大制度尖锐对立，如今的资本主义国家和社会主义国家都可以和平共处，共同发展。因此有一个重新认识现代资本主义的问题，重新认识社会主义的问题。

重新认识现代资本主义，首先要弄清楚它处于什么阶段？现代资本主义是垂死的，还是处于成长期的？我们发现，（1）资本的社会化缓解了资本主义社会的矛盾；（2）资本主义国家通过强化宏观经济管理和健全市场机制，改变了资本主义的生产周期；（3）劳动者生活水平大大提高，中产化取代两极分化，阶级矛盾趋于缓和；（4）反垄断倾向和竞争机制强化。

人类社会数千年的历史证明一条真理：一种社会形态是处于幼年期、中年期还是衰亡期，取决于它和生产力之间的关系。当一种社会形态尚能推动生产力顺利发展时，这种社会形态就处在它的上升时期。相反，当一种社会形态使生产力停滞不前，或者发展缓慢，那么，这个社会的衰亡期就到来了。利用这种观点考察资本主义世界，我们就发现当代资本主义仍然拥有巨大的发展社会生产力的潜力。

当代资本主义国家具有最发达的生产力，仍然是先进生产力的代表者。……我们认为，还只有二三百年历史的资本主义，刚刚度过它的幼年期、青春期，而进入稳定发展的中年期。本书不是为资本主义唱赞歌，而是客观地描述现实。我们相信，资本主义制度必将被更好的社会主义制度所代替，但这是未来的事情。而且，取代资本主义制度的只能是一个具有高度的民主、更繁荣的经济、更丰富的文化的社会主义社会。

（四）中国怎样跨入 21 世纪

中国人民在 20 世纪初经历苦难，终于基本上解决了温饱问题，即以"小康"者的身份迈进 21 世纪。

我们应当怎样迎接 21 世纪呢？正确地认识自己、正确地认识外部世界，采取适应时代潮流的对策，才是明智的态度。经过半个世纪的试验，我们对社会主义有了新的认识，对现代资本主义有了一个客观的评价。在此基础上，确定中国与外部世界的关系，应遵循以下几条原则：一是尊重各国人民的自主选择，集中力量办好自己的事情；二是积极参与和平共处中的经济竞争，在国际竞争中求生存、求发展；三是增强国力，这是在国际竞争中立于不败之地的根本保证。因此，千方百计地增强国力乃是长期的根本的举国一致的首要任务。

抓住机遇，增强国力，中国就可以在 21 世纪跻身于先进国家之列，使十几亿中国人生活得越来越好。这是可能的，也是人民大众殷切希望的。

四 跻身世界先进国家行列，使中国人富起来

世纪之交的经济学反思是熊映梧教授《中华民富论》的最后一个论题。

（一）"凡是论"：奴役中国人的精神枷锁

历史经验一再证明，改革、开放、发展，必须以解放思想为先导，正是在解放思想、实事求是的正确思想路线引导下，才有了中国的改革开放和发展的新局面。新中国近半个世纪的历史，多次发生"凡是论"同"解放思想"的争论，"凡是论"是不符合马克思主义信奉的唯物辩证法的。

（二）发展还是僵化

80 年代初围绕《资本论》的一场学术论战，也是解决奴役中国人的更沉重的精神枷锁。提出《资本论》也有历史局限性，马克思主义要大发展的观点……回顾十几年前的这一场学术大论战，是颇有益处的。历史告诉人们，要改革、要发展、要前进，总是要遇到旧的意识形态的障碍。因此，思想启蒙运动总是先行一步。

（三）新时代呼唤新的经济学

现代社会主义者有两大历史任务：一是批判旧世界，消灭剥削制度；二是建设新世界，根治贫穷与愚昧，实现共同富裕的目标。

世纪之交，我们面临两大转变：从热战、冷战时代转向和平发展时代；社会主义国家从计划经济转向市场经济。两大转变要求建立一种与新时代相适应的经济学。熊映梧在 80 年代中期著的《建设新世界的经济学构想》涉及了这样一个经济学体系：以建设新世界为主题，把生产力研究放在首位，从彻底的商品经济观出发，探讨多种多样的社会主义模式，以寻求实现共同富裕目标的最佳途径。

又经过十来年的反复思考，如今，熊映梧放弃了构建新的经济理论体系的计划。因为条件不成熟……一本好的马克思主义政治经济学教科书的出版，不仅具有国内政治意义，而且具有巨大的国际意义。曾经风靡全球的苏联《政治经济学教科书》而今安在呢？随着苏联的解体，这个经济学的范本也被人遗忘了，相反地，一些专门研究本国问题的著作，由于它的深刻性、创造性和真理性却成了世界名著。

论述到这里，熊映梧教授举例说，我们认为，过去在经济学说史中对李斯特在生产力理论方面的重大贡献，评价太低，没有予以足够的重视。德国在 19 世纪可谓"后来者居上"，这里有李斯特的一份重要功劳，从而也使他的代表作《政治经济学的国民体系》成了世界名著。

如果我们中国学者把中国问题——由计划经济转向市场经济，使十几亿人民由穷变富——写清楚了，给众多发展中国家一个范例，这样著作的实际价值大概不逊于任何世界名著、任何理论体系吧！

（四）21 世纪中国面临的最大问题是什么？

熊映梧教授认为：不知从什么时候起，中国人往往把国家民族的命运寄希望于"改朝换代"。到了近代，一些先知先觉者到处寻求一种完美无缺的制度，以为只要找到了这种制度，中华民族复兴才有望，子孙万代才能过上幸福美满的生活。可是，历史总是跟理想主义者、制度决定论者开玩笑。今天，我们不能不重新考虑这个问题：中国的未来到底取决于什么？

对此，他做出如下回答：

立足于世纪之交，反思的结论是：有出息的中国经济学家要扎根本土，研究一个最艰难、最有价值的课题，即怎样使十几亿中国人在 21 世纪生活得好些。希望本书能够成为一块引玉之砖！

概括本书的基本观点包括：

第一，集半个世纪的历史经验，在大而穷的中国只能实行"耕者有其田"和"节制资本"的纲领，走市场经济的道路。

第二，必须抛弃以国有经济为基础的国家社会主义模式，建立以公民产权为主体的共同富裕的社会主义。

第三，富民的根本是发展生产力。因此，要研究生产力运行的客观规律，实行"结构优化的适度经济增长战略"。

第四，要重新认识社会主义，重新认识当代资本主义，调整中国与外部世界的关系，首先办好本国的事情，从而才能在 21 世纪跻身于世界先进国家的行列，使十几亿中国人真正富起来。

五　对《中华民富论》好评如潮

（一）《独树一帜的富民宏论》

这是黑龙江省兴龙改革发展研究院研究员宇帆的关于熊映梧新作《中华民富论》的读后感（《学习与探索》1998 年第 4 期）。他说：再一次通读著名经济学家、黑龙江大学熊映梧教授的新著《中华民富论》，高度兴奋所致，便在扉页上题写了一首七律：

行年七十欲何求，领异标新屡碰头。
本性难移寻国是，痴心不改探源流。
屈伸皆被驱穷累，进退同为致富谋。
相信明将更美好，夕阳红照写春秋。

　　先从"求"字说起。在我看来，熊先生的民富论也可以说是"求富论"，追本溯源，中华民族是颇具求富传统的。"为民求富，随执鞭之士吾亦为之"。从孔夫子的求富思想到孙中山的民生主义，充满了追求富庶的奋发精神。进入20世纪，中国人民从推翻帝制到呼唤民生，从解放区高歌中国共产党"为人民谋幸福"，到新中国成立后"歌唱我们亲爱的祖国从此走向繁荣富强"，都洋溢着求富致富的豪情壮志。

　　作为经济学家，熊映梧把陈岱孙老先生关于"经济学是致用之学，要务实"的教导作为座右铭，对我国的送穷求富，当然有着更深层次的思考和追求……

　　80年代，改革勃，人心思富，先生在他的《论穷与富》一文中明确指出："社会主义国家能不能消灭普遍贫穷的弊病，为劳动人民创造共同富裕幸福的生活，是决定社会主义成败的重大问题。""消灭贫穷，为人民建设共同富裕的新生活的伟大历史任务，已经摆在我们的面前。"人民群众伟大实践的鼓舞，党的富民政策的指引和促进，经济学家跨世纪的创作冲动，使得熊先生"拼将余生著新说"，立志创作一部新世界的经济新著的愿望得以实现。

　　《中华民富论》是作者历经半个世纪的观察和思考得出的结论，是历经数十年潜心研究和探求真理而得来的硕果，是历尽千辛万苦去寻求符合中国文化精神和现代富国富民道路而得到的巨大收获。用不着过多地讲那些祝贺之类的客套话了，面对着先生用数十年练就的高超手艺做成的这一极为丰盛的"晚餐"，我只说一句话：请读者朋友们好好坐下来，尽情地读起来，享用起来吧！

　　宇帆指出：《中华民富论》研究的是一个跨时代的大课题，论述的是一个涵盖广大、跨越时空的大主题。如何使十几亿中国人都富裕起来，如何使十几亿芸芸众生在21世纪生活得好些、更好些，从而使我国跻身于世界先进国家的行列，这的确是一个根本性的大理论问题，也是跨世纪的最大的实际问题。本书的序言开宗明义地点清主题，结尾处又首尾呼应，向中国人庄严许诺，与经济学界同人相约来共同研究和解决这个最难、最有价值的大课题，作者的赤子之心溢于言表，读后给我留下了极为深刻的印象。

（二）《探索中华民族的富民强国之路》

此为上海浦东改革与发展研究院研究员李庭辉对《中华民富论》的题目。

评论认为，作为生产力经济学新兴学科的创始人之一的著名经济学家熊映梧教授的新著《中华民富论》，其最大的特点不是从本本出发，而是从总结历史经验教训入手，立足于中国改革开放的实践，紧紧围绕着"怎样使十几亿中国人富起来"这个主题展开论述，探索富民强国之路。通读全书，颇受启发，收获很多、很大。一是创立公民产权本体论，推动国企改革与社会主义模式的转化；二是遵循生产力的运行规律，实行结构优化的适度经济增长战略；三是重新认识资本主义，调整好中国与外部世界的关系，首先办好本国的事，使十几亿中国人富起来。

此外，作者对中国 21 世纪发展面临的问题及其战略对策阐述了自己的创见，有许多重大创造和创新，值得我们重视和采纳。熊教授认为，21 世纪中国面临的最大问题不是制度问题，因为制度的作用是有限的。中国面临的更大的危机是人口危机、资源危机、环境危机和粮食危机。面临四大危机，出路何在？关键要靠科学、靠教育、靠提高民族的文化素质。有了高文化素质的人民，掌握了现代科学技术，按照文明的方式来管理我们的国家，合理开发利用资源，适度发展经济，认真治理生态环境，在宏观战略决策上避免短期行为，我们中华民族大有希望排除各种危机，走出困境，跻身于世界先进国家之列。

（三）《中华民族怎样才能富裕起来》

此为著名经济学家、中国社会科学院经济研究所研究员冒天启先生发表在《经济界》1998 年第 5 期上的对《中华民富论》的评论。他说：我一口气读完了熊映梧教授的《中华民富论》，全书透出一股"该说就说"的虎气，深深地感染了我。就《中华民富论》来说，我认为，包含有许多深邃的思想和鲜明的创见。而最引我共鸣的有三点：

一是富民纲领：消灭私有制，还是节制资本？

二是治国纲领：聚财与国，还是藏富于民？

三是对世纪之交的经济学反思。（详见本章该文的附录）

冒天启先生最后说：熊映梧教授在《中华民富论》的结尾中呼吁，立足世纪之交，凡有出息的中国经济学家要扎根本土，研究一个最难最有价值的课题：怎样使十几亿中国人民在 21 世纪生活得更好些，愿我们能够在一个民主、文明的社会环境下，完成历史赋予我们几代经济学家的社会历史责任。

附录：

中华民族怎样才能富裕起来
——读熊映梧教授新著《中华民富论》
冒天启

本文载于《经济界》1998 年第 5 期，全文如下：

熊映梧教授的《中华民富论》我一口气读了，全书透出了一股"该说就说"的虎气，深深地感染了我。

就《中华民富论》来说，我认为，包含有许多深邃的思想，而最引我共鸣的有三点：

（一）富民纲领：消灭私有制，还是节制资本？

熊教授将近百年来我国曾经有过的富民纲领归纳为两种：一是"耕者有其田"和"节制资本"的新民主主义纲领；二是"消灭私有制"的共产主义纲领。前一个纲领的代表著作是 1940 年发表的《新民主主义论》；后一个纲领是 1848 年出版的《共产党宣言》。这是近百年来对中国亿万民众发生过不同影响的两个截然不同的纲领。19 世纪中叶，马克思、恩格斯根据欧洲资本主义发展的基本矛盾和工人运动的实际状况，提出了《共产党宣言》，世界各国的共产党几乎都记住了这样的一句话：共产党人可以用 句话把自己的理论概括起来：消灭私有制。"无产阶级将利用自己的政治统治，一步一步地夺取资产阶级的全部资本，把一切生产工具集中在国家即组织成为统治阶级的无产阶级手里，并且尽可能快地增加生产总量。"众所周知，为落实这样的纲领，《宣言》中列举了十条具体的措施，比如：剥夺地产、把信贷集中在国家手里、把全部运输业集中在国家手里、成立产业军、实行普遍的劳动义务制等。核心是由政府掌握的"公有制""按劳分配""计划经济"。苏联十月革命后，在世界上创建了第一个这样的社会主义国家。但从

20 世纪初到 20 世纪末，前后近 70 年的实践，却完全失败了。执政的共产党失去了国民的拥护，"社会主义"国家也解体崩溃了。当然，在原共产党执政的国家里，共产党还存在，但其实行的纲领早就发生了根本变化。

与《共产党宣言》不同，毛泽东在 1940 年发表了《新民主主义论》。他说：中国的经济，一定要走"节制资本"和"平均地权"的路。所谓"节制资本"是国营经济坚持社会主义的性质，把他作为整个国民经济的领导力量，但并不没收其他资本主义的私有财产，并不禁止那些不能操纵国计民生的资本主义的发展，这是因为中国经济还十分落后的缘故。所谓"平均地权"是共和国将采取某些必要的方法，没收地主的土地，分配给无地和少地的农民，实行耕者有其田，扫除农村中的封建关系，把土地变为农民的私产。农村中的富农经济也允许其存在。1945 年，毛泽东在党的"七大"作了《论联合政府》的报告，重申了新民主主义的经济纲领，还特别说明：有些人怀疑中国共产党人不赞成发展个性，不赞成发展私人资本主义，不赞成保护私有财产，其实是不对的。民族压迫和封建剥削，残酷地束缚着中国人民的个性发展，束缚着私人资本主义的发展和破坏着广大人民的财产。我们主张的耕者有其田和节制资本，就是要解除这些束缚，停止这种破坏，保障广大人民能够自由发展其在共同生活中的个性，能够自由发展那些不是操纵国计民生而实有益国计民生的私人资本主义经济，保障一切正常的私有财产。1949 年 9 月通过的《共同纲领》是一部代宪法，它明确表明：中华人民共和国必须取消帝国主义国家在中国的一切特权，没收官僚资本归人民的国家所有，有步骤地将封建的土地所有制改变为农民的土地所有制，保护国家的公共财产和合作社的财产，保护工人、农民、小资产阶级和民族资产阶级的经济利益及其私有财产。而对这一点，"凡参加人民政治协商会议的各单位、各级人民政府和全国人民均应共同遵守。"

《共产党宣言》是针对西欧资本主义发展和工人运动的实践写的；《新民主主义论》是根据中国半殖民地半封建社会的具体国情提出的。但令人们深深思索的问题是：为什么从 50 年代中期开始，有的领导人不遵守自己参与制定的《共同纲领》，却要在《共产党宣言》的旗号下，抛弃《共同纲领》去另搞一套呢？熊教授在《中华民富论》中，以非常严肃而科学的态度，向我们提出：以毛泽东为首的第一代领导人，另搞的这一套，到底是搞错了，还是搞快了？如果说毛泽东的一系列决策是搞快了，那么当今正在深化的市场化改革、邓小平理论是否仅仅是权宜之计。在"法制"不健全而又不是"法治"的历史时期里，毛泽东个人的"思想""行为"实际上超越了"法制""法治"之上的。作为一位对中华民族具有强烈社会责任感的经济学家，不能不实事求是地分析毛泽东在新中国成立后不久，抛弃《共同纲领》的国内外客观政治经济环境和毛泽东个人思想变化的轨迹。中共"十五大"提出：没有民主，就没有社会主义，社会主义民主的本质是人民当家做主。中共"十五大"还特别提出：以法治国，就是广大人民群众在党的领导下，依照宪法和法律规定，通过各种途径和形式管理国家事务，管理经济文化事业，管理社会事务，保证国家事务各项工作都依法进行，逐步实现社会主义民主的制度化、法律化，使这种制度和法律不因领导人的改变而改变，不因领导人看法和注意力改变而改变。这是对我国 50 年代中期开始所出现的一系列对国家和人民带来严重损害的事件的严肃总结。

（二）治国纲领：聚财于国，还是藏富于民？

从社会主义思潮的源头来考察，它反对资本主义的剥削，主张公平分配。熊教授在《中华民富论》中总结了社会主义实践中的两种不同治国纲领，一是聚财于国；二是藏富于民。而与此相适应，也有两种不同的社会主义模式：一是国家社会主义；二是市场社会主义。而进一步与这两种社会主义模式相适应的产权形式即通常所说的所有制，也有两种：一是国家所有制；二是个人所有制。国家，不管是什么性质的国家，都必须掌握一定范围和数量的自然资源和其他形式的物质财富，作为对国家进行管理的经济基础。但问题是国家独家垄断一切资源，消灭任何形式的个人财产占有形式，还是国家和民众分别占有不同类别的资源？到底哪一种产权形式有利于社会生产力的发展，从而为公平分配、共同富裕提供物质基础。按照"聚财于国"的所有制标准，苏联在 1936 年制定的新宪法中宣布说：人剥削人的现象已经被铲除和消灭，生产工具和生产资料的社会主义所有制已经作为苏联不可动摇的基础而奠定了。中国在 1956 年中共"八大"政治报告中同样也宣布说：中国的无产阶级和资产阶级之间的矛盾已基本解决，几千年的阶级剥削制度的历史基本上结束，社会主义的社会制度在中国已基本上建立起来了。但无论苏联70年的所谓社会主义实践"教训"，还是中国建设社会主义的"经验"，都向世人表明，"聚财于国"，其结果都搞成了"贫穷的社会主义"。为什么像斯大林、毛泽东这一批早期的社会主义实践者，都那么钟情于"聚财于国"的所有制形式呢！这似乎是由不发达国家的落后经济基础所决定的。国家越穷，取得政权的党和党的领导人就越要急于兑现对本国人民曾经作出的许诺，就越要急于改变国家贫穷的面貌。苏联说要超过美国，中国说要赶上英国……为了达到这个目标，似乎都通过"专政"的途径，急剧改变生产关系，快速消灭私有制，把一切资源都集中在国家手中。与此同时，还实行了高速度发展的经济战略，集中国家主要经济资源，优先发展重工业。这样搞的结果，并没有给本国人民带来物质生活的改善。邓小平有句话讲得非常耐人寻味，他说：对老百姓来说，主要是看实践，是"比较"，"如果我们不发展或发展得太慢，老百姓一比就有问题了"。有篇文章用朴素的白话语言说：苏共崩溃、社会主义垮台，"不是西方外交官和将军们打胜的，而是西方工人阶级用他们生产的涉猎牌豪华汽车、货物丰富的超级市场和购物中心打赢的"。值得注意的是：聚财于国，必然会产生相应的极权政治体制，而在极权政治体制下形成的"不受限制的权力必然导致腐败"。尽管西方市场经济国家中也有腐败，但它们有舆论的监督，法律的硬约束，就连"总统"如果有腐败和违法的行为，也可以被送上"法庭"。而东方集权计划经济国家中的腐败现象，过去靠"整风"、靠"批评与自我批评"，但在一个庞大的政治体制下，许多让人民群众反感的做法却被合法化了。在经济转型期，计划经济遗留下的"权利"和市场经济出现的"货币"，二者可能相结合，一些腐败的"大案"、"要案"已使社会公众到了不知该怎样表达愤怒的地步了。在中国，共产党战胜国民党用了20多年时间。然而国民党为什么被赶到了孤岛？美国大使司徒雷登曾对蒋介石下属的将军说："共产党战胜你们的不是大炮，是廉洁，以用廉洁换得的人心。"所以，治国的根本不是"政权"或说镇压之权，而是政权给国民带来了什么好处。

什么是"藏富于民"？实际上就是马克思所说的"重建个人所有制"的问题。马克思说："资本主义的私有制，是对个人的、以自己劳动为基础的私有制的第一个否定。但资本主义生产由于自然过程的必然性，造成了对自身的否定。这是否定的否定。这种否定不是重新建立私有制，而是在资本主义时代的成就的基础上，也就是说，在协作和对土地及靠劳动本身生产的生产资料的共同占有的基础上，重建个人所有制。"恩格斯根据马克思对未来社会的设想，把"个人所有制"解释为对消费品的占有，他们在自己的著作中，把理论的逻辑推理和历史的发展进程机械地看作是一回事，根据对资本主义内在矛盾发展的科学分析，大胆地设想未来的社会主义将会消灭商品货币关系，国家占有生产资料，社会民众占有生活资料。但是，历史的发展进程并没有和理论逻辑推论相一致。在现实的社会主义社会中，商品货币关系仍然保留，甚至还必须发展完善市场经济。在这种现实的经济条件下，生产资料和生活资料的界限是很不确定的，一栋房屋，可以作为公司办公；也可以作为生活住宅。而一笔资金，可以购买各种生活用品；但也可以投资，成为可增值的生产资料即资本。在我国市场化改革的实际进程中，"学者"抱着"经典"争论的"个人所有制"，在实践中，早已不是什么理论问题，而是一个实实在在的实践问题。一是当前摆在政府面前非常棘手而又非常紧迫的"失业""再就业"问题，折射出一个很重要的经济理论问题：一方面，政府是作为国家资本所有者的代表而承担着能够对社会提供多少就业岗位的责任；另一方面，国有企业的工人是作为国家的主人却受到就业岗位不足的束缚而使实现再就业困难重重。这就是说，在我们的社会主义初级阶段，生产资料和劳动者远远还没有实现直接的结合。二是在市场化的改革中，非国有经济的发展，一直是解决国家就业岗位不足的重要渠道。进入 20 世纪 90 年代，非国有经济，包括集体经济，各种非公有制经济已经和国有经济一起，成为国家经济发展的三大支柱。在非国有制经济单位中就业的工人，他们不但是劳动者，同时也是企业生产资料的所有者。在协作和对土地及靠劳动本身生产的生产资料共同占有的基础上，劳动者个人所有制正在重建。这难道不正是马克思所期盼的未来社会吗？三是有一个重要的现实问题及知识产权问题——"科学技术是第一生产力"，这已为人们所理解。电子技术、生物技术、新材料技术和能源技术等新型技术的出现，靠能工巧匠来发动新技术革命的时代已经一去不复返了。有同志提出：产业工人将不再是先进生产力的代表！这不是没有道理的。有一部书，早在 70 年代就描述了"后工业社会"的特征：产品经济将转变为服务型经济；专业与技术人员将处于主导地位；理论知识处于中心地位，并将促进智能技术，控制技术的发展；大多数劳动者将不再从事农业、制造业，而是主要从事服务业，包括贸易、金融、运输、保健、娱乐、教育和管理；知识就是力量，知识就是财富的主要形式，但知识却是一种无形财产，对知识的拥有和拥有知识的具体人是不可分的。通常我们所说的知识产权的保护，就是指财产权和人身权的不可分离性，这种对知识的独占性和排他性显得更为强烈。这种不以人的意志为转移的社会自然发展进程，似乎更有力地论证了"劳动者个人所有制"的科学含义。这说明：只要国家还存在，它必须掌握一定的资源，通过国有经济保持社会的伟大发展，但聚财于国不能成为富国的纲领。

（三）对世纪之交的经济学反思

改革开放以来，中国经济学界发生了根本性变化，经济学家在对传统政治经济学进行反思、批判的过程中，对推动市场化改革起了重要作用。凡经历过这一历史过程的同志都深深知道，即就某个"提法"，也难免凝结着点点"血"。但事实上，传统政治经济学已不过作为一种存在过的学术观点体系而被留在了经济思想史。中国还处在一个由计划经济向现代市场经济转变的历史进程中，任何一个有社会历史责任感的经济学家，都会感到任重道远，经济学本身还不能适应体制转型和经济发展的需要。这里存在着两个问题：一是引进多，而自创少。中国长期实行计划经济，对市场经济的知识知之甚少，在一个时期的确需要放下"俄文版"的教科书，学习"英文版"的市场经济知识。但类似鲁迅讲的"拿来主义"是有时间限制的，"食洋不化"，会使我们从"俄文版"的教条主义滑到"英文版"的教条主义上去。如同照搬"俄文版"的"条条"不适应中国国情一样，照抄"英文版"的"条条"也不会完全适应中国国情，比如：有学者介绍外国实行公司制经验，强调要防止"内部人控制"，这从理论上讲当然是对的，但实践中就发生了一个很大的问题：一些国有大型企业实行股份公司后，党委书记换名为董事长，厂长改称总经理。旧的人事管理制度在新的公司法人治理结构的牌子下，依然在有效地实行。所以，中国的经济学家太需要树立"中国经济学之根在本土"的意识了，身处转型中的中国经济学家们，不要急急忙忙地去构建什么新的理论经济学体系，还是先立足中国国情，面对"转型"和"发展"的紧迫问题，进行扎扎实实的探索和研究吧！

二是对策性研究多，基础性研究太少。我们不反对"救火"式的研究，政府的政策研究部门必须针对"转型"和"发展"的实际问题，就事论事。但如果长期"就事论事"而缺乏理论指导，往往会言不及义。邓小平经济理论仅仅是打开了中国经济学基础理论研究的大门，或者说是"破了题"。但还没有写出大文章，而要写出具有中国特色的经济学理论大文章。"警惕右，主要是防止'左'"，仍然是基础理论研究所需要的社会环境。熊教授说：我从中年开始着力研究生产力理论，积累二十年的经验，悟出一条基本道理：一个社会，一个国家，生产力越落后，经济文化水平越低，它解决社会问题的可选择性就越小，方式方法也越野蛮。"以言治罪"，直接就是剥夺了科学家的生存权利。改革开放前的大多数政治运动和改革开放以来的几次意识形态领域内的"交锋"，都说明了这个基本事实。所以，经济学的真正发展，需要有民主政治作保证。中国还有这么一个特色：理论上的创新，总需要权利作保证。邓小平在70年代末就讲了：社会主义也可以搞市场经济。但进入80年代甚至90年代初，经济学家讲市场经济，还是会被算账的；长期以来，在中国学术界，还有一个很俗的习俗，如果有某个领导人讲的观点：一是会有不少人蜂拥而上去进行"注释"；二是也会有"棍子"以此为根据，寻找斗争的对象。这都是违背学术上的学习与探索精神的。

　　熊教授在《中华民富论》的结束语中呼吁：立足世纪之交，凡有出息的中国经济学家要扎根本土，研究一个最难、最有价值的课题：怎样使十几亿中国人民在21世纪生活得好些，愿我们能在一个民主、文明的社会环境下，完成历史赋予我们几代经济学人的社会历史责任。

第十章　用整合观整合法创建
新时代经济学

在全球化整合发展的新时代，亟须应用整合观和整合法创建新时代和新世界的经济科学。熊映梧的五卷学术论文集是当今时代创造性和创新性很强、实际应用整合观和整合法、创建新时代和新世界经济学的典范。

一　五卷论文集的创新整合观整合法

（一）第一卷：《用发展观研究马克思主义经济学》

熊映梧教授在论集前言中说：奉献给读者的这部论文集，选编了我于近七年来在研究马克思主义经济学道路上艰辛探索的点滴成果。收入集子的 32 篇论文，可分为三类：一类是对《资本论》的研究；二类是关于生产力经济理论的探讨；三类是有关经济发展战略和经济体制改革的论证与建议。这次选入集子的文章均保持原样，在观点上没作任何修改。我认为，这是一个诚实学者的文德。

首先，马克思主义的再认识。收入文集的《用发展观研究〈资本论〉》《再谈用发展观研究〈资本论〉》及《马克思的生产价格理论、地租理论与社会主义经济建设》等文，是笔者 30 年来从事教学和研究的心得，是经过深思熟虑的，绝非一时的随心之作。我痛感经济学界教条主义学风的危害，使本来生气勃勃、赢得千千万万人们信仰的马克思主义经济学说日益丧失其科学吸引力，成了僵化的教条。当然，这不怪马克思，而是后人曲解了他的学说。我在几篇文章中都讲过，《资本论》是一部博大精深的著作，令人叹为观止。但是，历史上从来只有空前的佳作，没有绝后的天书。《资本论》同一切伟大的科学著作一样，也不可避免地有其历史局限性。所以，我主张用发展观研究《资本论》及马克思的全部经济著作，不断地把经济科学推向新的高峰。如今，众口皆谈"发展马克思主义"。那么，"发展"是什么意思呢？有人讲：马克思主义基本原理不容更改，个别原理可以变。这样，就把发展马克思主义限制在一个很小的范围内了。我则认为，十几亿人民建设社会主义的伟大创举，当今世界科技革命和社会经济的巨大进步，必将促进马克思主义的大发展。彻底的辩证唯物主义者应当毫不含糊地表明：马克思主义的一切原理都要在社会实践中不断地加以检验、修正、丰富和发展。事实上，随着中国及其他社会主义国家经济改革的深化，我们对社会主义经济模式的再认识，比前人深刻得多了；我们关于社会主义商品经济的理论与实践，也是前无古人的。

其次，经济学主题的再认识。经济学的主题是变革生产关系，还是发展生产力？《经济科学要把生产力的研究放在首位》一文首次鲜明地提出：当代马克思主义经济学者的致命弱点，就是忽视生产力。不研究21世纪特别是第二次世界大战之后生产力的巨大发展，就不可能认识现代资本主义的新特点，也不可能了解世界经济的新格局，不抓发展生产力这个根本任务，干社会主义光在变革生产关系上面做文章，必然发生"急过渡""穷过渡"一类的严重失误，结果是越搞越穷。

我深切感到马克思理论家对生产力太缺乏研究。中苏学者在生产力是两要素还是三要素的争论上纠缠了几十年毫无进展。我主张对生产力要做"动态考察"和"系统分析"，所以写了《生产力动态考察论》《生产力系统论》《略论生产力要素到生产力的转化》等文章。近几年，我们中国经济学者创立了一门新的经济学科——马克思主义生产力经济学，这是对发展马克思主义经济学的一个重大贡献。

开始，我主要是想建立统一研究生产力和生产关系的理论经济学。后来发现这一主张短期内难以实现。所以，我改变了看法，同意平行发展两门理论经济学：一门是传统的政治经济学，以生产关系为研究对象；另一门是新兴的生产力经济学。

再次，经济学家社会责任的再认识。我长期在大学里任教，生活圈子很狭小，所谓的学术研究，无非是读马列的经典著作，对其中的难点、疑点作一番注释、考证；所谓联系实际，不过是对现行政策进行辩护。例如，对"大跃进""人民公社化"等，我也曾写过一些赞扬的文章。随后的经济困难时期，"饿肚子"使我的头脑清醒起来；接着史无前例的"十年动乱"，牛棚生活使我大彻大悟。所以，近十年来，我立志与教条主义决裂，改变脱离实际的状况，积极参与力所能及的经济实践活动。收入集子的几篇有关经济发展战略的文章，如《"翻两番"的经济学思考》《"七五"经济增长模式的理论探讨》，针对社会主义国家长期推行"高速度战略"的历史教训，提出了"结构优化的适度经济增长战略"。令人欣慰的是，这一主张已为有关决策部门所采纳。我对经济体制改革也是很感兴趣的，相对来说，写的文章少一些，因为对这个复杂问题研究得很不够。

总之，我总觉得经济学家的社会责任，不仅是从事理论研究和教育，而且要积极参与经济决策活动，把经济理论应用于实际、造福社会和人民。

最后，社会主义经济理论体系的再认识。过去，把苏联社会主义模式当作"唯一模式"，把苏联《政治经济学教科书》视为社会主义经济理论体系的样板。各种改良型的社会主义政治经济学版本，基本上未跳出这个旧框框。

我提出创立"建设新世界的经济学"的构想。我认为，人民群众有两大历史任务：一是消灭剥削制度，建立社会主义公有制；二是大力发展生产力，彻底消灭贫穷和愚昧。只有完成这两大历史任务，才能实现共产主义的伟大理想。与此相适应，经济学也有两大课题：一是研究如何用社会主义公有制取代私有制，并使公有制不断完善。这是政治经济学的任务。二是研究如何发展生产力，建立一个"人人都过幸福生活"的新世界。显然，传统的政治经济学很少涉及这方面的问题。所以，我想另起炉灶，以发展生产力为主线，按照彻底的商品经济观来建立一个新的经济理论体系。百家争鸣是以存在众多的学派为前提的，应当在学界鼓励创建学派。如果在马克思主义大旗下，有许许多多的马克思主义经济学派，那一定会推动马克思主义经济学的大发展。

这本论文集反映了我在探索真理道路上的认识过程，深深地烙上了个人的印记。有人指责我"标新立异"，我却以此为荣，因为科学的发展总是通过一代一代学者标新立异而实现的。但是，我也有点自知之明，深感自己才疏学浅，立论未必充分可靠，缺点错误一定不少，故恳请广大读者和同行不吝赐教。

熊映梧　1988 年 1 月 7 日

这卷文集不仅仅深深烙上了熊映梧个人的特殊印记，而且也深深烙上了他的创新整合的印记：一是每篇论文、每个论题的小整合；二是每个论题系列的中整合；三是这卷论集的大整合。没有这个大整合，就不能创造和推出《用发展观研究马克思主义经济学》。

（二）第二卷：《熊映梧集》

黑龙江教育出版社社长为这部文集作序说：当我提笔为《熊映梧集》作序的时候，作者那种"标新立异"的形象立刻浮现在我的眼前。熊映梧教授没留过洋，也不属于资深的老一辈的马克思主义理论家，又不在名牌大学执教，可以说他没有什么资本，也没有什么靠山。然而，近十年来，熊映梧数鸣惊人，以其独到学术见解，勇敢的探索精神，丰硕的科研成果，迅速赢得了学术界的承认，成了国内外颇有影响的一位著名经济学家。收入本文集的 35 篇论文，反映了熊映梧与众不同的观点、风格，真是文如其人，人如其文。

熊映梧早在1980 年年初就提出了"经济科学要把生产力的研究放在首位"的观点，这是对传统政治经济学的挑战，不可避免地在经济学界引起了争论。有的学者说他违背了马克思列宁的教导，有人骂他是"雅罗申科分子"。熊映梧不喜欢打笔墨官司，而是以有关生产力理论的系列作品去回应无理批评。1980—1987 年的 8 年间，他发表了生产力经济学论文 20 多篇、专著 3 部，为在中国创立生产力经济学奠定了坚实的基础。

创新、务实，是熊映梧治学的两大特点。他的理论研究一直扎根在祖国的大地上，密切注视中国发展与改革的进程。他早在 1983 年就提出了"速度型"与"结构型"两种再生产模式，总结了社会主义国家片面追求工农业总产值高速增长的历史教训，提出了"产品结构、技术结构、产业结构不断优化的适度经济增长战略"。80 年代在中国几度出现的"经济过热病"，证明了熊映梧的远见卓识。他新近提出的"中国改革只宜确立有限目标"的观点，也引起了广泛的注意。阐述这一观点的论文《中国改革的理论思考》，有七家刊物登载，并被收入两本文集，极为少见。

熊映梧不愿做一个书房里的经济学家，沉醉于经济理论的自我完善。他总是把自己的经济理论研究，同社会生活联系起来。他力主政治改革和经济改革同步进行，当前应把政治改革放在首位。他认为"权力商品化"是腐败的根源，是改革的大敌，唯有靠政治改革，才能消除这个障碍。

出版《熊映梧集》的蛇年，凑巧是作者满六十周岁、从教四十年的日子。这本文集，连同其他逾100万字的论著，记录了熊映梧教授苦心笔耕的业绩。但是，他是一个不知满足的人，常常谈及自己知识不足，评论自己作品的缺点，并且不断修正自己的观点。我们预祝熊映梧教授老当益壮，创志更坚，在下一个10年里贡献更好的著作。

熊映梧教授跟我谈过，他很喜欢岳麓书院一副对联中的三句话：

是非审之于己

毁誉听之于人

得失决之于数

我也把这三句话回赠给他，算作序言的结尾吧！

张文达　　1989年4月20日

（三）第三卷：《熊映梧选集》

这部文集整合了熊映梧61篇论文，共56万字。一是追求、不断地追求真理。二是"模仿—彷徨—彻悟—创新"。三是两次"标新立异"。四是还要进行第三次标新立异，即第三次重大的创新整合。没有多长时间，五年后的元月，他创新整合的《中华民富论》诞生了！五是创新，不断创新。六是追求真理，不断追求富民、富国、富人类的真理，为了追求这个人类最大也是第一主要的富民真理，他可以"毁誉不计"，奉献一切！

熊映梧教授的这三卷论集，持续进行着他的不断深化和提升的"四大创新整合"或"标新立异整合"，即基本经济理论的创新提升整合、生产力经济学的创新发展整合、经济发展战略和产业政策的统筹整合、经济改革理论与实践协同统一的整合。

（四）第四卷：《市场经济与国企改革》

这部文集主题鲜明，难度很大。熊映梧首先看到"跨世纪的难题"，如具备充足的理由和足够的条件，就可以转变为"跨世纪的壮举"和"跨世纪的成功"。这个足够的条件和充足的理由，就是创新出来科学的理论和正确的战略，并有效地实施和认真推行，就一定会取得"跨世纪的伟大成功"。

本卷论集包括：《总论：我的经济改革观》《市场经济与国企改革》《社会主义与市场经济》《中国经济改革与市场经济论》《公民产权本体论》《中国向市场经济过渡的理论问题与实际问题》《历史性的大转折：由计划经济体制向市场经济体制过渡》《国有企业改革的新思路》《国有企业改革与发展生产力》《选择绿色发展道路》等，经过整合与再整合创造出来的。

（五）第五卷：《为新时代的经济学催生》

该书收录了熊映梧教授 37 篇文章，50 万字。

该卷总序写道：从经济乃至物质的角度来评价历史，自然会得到较多的赞同；而且经济的物质的发展水平，果然是大多数历史学家判断人类文明水平的尺度。这一点，我们翻开任何一部历史书都可以得到验证。但是，到了以 1978 年为起始的 20 年后的中国，我却宁愿以另外一种角度来评价历史。这个角度就是：人的思想与境界。

当然，一般来说，"思想境界"一语似乎有些虚空。但是，如果我们不是把目光集中于人类发展的某块解剖意义的切片上，而是站在黑格尔老人的历史感的立场上；或者站在马克思主义的历史观的立场上；或者站在爱因斯坦相对观的立场上，则易于理解这个问题。

宏大而漫长的物质史、自然史乃至人类史，就是在统一地表征着这样的真谛：生命现象是物质发展的高级阶段，精神现象是生命现象发展的高级阶段，精神现象水平高下的标志，就是人的思想境界的高下。它们确乎构成了一个从低到高的、级次性的发展系列。

所以，我心悦诚服地赞同爱因斯坦的如下言论：

世界上的财富并不能帮助人类进步，即使它掌握在那些对这事业最热诚的人的手里也是如此。

一个人对人民最好的服务，是让他们去做某些提高思想境界的工作，并且由此间接地提高他们的思想境界。

那么，这里的思想境界是什么意思呢？

它的内涵应有如下诸点：

智力、情感的健康发展；

人格意识；

对知识的追求；

从事创造性劳动的热情；

信念的执着；

对意志独立、精神解放的渴望；

对世事、人生发展的美好憧憬与从容应对，以致内心澄明；

对自然的存在、秩序、奥秘的欣喜与挚爱，以致气象恢宏；

如此等等。

这些看似虚空的东西，当进入历史的时候，样样都是具体而真实的。

这并不是书生的虚言。

我钟情于"思想"，因为所谓"灵魂"，就是它。

我赞佩老笛卡尔的"我思故我在"这一命题，而不管哲学家们怎么说。它蕴含着一个极其明白而又极其深刻的道理：我"是"我的证明，就在于我思；而我吃着，无论吃什么，都不是对我的确证。

我唯有被确证，我才会"有"水平和境界，我才有意义。

人的进步，就是思而有所悟；人的进化，就是对思之思，以致思思不已。

所以，思的水平就是人所达成之境界。

所以，国民思之水平，就是民族、国家所达成之境界。

所以，思想境界的提高，就是人的解放；而人的解放，才是最终的解放。

所以，一切教给人之思的，激励人之思的，解放人之思的，都是至真、至美、至善的。

我就是以这样的，或可能被讥为唯心主义的历史观为主要依据，来评价1978—1998年中国20年的历史的。

难道当我们以这种观点来审视中国过去20年历史的时候，反思20年来我们自身的时候，不觉得那些仿佛虚空的东西都一桩桩地化为具体而真实了吗？

我认为，1978—1998年的20年间，中国历史最难得的、超乎人想象的变化，就是她让她的人民思了，激励她的人民思了；她的人民会思了，她的人民思出境来了。

　　如果你并未囿于思的任何单一方面或纯个体之思的褊狭之见的话，你肯定也看到了 1978 年后的中华民族的境界的提高。

　　我们应为此而欢欣。

　　学人思着，亦复思别人之思，思民族之思，思国家之思。

　　学人以其独特而庄严的方式表达着其所思之种种，故为思想家。

　　中国当代的学人以思想家之姿，"制造"着关于 1978 年及其后的 20 年来的中国之思，于是他们有了著作。

　　那著作里涌动着 20 年来中国人的思之潮——它的契机、发端、过程和所达成的成果、境界。

　　鉴此，于 1997 年秋，我向黑龙江人民出版社建议编辑一套"1978—1998"中国学术前沿性论题丛书。我以为，这可能成为中国这 20 年的一种民族进步史、社会文明史。

　　这一建议得到了黑龙江省委宣传部、黑龙江省新闻出版局及黑龙江人民出版社的慨然且欣喜地支持——政府拨款、定位"部长工程"，等等。

　　"丛书"定名为《1978—1998 中国学术前沿性论题文存》。

　　1978—1998——指明思之时限；

　　中国——指明思之空限；

　　学术——表征着人之思的方式、形态；

　　前沿性——表征着学人之思的时代性、尖端性；

　　论题——表征着学人之思的对象、问题。

　　但是，可惜作为思在黑龙江这块土地上的我，学养瘠薄，视野狭小，勉强敢于对黑龙江学人的一小部分著作进行"中国学术前沿性论题"学术编辑，而将其他著作，暂付阙如，留待堪其任者。以故，"文存"的第一批成为"龙江学人卷"。

　　事实上，即便仅就龙江学人 20 年的学术著作而言，所该选择的也不应仅如所呈现给读者的 10 部。此项工程的诸般不妥，自是分明；只是出于种种原因，不得不以此 10 部为先头而已。但愿后续可期。

刘敏中

1999 年 3 月 19 日于黑龙江大学

二 熊氏"天人合一"的经济学观

新世纪的第一个春天,《生产力研究》2001 年第 1 期推出了熊映梧教授的"本刊特稿"。题目是《新时代呼唤新经济学——简论"天人合一"经济学》。全文如下:

回顾经济科学的历史,虽然两三百年来经济学著作可车载斗量,学科分类五花八门,但理论经济学不外乎两大门派:一是以亚当·斯密为鼻祖的市场经济学;二是马克思为首的政治经济学。展望未来,人类是否需要更广阔的经济学呢?

(一) 市场经济学

亚当·斯密适应市场经济产生、发展的需要,创作了《国富论》,成为市场经济学(通称西方经济学)的开山之作,历经 19—20 世纪二百多年的锤炼,这门学科臻于完善的地步,出现了李嘉图、马歇尔、凯恩斯、萨缪尔森等杰出代表人物及其代表作《赋税原理》《经济学原理》《货币通论》和《经济学》。这个经济学体系虽然不断受到现实的挑战,如 1929—1933 年世界范围的大危机对主张完全自由放任的自由主义学派的批判,但它兼容并蓄的素质,使其生长出一种自我调节的机制,凯恩斯的宏观调控论乃应运而生。如今他们正在关注新经济的出现,以作出理论上的新概括。但是,西方市场经济学是以资本主义制度为前提的,或者说,只研究资本主义制度环境中的市场经济,因而,不免具有很大的局限性,不能说"西方市场经济学万岁"。

对于中国这样刚转向市场经济的国度来说,近 20 年大量出版的市场经济学著作,基本上未超出介绍西方市场经济学的观点及情况。

(二) 马氏政治经济学

马克思为了实现共产主义,创作了巨著《资本论》,建立了与斯密截然不同的马氏政治经济学,揭示资本主义制度的腐朽性,证明社会主义必然取而代之;列宁又以《帝国主义论》加以补充,判定帝国主义是资本主义的最高阶段、是社会主义革命的前夜,并在俄国建立了第一个社会主义国家;斯大林领导了苏联的社会主义建设,创作了《苏联社会主义经济问题》,建立了一个以公有制为主体、以社会主义基本经济规律为主线、以计划经济及按劳分配为特征的社会主义政治经济学体系，从而使马克思主义政治经济学形成了一个包罗资本主义经济形态与社会主义经济形态的"广义政治经济学"理论体系。20 世纪 80 年代末 90 年代初，东欧、苏联一大批社会主义国家纷纷蜕变，以及中国转向市场经济的成功经验，向传统的马氏政治经济学提出了严重的挑战。由于它的封闭性与排他性，使它陷入了理论与现实的尖锐矛盾中。

（三）转型经济学

从广义上讲，八九十年代苏联模式的社会主义国家先后发生了巨变，经济上进入了转型期。但由于制度安排不同，转型经济可分为两大类：一类是坚持原有的社会主义基本制度的，可称为转型经济（1），另一类是转向资本主义制度的，可称为转型经济（2）。我发现，海外不少学者也热心研究转型经济问题。如我国台湾中华经济研究院费景汉院士前几年就进行过这方面的研究。但他们有一个先人之见：转型就是从计划经济的社会主义过渡到市场经济的资本主义。费先生在《中国大陆经济制度改革之历史观》一文中，从市场制度、财产制度、政府管理制度和民主法治四方面论述了大陆经济转型。他断定"大陆 1978 年后之经济制度演变之终极目标，实以资本主义为蓝本"，而我们一再声明，中国的改革是完善社会主义制度，我们是在这个大前提下，自 1979 年开始，从计划经济转向市场经济，形成了转型经济（1），出现了转型经济学。这门经济学有以下特点：

第一，它的基本理论框架是由两部分构成的，即马氏政治经济学关于制度分析的理论与欧美市场经济学关于市场规则及市场经济运作的技术、方法的结合。这也是"中学为体，西学为用"，或曰"马学为体，西学为用"。在方法论方面，既保留马克思倡导的抽象法，又广泛应用市场经济学的实证方法。在经济学范畴方面，可谓之"兼容并用"。既保留马氏创造的具体劳动与抽象劳动，所有制与剩余价值、按劳分配等基本范畴，以及生产、流通、社会再生产过程的三分法；又大量采用市场经济学术语，最突出的是给资本"平反"，在分析社会主义经济时，常常使用资本概念。至于宏观分析与微观分析、第三产业、生产要素市场、劳动力市场、产权市场、第三产业、恩格尔系数、基尼系数、心理预期、总需求与总供应等概念，在转型经济学中也屡见不鲜。因此，转型经济学给人第一个印象是"马氏政治经济学＋西方市场经济学"。

第二，中国转型经济是改革的产物，其基本特征有三条：一是变国有经济的一统天下为国有经济、集体经济、私人经济三足鼎立；二是用市场经济取代计划经济；三是用多种分配方式取代单一的按劳分配。转型经济学自然要反映这些特点。因此，无法回避一些禁区，如农业家庭承包制是中国改革的头条成功经验，肯定了这项改革，也就是对农业合作化、公社化的否定；肯定多种经济并存的混合经济模式，就是对国家社会主义（国有经济的一统天下）的否定，如此等等。我国经济学者撰写中国转型经济学时，能否做到"执董狐直笔，书实情真理"？与此相关，还有一个问题：当理论、法规、政策与现实发生矛盾怎么办？例如，现在中国的法规、政策是以两个为主：多种所有制并存、以公有制为主；多种分配方式并存，以按劳分配为主。市场经济的基本规则是公平竞争，如果竞争的结果否定了两个为主怎么办？据国家统计局公布的资料，1998 年全国工业总产值结构为：

国有工业　　　　28.5%

集体工业　　　　38.5%

非公有制工业　　33.0%

又据全国私营经济与法律保障研讨会提供的信息，所谓集体经济有一半以上是"戴红帽子"的私人经济，因此，在公有制经济最多的工业部门也未必是公有制经济占多数；至于是否"以按劳分配为主体"，就看它的内涵是什么，若仅仅指的体力劳动者按劳取酬，显然不能为主，若包括脑力劳动（特别是知识产权）的报酬，则有可能成为分配的主要形式。诸如此类的问题，都必须遵守"实践是检验真理的唯一标准"的原则，作出科学的判断。

第三，转型经济学应对社会主义试验的新经验作出新的理论概括，不能"新瓶装旧酒"。不可否认，马克思恩格斯设想的社会主义带有乌托邦的色彩，无法实现。后人如实地把马克思恩格斯的社会主义概括为这样的公式：

社会主义 = 公有制 + 计划经济 + 按劳分配

列宁、斯大林、毛泽东基本上都是遵循这个信条的。中国改革的经验证明，社会主义的基本标志不是清一色的公有制（更不是国有制一统天下），而是共同富裕和社会公平或如邓小平讲的："社会主义的本质，是解放生产力，发展生产力，消灭剥削，消除两极分化，最终达到共同富裕。"

第四，社会主义初级阶段论是转型经济学的重要内容之一。有人据此把中国改革的一些成功经验的适用性局限于初级阶段，由此引发一连串问题：初级阶段结束后是否会取消农业家庭承包制及多种经济共存的方针？现在看来，混合经济模式的生命期将以世纪计算。至于几百年后是什么样子，出现什么经济制度，谁能说得清？对未来预测得越详尽越近乎空想。有一点是肯定无疑的，人类走过了几千年的农业社会，又经历了200多年的工业社会，即将迈进知识社会，知识产权将成为主要的产权形式。与有形的财产不同，知识是不能"共产"的。这也是我提出公民产权本位论的主要依据。

转型经济试图将社会主义与市场经济结合起来，其理论上的反映自然是马氏政治经济学与西方市场经济学的混合，形成中国的转型经济学。进行这方面的探索是有益的。但应指出，"马学为体，西学为用"的情形，在转型经济学的初创阶段是可以理解的，绝不可能长此以往。最终出路是建立自己独立的理论体系。在这一理论创新过程中，核心问题是如何把社会主义同市场经济结合起来？怎样兼顾公平与效率？目前，地区之间、部门之间、人与人之间收入及财产差距太大。据说，基尼系数已由1978年的0.180增加到目前的0.467，还有人说，20%的存户拥有80%的存款。怎样通过健全的税收制度和社会保障制度把各方面收入及财产差距限制在合理的限度之内，还是一个有待研究的大难题。另有一个并非纯粹的经济问题：怎样根除官员的"寻租"行为？或曰：怎样防止国有制变为官有制？诸如此类的种种问题，说明从计划经济向市场经济过渡必然有一个"原始积累阶段"。我们认清了这一点，可以减少过渡中的代价。我相信，在中国这块沃土上，一定能生长一株经济学的秀木，转型经济学将作为一个重要的学科挺立于茂盛的经济学之林。

（四）新时代需要更广阔的经济学

回顾20世纪，可以看到一个显著的特征：各国、各民族、各阶级几乎全力用于调整人与人的利益关系。为此，打了两次世界大战，以及数以百计的局部战争。一个世纪的人际大搏斗，付出了多少生命财产的损失，谁也说不清。英国史学家霍布斯鲍姆（E. Hobsbawm）在《极端的年代》一书中统计，以百万为死亡单位估算，因人为原因死亡人数约为 1.87 亿人。我看实际上比这多。仅中国"大跃进"饿死的人就以千万计。不幸中之一幸是斗出来了一个"和平与发展"的新时代。可叹的是在人们忙于利益之争的 20 世纪，搞坏了人与自然的关系。这是关系子孙后代如何生存的大问题。

弗·李斯特曾批评亚当·斯密"把全部精力贯注在交换价值"方面，他认为在"价值理论"之外，还应当有一个独立的"生产力理论"；英国著名生态经济学家爱德华·哥尔德史密斯认为，人类赖以生存和发展的自然界（具体来说是生物圈）应该作为经济学研究的重要内容。他警告说："自然是有限的，只是靠不断掠夺自然而幸存下来的经济是短命的。"新时代迫切要求在市场经济学、政治经济学及两者的杂交——转型经济学之外，再建立一门理论经济学（暂名"天人合一"经济学），以协调人类与自然的关系、合理开展经济活动为研究主题。于光远先生倡导、我也参与创立的生产力经济学跟这个设想颇接近，但对协调人类与自然的关系注意不够。今天，过度开发及忽视环境造成的生态问题，如臭氧层的破坏、森林的毁坏、水资源奇缺、土地沙漠化、沙尘暴频繁出现、空气质量恶化，等等，威胁到人类的生存，哪还谈得上什么经济呢？我很钦佩李斯特的见解："财富的生产力比之财富本身，不晓得更重要多少倍"。我也赞同哥尔德史密斯的主张：人们需要一种更广阔的经济理论来应付工业化后的时代。我认为"天人合一"经济学就是跳出以往经济学的狭隘性的更广阔的经济学。

（五）三种经济学的比较

一是它们产生的历史背景不同。市场经济学是要回答市场经济如何运作，马氏政治经济学是为无产阶级革命提供理论根据，"天人合一"经济学是和平发展时代的要求，是知识社会的产物。

二是研究主题各异。市场经济学是研究如何通过市场配置资源，关心的是交易成本和利润；马氏政治经济学是要证明资本主义制度的腐朽性，社会主义制度的优越性，社会主义取代资本主义的必然性；"天人合一"经济学以协调人类与自然的关系、改善人类生存条件（主要是经济条件）为研究主题。

三是研究领域有宽有窄。市场经济学仅限于市场交易，马氏政治经济学不过是为政治服务的工具，所谓"具有鲜明的党性"；唯有"天人合一"经济学在广阔的领域研究人类面临的更迫切的经济问题。

四是研究方法也有所不同。市场经济学注重实证方法，马氏政治经济学倡导抽象法；"天人合一"经济学两者并用，并且要充分吸收自然科学技术有关成果。

（六）创建"天人合一"经济学有关的一些问题

其一，要高度重视人与自然关系的现状。综观人类与自然的关系，可分为五个等级来考察：

A级：最佳状态，即人类与自然和谐相处，人类一切活动（包括经济活动）顺乎自然，不会破坏生态平衡，也不会污染环境。这也许就是中国古代哲学家讲的"天人合一"、陶渊明笔下的"桃花园"那样的理想境界？我们应把这种理想境界作为长期奋斗目标。

B级：次佳状态。人类比较了解自然，社会经济活动注意生态平衡及保护环境。即使出现生态环境问题，也能及时加以治理，或防患于未然，或亡羊补牢，可以基本实现"生态环境——经济发展"的良性互动。这是人类可争取实现的目标，例如，21世纪或下一个1000年以此作为全球的奋斗目标。

C级：勉强维持的人类与自然共处关系。工业化以来，一些发达国家过度开发自然资源，虽然赢得了经济的高速增长，国力和民众生活大大提高，但造成了严重的生态破坏、环境污染。后来，不得不费大气力治理环境。时至今日，工业化国家，特别是一些急于工业化的发展中国家仍然存在严重的生态环境问题，这样勉强维持的平衡是不可能长期延续下去的。

D级：人类与自然的关系处于危险状态，人类生存受到威胁。例如乌克兰切尔诺贝利核电站发生核泄漏，这个地区居民不得不撤离。世界上还有一些地区，历史上有人类栖息，从事生产活动，后因自然条件恶化而迁移他乡。

E级：人类暂时还无此生存状态。环顾全球，今日处于B级状态的只有为数甚少的几个小国，处于C级状态的国家较多，也有一些国家、地区处于D级状态。向B级前进，还是向D级后退，这是21世纪（也许下一个1000年）全球性的大问题，需要"地球村"的全体成员共同努力，去争取B级那样较好的生存条件和经济环境。

其二，知识经济时代的到来，为人类协调与自然的关系提供了良好条件。经过几代人的努力可以实现"天人合一"的目标。

　　漫长的原始社会（据说有 300 多万年），自然资源很丰富，人口很稀少，原始人靠掠取自然界现存物品生活，也不会破坏生态平衡；进入农业社会后，人口总量急剧增加，对自然的掠夺也随之日甚。特别是像中国在几千年里大量毁林毁草开田种粮，使生态环境不断恶化。昔日草木繁茂、河清水静，如今沙漠漫天、河浊水枯。这是一个危险的警告！进入工业化时代，生产力大发展，却是以牺牲环境为代价的。人们受害日深日广，促使民众为保护自身生存条件而奋起斗争，不少国家还成立了绿党，推动政府改善生态环境。21 世纪是知识经济时代，计算机普及，生物工程技术广泛应用，人类在满足基本生活需要后追求高生活质量等因素，均使人们在改善人际关系的同时，也去改善人与自然的关系。1989 年 5 月，联合国环境署第 15 届理事会达成共识，提出了"可持续发展"的战略思想。联大于 1992 年年末通过决议，建立"联合国可持续发展委员会"。我国积极响应联合国倡议，编制了《中国 21 世纪议程》，提出了促进经济、社会、资源、环境、人口、教育协调发展的总体战略。这几年政府确实在改善生态环境方面做了不少实事，如退耕还林还草。

　　其三，"天人合一"经济学应在众多门类经济学已有成果的基础上去创建，如市场经济学、生产力经济学、生态经济学、环境经济学、灾害经济学等。从研究人员的构成来说，需要懂得哲学、经济学、自然科学、工程技术等多方面人才的通力合作。"江山代有才人出，各领风骚数百年"。各类科学又何尝不是这样呢？

第十一章　当选世界生产力科学院院士

《学习与探索》2002 年第 1 期发表了一篇简讯，题目是《熊映梧教授当选世界生产力科学院院士》。全文如下：

由世界生产力科学联盟（WCPS）主办、中国生产力学会和香港生产力促进局联合以中国名义承办的第 12 届世界生产力大会于 2001 年 11 月 6—11 日分别在香港、北京举行。全球各地一些诺贝尔奖获得者、商界领袖、资深学者、政府官员和生产力专家在大会上交流了新世纪提高生产力和创造财富的新理论、新构想和优秀作业方法。黑龙江大学经济学院熊映梧教授在这次会上发表了题为《改善人类与自然关系——新千年经济学的头号课题》的讲演，并当选为世界生产力科学院院士。

世界生产力科学联盟是国际性组织，1969 年成立。目标是提高各国各部门的生产力，改善各地的工作条件，促进全球人民生活水平的提高。WCPS 主办的世界生产力大会每两年召开一次。WCPS 下设世界生产力科学院。世界生产力科学院院士当选者必须是在生产力科学研究或组织发展生产力方面有突出贡献者，目前中国社会科学界只有于光远、李京文、熊映梧这三位学者当选为院士。

熊映梧教授 1929 年 10 月生于湖北省，长期在黑龙江大学任教。历任经济系主任、经济学院院长、黑龙江大学副校长。现为中国生产力学会副会长，黑龙江省经济学会会长，黑龙江省社会科学界联合会名誉主席。在学术理论研究方面，他勇于开拓创新，大胆提出新见和创见，取得了十分丰硕的经济学研究成果，是当代中国颇有影响力的著名经济学家，是中国生产力经济学的主要创建人。在生产力经济学方面的主要代表作是其"生产力三部曲"。

第一部是《生产力经济学原理》，1987 年 9 月出版。这是当代中国第一部生产力经济学专著。这部著作为生产力经济学这门新学科创建了一个比较完整的理论框架和理论体系，阐述了生产力经济学的研究对象和研究方法、生产力的构成因素、生产力系统、生产力的发展规律和条件、生产力的合理组织。这部著作全面系统地提出了"生产力系统论""动态考察论""综合生产力论""生产力保护论""生产力属性论"等重要理论创见，并系统地阐述了生产力研究的方法论及生产力的因素论、规律论和组织论。这部著作具有系统性、原则性、科学性和实践性的特点。由于其对经济理论发展做出了突出贡献，被评为 1988 年度孙冶方经济科学奖。

第二部是《当代中国生产力考察》，1992 年 2 月出版。这部著作对当代中国 40 年生产力发展做纵向考察，对中国社会生产力现状从结构、规模和布局三个方面做横向分析，对中国社会生产力运行的国内外环境进行客观评价，对中国社会生产力状况做出总体评价和预测，并提出对策建议。这是用生产力理论对我国生产力状况进行科学考察的第一部开创性的著作，提出的对策建议对相关的决策有重要参考价值。

第三部是《适度经济增长的理论与对策》，1993 年 7 月出版。这是国家社科基金资助项目。这部著作的核心是阐述和论证"适度经济增长"的理论与对策。作者较早地提出了中国经济增长应是"结构优化的适度增长"，并根据统计资料测算出中国经济适度增长的数量区间在6%—9%。

熊映梧教授治学严谨，是一个富有创新精神和历史责任感的经济学家。他在第 12 届世界生产力大会演讲中说：此次得到世界生产力科学院的肯定，授予我院士称号。我把它看作一种鼓励，看成一个新的起点，我要拼将余生，继续做一个与新世纪俱进的经济学家，余生全力研究新千年经济学的头号课题——"改善人类与自然的关系"。

本刊记者 王刚

一 拼将一生著新说的经济学家

《生产力研究》1998 年第 6 期推出一篇《封面人物》，题目是《拼将余生著新说——记熊映梧教授不平凡的学术生涯和学术观点》（2000年第 3 期再次发表），作者为王恺和张艺。

（一）追求，不断地追求

经济学家熊映梧近 20 年来受到国内外瞩目，有位老经济学家称赞他是"改革时代经济学界的一颗新星"。他是怎样成为一位著名经济学家的呢？他自己回答说是：时代的造就，个人的不断追求。的确，追求，不断地追求，是熊映梧学术生命的主旋律。我们将沿着这一线索去揭开他治学的秘史。

1929 年 10 月 3 日，熊映梧出生在鄂西松滋县城小镇，在那里上过私塾和洋学堂。念初中的时候，日寇侵犯鄂西一带，熊映梧于 1943 年流亡重庆，后入国立第二中学读书。抗日战争胜利后，他和好友结伴北上，入天津市立二中学，开始了高中学业。在那里，受到民主学生运动的熏陶，认识到不推翻"三座大山"，"科学救国"的善良愿望是无法实现的。1948 年夏高中毕业后，他像当时许多进步青年一样，"背叛剥削家庭，投奔解放区"。几经周折，在 1949 年 3 月入华北大学，经过短期学习，于 1949 年 10 月分配到哈尔滨外语学院工作。做了 4 年行政工作后，眼看轰轰烈烈的经济建设高潮的到来，他又异想天开要当经济学家（在 50 年代初，是鼓励青年人当红色专家的）。在那百业待兴、人才奇缺的年代，边干边学是常规。熊映梧也是先教书，后学习。他在教了 3 年政治经济学之后，于 1956 年到中共中央高级党校政治经济学专业班学习（获本科毕业证书），1962 年又到中国人民大学《资本论》研究班进修一年。从学历上看，熊映梧没有按部就班念大学，也未留洋，更不在名牌大学执教，可以说没有什么值得炫耀的学历。但是，他却有一股百折不挠的探索精神，在做学问上总爱"打破砂锅纹（问）到底"。有人好心劝告熊映梧："你出身不好，教政治课是个危险的职业，要小心谨慎。"他却一笑置之。60 年代初，他不知天高地厚，竟然反对"毛泽东思想是马列主义的顶峰"的官方结论，招来一次历时半年多的"省级批判"。"文化大革命"中，他还未摘掉"反毛泽东思想"帽子的时候，竟敢同姚文元唱对台戏，著文宣称"资产阶级法权"不是经济基础，而是上层建筑的范畴。批林批孔高潮时，他写了一首讽刺诗：

"颠倒历史更颠倒，儒法两家扮主角。

出将入相今胜昔，群氓依旧跑龙套。"

80 年代初他又冒天下之大不韪，说《资本论》也有"历史局限性"。按照常理,像他这样一个 35 岁就获得"反动学术权威"头衔、"文化大革命"中受尽屈辱的人,应当是只惊弓之鸟,可是,面对不断升级的批判,熊映梧却对之以"曾经沧海不怕水"。人们问他,为什么如此大胆,屡屡标新立异?他回答说:"追求真理的强烈欲望,压过了恐惧心理。"

(二) 模仿—彷徨—彻悟—创新

熊映梧常常对自己的学生坦白地讲述自己在学术道路上走过的弯路,希望他们引以为戒。

1953 年开始教政治经济学的时候,熊映梧也照抄照搬苏联教科书;大跃进时代,他曾为"共产风"所激动,发表过不少鼓吹"三面红旗"的文章。他积极组织编写中国版的政治经济学教科书,嫌社会主义不够味,取名《共产主义政治经济学》。接踵而至的饥荒年代,使熊映梧从幻想回到现实。"肚皮使我的头脑清醒过来",这句幽默的话饱含着沉痛的反思。在熊映梧刚刚迈开独立思考步子的时候,遭到迎头一记大棒。这就是 1964 年在黑龙江省对熊映梧反对"毛泽东思想是马列主义的顶峰"的大批判。不久,史无前例的"文化大革命",熊映梧自然是"在劫难逃"。那时,每晚从劳改队回家的途中,他总要偷偷在小酒馆里喝几两,麻木神经,苦撑度日。但有一条:他从未想过自杀。因为,他执着地要看看这场闹剧怎么收场。他陷入深深的彷徨之中。

"9·13"事件使熊映梧开始彻悟,他利用"文化大革命"后期的自由时间,读了很多书,写了大量的笔记。这是 80 年代他高产的秘密所在。可以说,熊映梧的学术生命从 1978 年才开始。他花了 30 年的宝贵时光,走过了从模仿到彷徨,再到彻悟的漫长道路。在 50 岁那年,他感慨地写道:

"坎坷半世心力衰,腰弯骨损志难改。

拼将余生著新说,毁誉存亡置度外。"

他正是用这种"拼将余生著新说"的精神,冲向沉默多年的中国经济学界。在短短的 10 多年时间里,熊映梧发表了 8 部专著、上百篇论文。作品数量之多,观点之新颖,文笔之犀利,气势之磅礴,很快赢得了经济学界的瞩目。

熊映梧多次到北京大学、武汉大学、复旦大学、厦门大学等著名学府讲学,受到青年学生和教师的欢迎。在为北大经济系研究生作的学术讲演中，他说："神学是一代不如一代，科学总是后人超过前人。马克思主义是科学，后人为什么不能超过马克思、列宁呢？"这一番言论，在青年经济学者中广为流传。正是这种反对神学、提倡科学的精神，使熊映梧不畏权势，不怕围攻，在纪念马克思逝世 100 周年、人们大唱赞歌的时候，发表了《用发展观研究〈资本论〉》这篇爆炸性论文。今天回顾此文引起的风波时，熊映梧坦然地说：如果中国学术界因为马寅初、李平心、孙冶方及"三家村"受到批判而觉醒的话，个人受点委屈，那是不足挂齿的。

模仿—彷徨—彻悟—创新，熊映梧走过的这条曲折的治学道路太漫长了。他的学术最佳期早在批判中消失。但是，他并不气馁，他曾发誓说："天公假我以时日，呕心沥血偿书债。"熊映梧的雄心未减，还打算为自己的"生产力学派"创造更多的佳作。

（三）三次"标新立异"

有人批判熊映梧"爱标新立异"，他引以为荣。他认为，科学就是靠不断地标新立异而向前发展的。如果几千年念一本经，那还有什么科学。熊映梧对研究生讲：学问是由两部分构成的，一是知识，即前人对文化宝库的贡献；二是见解，即当代人对文化新增加的东西。光有存量，人类文化就太贫乏了。所以，做学问固然要有知识，充分吸取前人的成果，更重要的是要有新见解，为人类文化增添新的内容。

"生产力首位论"是熊映梧的第一次标新立异。

在陈岱孙老先生的帮助下，他的论文《经济科学要把生产力的研究放在首位》在北京大学经济系主办的《经济科学》1980 年第 2 期发表。文章尖锐地指出："忽视生产力是当代马克思主义经济学者的致命弱点，使自己走进了死胡同。这些年来，极'左'思潮在我国泛滥成灾，其理论上的根源就是要在生产力落后的条件下搞'穷过渡'。今天马克思主义经济学要摆脱困境，求得繁荣和发展，就必须跳出自己画的'地牢'——只研究生产关系，到社会再生产运动的广阔天地去。"

这篇文章发表后，在中国经济学界引起激烈争论，反对者不乏其人，赞同者也大有人在。熊映梧不喜欢打笔墨官司，他在一片叫嚷声中，退回书房，潜心研究生产力理论，在于光远先生的指导下，开创了一门"生产力经济学"。苍天不负有心人，他主编的专著《生产力经济学原理》获得了 1988 年度孙冶方经济科学著作奖，"生产力三部曲"

（《生产力经济学原理》、《当代中国社会生产力考察》及《适度经济增长的理论与对策》三部专著的总称）获中国生产力学会特等奖，他被选为中国生产力学会副会长。如今，最高决策机构确认社会主义的根本任务是发展生产力，谁也不再怀疑生产力经济学的学术价值和应用价值。奇怪的是，管学位的部门至今仍然不承认生产力经济学是二级学科，不让熊映梧这位享誉中外的著名生产力经济学家担任博士生导师。对这种不公平的事情，很多青年学子愤愤不平，而熊映梧却淡漠得很。他说：历史上有几个大学问家为当代人所承认？

"《资本论》也有历史局限性"是熊映梧的第二次标新立异。

1983 年熊映梧在《上海社会科学》第 7 期发表了《用发展观研究〈资本论〉》，其轰动效应大大超过"生产力首位论"。未曾预料到，一篇学术论文，竟引起了如此大的政治风波。一阵子，熊映梧这篇论文成了众矢之的，辱骂者有之，恐吓者有之；或无中生有，或歪曲上纲，或赤膊上阵，或含沙射影。对一场"文化大革命"式大批判，熊映梧这个"老运动员"泰然处之。他经过两年冷静思考之后，于 1985 年发表答辩文章《再谈用发展观研究〈资本论〉》，有理有据地回答了批评者的责难。

给熊映梧扣上的一项可怕的"帽子"是"批判"《资本论》，这是不实之词。熊映梧盛赞《资本论》是一部博、大、精、深的科学著作，同时也指出，《资本论》也如同一切科学著作一样，不可避免地有历史局限性，并列举其四种表现：

（1）《资本论》的某些原理，是从资本主义社会前期的实际情况概括出来的，未必适用于资本主义的一切发展阶段。如关于无产阶级贫困化的理论。

（2）《资本论》中的某些原理，论据不足，难以成立。如生产价格的构成，为什么缺少地租？

（3）《资本论》对未来的某些预测，尚属于未来学的范畴，有待于今后的社会实践来检验。如对资本主义社会的死亡期估计过早，说社会主义社会没有商品经济，也不符合实际。

（4）《资本论》中的研究方法，基本上是静态分析，缺少动态分析。

在《再谈》中，熊映梧回答说：如果《资本论》没有历史局限性，一部《资本论》治天下（不知是否包括"外星人"社会），马克思主义岂不蜕变成神学了吗？他理直气壮地写道：《资本论》的原理要发展，马克思主义的一切原理都要发展。发展意味着不断地总结实践经验，修正、完善已有结论，并不断增添新的内容，不断创立新的学科、新的学派。共产主义的伟大事业，亿万人民的伟大实践，将产生众多杰出的科学家、思想家，工人阶级的理论体系不是趋于僵化、贫困化，而是日益丰富化、多样化。

创作《中华民富论》第三次标新立异。

《中华民富论》是作者半个世纪研究成果的集大成，该书是作者"半个世纪的观察与思考"。该书序言写道："作者有幸参加了新中国半个世纪社会主义试验的全过程，饱尝了几十年的酸甜苦乐，目睹了大成功与大失败，积累了洋人及青年人不可能有的亲身感受，因而萌生了创作《中华民富论》的强烈愿望。"的确，该书不是即兴之作，更不是应景文章，而是作者出于一种时代责任感，对于他曾参与的半个世纪社会主义实践给后人一个客观真实的交代，为下一个世纪中国十几亿人民的共同富裕出谋划策。像他自己讲的是"手无寸权，心忧天下"。其用心可谓良苦也。

《中华民富论》包括《历史经验篇》《改革篇》《发展篇》及《反思篇》共 12 个专题，每个问题的论述都有新意。

——"社会发展阶段的不可逾越性和社会制度的可选择性"，是作者分析国情所持的一个基本观点。新中国成立 50 年的历史教训表明，对国情的判断有六个不同的结论，在制度选择上也可以依领袖的意愿而定，但是，社会发展阶段却是不可逾越的，至今我国仍处于从农业社会向工商社会过渡的阶段，还要补工业化的课。

——"富民的纲领是消灭私有制，还是耕者有其田和节制资本？"作者以彻底唯物主义的态度，总结了我国社会主义试验的历史教训，指出：从孙中山的民生主义到毛泽东的新民主主义论，再到邓小平的中国特色的社会主义理论，是一脉相承的。今天，十五大讲的"以公有制为主体、多种所有制经济共同发展"的方针，不也是这一思想的具体化吗？

——"公民产权本位论与共同富裕的社会主义"，这是作者对苏联社会主义模式的失败，以及市场社会主义试验的理论概括；与此相关，作者认为国企改革的实质是社会主义模式的转换，即从以国有经济为基础、以计划经济配置资源的国家社会主义转向以公民产权和民营经济为基础、以市场配置资源的新社会主义。

——"21 世纪中国面临的最大问题是什么？"作者在《中华民富论》最后提出了这个大问题。他认为，在 21 世纪使一二十亿中国人富起来是最大的理论问题和现实问题。有出息的中国经济学者应当对此作出圆满的回答。如果作出使世界上人口最多的国家共同富起来的满意答案，对众多发展中国家、对世界的繁荣，是多么巨大的贡献啊！

……

（四）望眼 21 世纪

熊映梧已年近古稀，中国知识分子可以得到的荣誉，他都有幸得到了：1978 年被评为经济学副教授，1982 年晋升为教授，1986 年荣获"国家级有突出贡献的中青年专家"称号；曾任黑龙江省政府经济研究中心主任、黑龙江省政府科技经济顾问委员会副主任、黑龙江省社会科学界联合会主席、黑龙江大学副校长兼经济学院院长。他在开放的年代，还有幸到美国、英国、加拿大、日本、波兰、韩国、中国台湾讲学，参加国际学术会议、考察。另外，熊映梧也尝够了比一般中国知识分子更多的苦难。到了晚年，他有点看破红尘了，对名利毁誉一概不计。他曾经模仿鲁迅的《自嘲》诗，写下这样一首表明心迹的七律：

年近古稀欲何求，

标新立异屡碰头。

本性难移惹是非，

文章执着不随流。

苦寻真理多蒙难，

毁誉得失不计酬。

岂顾舆论成一统，

我行我素写春秋。

有的朋友劝他："功成名就，及时引退，享几年清福吧！"他回答说："名利可不计，学术不能丢。"我们这些弟子深深了解：学术研究是熊老师的生命线。熊映梧现在创作环境并不算好：年事已高，健康状况欠佳，某些人对他的攻击时有发生，缺乏得力的助手及必要的研究经费……但是，他最大的优势是不断追求的创新精神。熊映梧很喜欢郑板桥的《咏竹》诗，他请书法家写成条幅挂在书房里，不时默念、揣摩，从中汲取精神力量。"千磨万击仍坚劲，任尔东西南北风"，不正是熊映梧品格的写照吗？

如今，熊映梧把他的研究视线转向 21 世纪，要研究 "21 世纪中国经济的大趋势"。他在一篇论文中写道：

"20 世纪末国际关系发生了根本性的变化：从对抗走向共处。人类将进入和平与发展的 21 世纪。

如今，全世界都很关注中国这个巨人的未来。有人把中国经济实力估计过高，拔高为'老三'；有人别有用心地散布'中国威胁论'；还有人对中国的前途持悲观态度，如美国世界观察所所长莱斯特·布朗提出了一个尖锐的问题：'谁来养活中国？'约翰·奈斯比特写了《大趋势》和《亚洲大趋势》；阿尔温·托夫勒写了《第三次浪潮》和《权力转移》；丹尼尔·贝尔写了《后工业社会的来临》，他们都对未来作了预测。我们不能只听洋学者议论，中国人应当有'自知之明'，对自己的未来作认真的研究，得出有科学根据的预测。"

熊映梧做学问有一个特点，注意学习历史经验和外来文化，但是又不照抄照搬，他在《中华民富论》序言中写道：

我很赞赏龚自珍的名言："欲知大道，必先为史。"所以，本书从总结近代以至新中国的历史经验入手，去寻找富民强国之路。我没有能力，也认为不应当先构建一个完整的理论框架，然后把复杂的现实硬塞进这个先验的理论体系中去。我不赞成照搬照抄别人的东西，我们在这方面吃的苦头多了，先照抄苏联的，现在又照抄欧美的。我认识的一位专门研究社会主义国家经济的英国 Peter Wood 博士，他说：西方经济学界是"万家争鸣"，"两个经济学家在一起就有三派"，"中国人太听信西方经济学家的话了"。这个批评是中肯的。我主张对东西方经济学各派兼容并包，充分吸取世界上一切有益的文化成果，植根于中国本土，创立中国自己的学派。而中国学派的创建，不是坐在书房里苦思冥想可以办到的，而应踏踏实实去研究中国社会经济生活中的重大问题，"积细流而成江河"。我愿为这条"大江大河"贡献涓涓一滴。

愿为中国的学术事业贡献涓涓一滴，而不顾风险，不辞辛劳地奋斗一生，正是我辈师表熊映梧先生的风范。今年是熊映梧教授七十大寿和从事教学研究工作五十周年。我们祝愿熊老师老当益壮，创志更坚，跨进 21 世纪，贡献更好的作品。

（本文两位作者系熊映梧的研究生）

二　与时俱进不断创新的经济学家

《学理论》2002 年第 2 期刊登该刊记者刘金祥的访谈，名为《做一个与时俱进的经济学家——访世界生产力科学院院士熊映梧教授》。全文如下：

在 2001 年 11 月召开的第十二届世界生产力大会上，我国著名经济学家、黑龙江大学经济学院熊映梧教授，以其对生产力科学理论研究的卓越贡献，被世界生产力科学联盟（WCPS）评为"世界生产力科学院院士"，这是我国生产力科学界在全世界获得的最高殊荣。日前，本刊记者就有关问题采访了熊映梧教授。

记者：熊教授，您这次当选为世界生产力科学院院士，表明我国生产力科学理论研究得到世界权威机构的认可，标志着我国生产力的理论研究和实践均达到了国际水准。但许多读者特别是一些从事经济工作研究和实践的业内人士对世界生产力科学联盟及其所属的世界生产力科学院的情况仍不甚了解，您能否给我们简单介绍一下这个组织的有关情况？

熊映梧：世界生产力科学联盟成立于 1969 年，总部秘书处设在加拿大的蒙特利尔。其宗旨是提高各国、各部门的生产力，改善各地工作条件，促进全球人民生活水平的不断提高。联盟由各国分会组成，下设世界生产力科学院。联盟主办的世界生产力大会每两年召开一次，有各国政府高级官员、著名企业家和学者参加。中国生产力学会 1987 年被接纳为联盟的正式会员，同年第一次组团参加了由她主办的华盛顿学术论坛，我作为中国代表团的成员之一参加了这次论坛。

2001 年 11 月 6—11 日，由中国生产力学会和香港生产力促进局联合以中国政府名义承办了第十二届世界生产力大会，分别在香港和北京举行，来自全球各地的一些商界领袖、资深学者、政府官员和生产力专家参加了大会，并在会上交流了新世纪提高生产力、创造财富的新理论、新构想和优秀作业方法。我在这次会上发表了题为《改善人类与自然的关系——新千年经济学的头号课题》的讲演。在会上，我国原国务院发展研究中心副主任吴明瑜、原建设部副部长杨慎、原上海宝钢集团副总裁谢企华、原航空航天工业部副部长程连昌等 9 人当选为世界生产力科学院院士。目前，世界生产力科学院共有院士 280 多名，分布在43 个国家和地区，其中技术专家所占比例较大。

记者：全世界从事生产力理论研究和实践的学者和专家难以数计，而世界生产力科学院院士只有 280 多人，说明其评定标准是相当高的。您几十年来虽然始终不渝地从事生产力科学理论的研究和探索，且自成体系，卓然一家，但真正使世界生产力科学联盟发生兴趣的是您的哪几部著述？

熊映梧：这个问题比较复杂，一时很难说清楚。这次我国当选的 9人中只有我是专门从事生产力理论研究的，而最能代表我的理论研究水平的应当是 1988 年荣获孙冶方经济学奖的《生产力经济学原理》一书。该书已经被广泛地介绍到国外，联盟也给予了相当大的关注。但这次我当选为世界生产力研究院院士，主要原因还是从总体上对我创建的中国特色的生产力科学理论体系的认可和首肯，而不是依据哪一部或哪一篇著述。

记者：过去围绕生产力经济学您发表的每一篇论文，出版的每一部专著都富有创见和新意，在经济学界乃至整个思想理论界均不同程度地产生了反响。在这次世界生产力大会上您所作的《改善人类与自然的关系——新千年经济学的头号课题》的演讲中又阐述了哪些新的见解或观点？

熊映梧：这篇演讲的全文可能发表在 2002 年第 1 期《生产力研究》杂志上。在这篇文章中我主要是从三个方面谈了改善人类与自然关系的紧迫性、重要性和可行性。第一，通过对经济学发展历程的简要回顾和对当前全球生态危机的整体分析，提出了当代特别是后工业化时代最重要的社会经济问题，是人类与自然关系的恶化。第二，通过把人类与自然关系分为五个等级进行考察，确定人类与自然关系的目标。这五个等级是：最佳状态、次佳状态、勉强维持状态、危险状态和无法生存状态。我对这五种状态进行了科学界定，并据此认为，今日处于次佳状态者只有少数几个发达的小国，处于危险状态的也有一些国家和地区，多数国家处于勉强维持状态。向次佳状态前进还是向危险状态后退，这是21世纪全球性的问题，需要"地球村"全体居民的共同努力，去争取次佳生存状态。第三，针对工业化以来以资源过度消耗、生态破坏、环境污染为特点的生产力发展的"灰色道路"，我提出了"选择生产力绿色发展道路"，即在保持生态平衡、避免环境污染的前提下，实现经济的适度增长。当然，这需要以下几个条件：（1）科学技术的突破性进展，使人们有条件保持生态平衡，避免环境污染。（2）制度创新，既避免计划经济体制下那样为政治而追求速度，又防止市场经济体制下盲目发展而牺牲环境，能够做到"生态环境—社会经济的平衡发展"。（3）观念更新，把"改善人类与自然的关系"作为经济学的首要课题，接受历史教训，不能像早期那样把经济学只局限于研究人们之间的利益关系，而应扩大视野，建立"天人合一"的良好经济环境。（4）构建各学科联盟，改变以往各学科相互分隔，甚至互相封锁的状况，使生态学、环境学、经济学、哲学等各学科共同努力，去攻破"改善人类与自然的关系"这个新千年的头号课题。

记者：的确，现在生态问题、环境问题是一个危及人类生存发展的大问题，已经引起很多国家政府的高度重视。您作为闻名中外的生产力经济学家，现在把研究的重点放在人类与环境的关系上，从逻辑上这是否意味着您研究领域的拓展、研究思路的深化？

熊映梧：任何事物都是在发展变化的，经济学研究也要与时俱进。近年来我把研究重点逐渐转移到人与自然的关系上，而人和自然关系的改善是重要的生产条件，是生产力研究的题中应有之义。当前，生态环境的恶化，迫切需要经济学给予关注。研究如何改善人和自然的关系，为生产力的发展和生产率的提高创造有利条件，这应该是经济学家的义不容辞的责任和使命。现在我们许多经济学家仍然在研究产权制度改革、股份制改造、分配制度改革、社会保障体制的建立，并且在达成共识的基础上研究应对世界贸易组织挑战的对策，等等，这些固然很重要。但更重要的是研究人和自然的关系，这二者关系处理不好，其他都无从谈起。其实，早在几十多年前，西方经济学家就已经开始研究这方面的问题，例如，罗马俱乐部于20世纪60年代就出版了梅多斯的惊世警世之作——《增长的极限》。我国在这方面的研究才刚刚起步，远没有将其摆上经济学研究的第一位，所以在这次世界生产力大会上，我呼吁要把改善人类与自然的关系作为新千年经济学的头号课题。

记者：您是生产力理论研究的权威，请您谈一下我国生产力理论研究的历程和现状。

熊映梧：由于众所周知的原因，社会科学界对生产力理论的研究不可避免地经历了一个曲折艰辛的过程，可以把我国对生产力理论的研究大致分为三个时期：

第一个时期（1949—1956 年），这是一个社会政治生活比较安定、经济欣欣向荣的时期，社会科学界面临着大量的新问题。社会科学特别是经济科学工作者的队伍还很弱小，远远不能适应时代的需要。这个时期在生产力理论研究上的一个突出特点，就是没有超出对苏联理论界的模仿，在"二要素论"与"三要素论"这个狭小的空间里踟蹰不前。

第二个时期（50 年代后期至"文化大革命"），这个时期同政治上的大动荡相一致，对生产力理论的研究也是很曲折的。"大跃进"时期，一些社会科学工作者试图总结大跃进的"新经验"，探讨生产力的内部结构及其运动规律，曾经出现理论研究的表面繁荣。但是，在那时杂草丛生的科学园地里，也有一枝异花独放，这就是《论生产力问题》文集作者平心的"十论生产力"的文章。60 年代初，在从理论上总结"大跃进"教训的时候，于光远提出了建立"生产力经济学"的重要意见，他关于建立生产力经济学的主张，是马克思主义经济学史的一个创见，但在当时没有引起足够的重视。在"文化大革命"时期否定发展生产力是社会主义建设的根本任务达到登峰造极的地步，极"左"派"理论家"们制造了一个所谓"唯生产力论"的幽灵，发动了批判"唯生产力论"的"群众运动"，在这种反对历史唯物主义的批判运动中，国民经济被推到了崩溃的边缘。粉碎"四人帮"以后，理论界开始拨乱反正，我国经济学界由不重视生产力、无权研究生产力，转入了一个重视生产力研究的黄金时代。

第三个时期（改革开放和开创社会主义现代化建设新局面的时期），党的十一届三中全会以来，随着全国工作重点转移到社会主义现代化建设上来，生产力经济问题的研究出现了空前的繁荣景象。全国及各省市都成立了生产力经济研究会，许多经济理论工作者及经济工作者广泛开展了关于生产力经济理论和实际问题的研究，二十多年来，共出版了上百部有学术价值和实际意义的论著，发表的论文更是无法统计。许多学者顺应了时代的需要，冲破了传统的陈旧观念的束缚，在理论经济学和应用经济学、边缘经济学等各个学科广泛开展了对生产力问题的探讨，取得了丰硕的成果。

记者：这次您当选为世界生产力科学院院士可谓是众望所归，那么，在当今条件下，作为一个优秀的经济学家，您认为应具备哪些人格素质？

熊映梧：最近我对我的研究生们提出这样一个要求，做一个与时俱进的经济学家，具体来说，至少体现在以下三个方面：一是必须有创新精神，要敢于开拓新领域，勇于提出新见解，拿出新观点。二是必须坐得住"冷板凳"，耐得住清贫和寂寞，坚持不懈地沿着自己的研究领域走下去。三是必须善于优化组合，注重集中大家特别是自己学生的智慧，调动每个研究生的积极性，形成整合力。只有这样，才能推陈出新，不断取得研究的新突破。

三　率先研究新千年经济学头号课题的经济学家

《生产力研究》2002 年第 1 期推出特稿——《改善人类和自然的关系——新千年经济学的头号课题》。这是熊映梧教授 2001 年 11 月 6 日在"第十二届世界生产力大会·绿色生产力论坛"上的演讲。全文如下：

（一）当代主要社会经济问题是什么？

亚当·斯密 1776 年发表名著《国民财富的性质和原因的研究》，标志着经济学作为一门科学诞生了。迄今为止，已有 225 年的历史。虽然，两百多年来，经济学的学派林立，论著可谓车载斗量，但基本理论体系不外两大派：斯密学派与马克思学派。斯密学派后来衍生出来众多分支，但未超出"市场经济学"这个范围；马克思学派后来继承者固然人人声称自己是忠实的马克思主义者，其实，"各吹各的号"，列宁把马克思学说归结为一点："无产阶级专政"，毛泽东说马克思主义千头万绪，归根结底一句话"造反有理"；不管怎么说，都不外是"阶级斗争经济学"。这两大对立的学派也有相同之处，都是研究人与人之间的利益关系。斯密学派主张通过市场等价交换解决人们间的利益之争；而马克思学派则认为应当用阶级斗争的办法去处理。

综观 20 世纪，各国、各民族、各阶级倾全力于人们间的利益之争，为此打了两次世界大战，以及数百次局部战争，付出了多少生命、财产的损失，谁也说不清楚。据英国史学家艾瑞克·霍布斯鲍姆（Eric Hobsbawm）在《极端的年代》一书中说："在短促的二十世纪年月里，因人为原因死亡人数之高更为人类史上罕见。最近一次以'百万为死亡单位计'的估算，死亡人数为 1.87 亿人，相当于 1900 年时世界人口的十分之一以上。"

刚刚过去的那个世纪，是辉煌成就与巨大灾难并存的世纪。

《共产党宣言》这样热情洋溢地歌颂工业化：

"资产阶级在它的不到一百年的阶级统治中创造的生产力，比过去一切世代创造的全部生产力还要多，还要大。自然力的征服，机器的采用，化学在工业和农业中的应用，轮船的行驶，铁路的通行，整个大陆的开垦，河川的通航，仿佛用法术从地下呼唤出来大量人口——过去哪一个世纪能够料想到有这样的生产力潜伏在社会劳动里呢？"

美国学者杰里米·里夫金（Jeremy Rifkin）和特德·霍华德（Ted Howard）在《熵：一种新的世界观》中却发表了另一种见解："工业化国家越快地把自然资源转化成经济产品，其他国家和后代从自然宝库中得到的就越少。技术进步至多能加速资源的转化，使自然储存枯竭，而且，在这过程中，制造出了更多的垃圾和更大的混乱。"

在人们陶醉于第二次世界大战后经济高速成长的欢乐声中时，冷静的科学家发出了令人震惊的警告。梅多斯（D. Meadows）受罗马俱乐部的委托，于 1972 年出版了《增长的极限》一书，他认为，在"控制以往的世界体系的自然的、经济的和社会的关系没有重要的变化"的前提下，由于粮食的短缺、资源的枯竭和污染的严重，人口和工业生产力将发生非常突然的和无法控制的崩溃。所以，梅多斯提出了"零度增长"的"全球性均衡"主张。

梅多斯、里夫金等人并非危言耸听，而是有根据的警告。请看，人类面临的人口膨胀多么严重，现已超过 60 亿人，2015 年可能达到 80 亿人。里夫金说："建立在非再生资源上的工业化时代的时间还不足人类历史的 0.2%，然而 80% 的人口增长却发生在这个时期。""因此，世界必须重新努力，在今后几个十年内减少人口。"

近期，水资源枯竭，全世界约有 90 个国家，40% 的人口缺水，联合国发出了警告：石油危机之后的下一个危机便是水。

危险废弃物是人类又一个危害，它每年以 5 亿吨的速度激增，人均年增 100 公斤，而危险废弃物 90% 出自工业化国家。

更令人忧伤的是臭氧层遭到严重破坏。1989 年 3 月 123 个国家的代表云集伦敦再次发出"挽救臭氧层"的呼声。1984 年科学家首次发现南极上空出现了臭氧空洞，大如美国。自 1969 年以来，大到 2800 万平方公里，横跨美国、加拿大、日本、中国、苏联、欧共体等广大地区臭氧减少 3%。由于臭氧层的破坏，"无形杀手"紫外线可长驱直入。

我很赞成英国生态经济学家哥尔德·史密斯的观点：人类赖以生存、发展，赖以进行生产和消费的自然界（具体说是生物圈）应该作为经济学研究的重要内容。人们需要一种更广阔的经济理论来应对工业化后的时代。他警告说："自然是有限的。只是靠不断掠夺自然而幸存下来的经济是短命的。"

总之，我认为，当代、后工业化时代最重要的社会经济问题是人类与自然关系的恶化。

（二）改善人类与自然关系的目标

人类与自然关系可分为五个等级来考察：

A 级：最佳状态，人类与自然和谐共处，人类的一切经济活动顺乎自然，不破坏生态平衡，不污染环境。这也许是古代思想家说的"天人合一"的理想境界，恐怕是可望而不可即的。

B 级：人类与自然关系的次佳状态。人类比较了解自然，社会经济活动比较注意生态平衡与环境保护。一旦出现这方面的问题，可能及时加以妥善处理。可以基本实现"生态环境—社会经济"的良性互动。这是 21 世纪人类可以争取达到的目标。

C 级：勉强维持人类与自然的共处关系。工业化以来，一些发达国家过度开发，虽然赢得了经济的高速成长，国力和民众生活水平也大大提高，但是，却造成了严重的生态破坏、环境污染。后期那些发达国家花了很大气力整治环境，景况有所改善。如清理泰晤士河颇有成效。时至今日，工业化国家（特别是那些工业化初期的发展中国家）仍然存在严重的生态环境问题，要想勉强地保持现状也难以为继。

D级：人类与自然的关系处于危险状态，人类生存受到威胁。例如，乌克兰切尔诺贝利核电站泄漏迫使那个地区居民撤退。世界上有些地区过去有人居住，后因环境恶化而迁移他乡。

E级：人类无法生存的状态。综观世界各国，今日处于B级状态者只有少数几个发达的小国，处于D级状态的也有不少国家和地区，多数国家处于C级状态。向B级状态前进，还是向D级状态后退，这是21世纪（也是下一个千年）全球性的大问题，需要"地球村"全体居民的共同努力，去争取B级那样较好的生存条件。

（三）选择生产力绿色发展道路

工业化以来，形成了一条生产力发展的"灰色道路"，其特点是经济效率大大提高，资源过度消耗，生态破坏，环境污染。这条片面追求高速、高效的经济发展路线，代价太大，后患无穷。如今，人们的生态意识、环境意识增强，逐渐明白生产力发展的"灰色道路"不能再走下去，必须走绿色道路，即在保持生态平衡、避免环境污染的前提下，实现经济的适度增长。为此，需要有以下几个条件：

1. 科学技术的突破性发展，使人们有条件保持生态平衡，避免环境污染。

2. 制度创新，既避免计划经济制度那样为政治而追求高速度，又防止市场经济制度盲目发展而牺牲环境，能够做到"生态环境—社会经济的平衡发展"。

3. 观念更新，把"改善人类与自然的关系"作为经济学的首要课题。我们要接受历史教训，不能像早期那样把经济学局限于只研究人们之间的利益关系，而应扩大眼界，建立"天人合一"的良好经济环境。

4. 构建各学科的联盟。以往各学科分隔，甚至互相封锁的状况必须改变，使各学科（生态学、环境学、经济学、哲学等）共同努力，去攻破"改善人类与自然的关系"这个新千年的头号课题。

古语"江山代有才人出"，更确切地说，江山代有新课题，有待科学家去研究。我们已跨进21世纪，怎么能忽视新世纪、新千年的新课题呢？

附录：

全国绿色生产力研讨会综述

王朗玲

《经济学动态》2002 年第 8 期刊载研讨会综述如下：

2002 年 5 月 25 日，由《经济学动态》杂志社、《生产力研究》杂志社和黑龙江省经济会主办，黑龙江大学承办的"全国绿色生产研讨会"在哈尔滨召开。来自北京大学、中国社会科学院、中国人民大学、《生产力研究》杂志社、黑龙江大学等全国各地 60 余位专家、学者参加了会议。与会代表就"绿色生产力"的意义、内容及有待进一步研究的问题进行了深入的讨论与探索。

一　"绿色生产力"的意义

黑龙江大学熊映梧教授提出，改善人与自然的关系，使人类与自然和谐共处，是新千年经济学的首要课题。工业化以来，形成了一条生产力发展的"灰色道路"，其特点是经济效率大大提高，资源过度消耗，生态破坏，环境污染。这条片面追求高速、高效的经济发展路线，代价太大，后患无穷。所以，当代、后工业化时代最重要的社会经济问题是人类和自然关系的恶化，进而指出"生产力发展的'灰色道路'不能再走下去，必须走绿色道路，即在保持生态平衡、避免环境污染的前提下，实现经济的适度增长"。熊映梧教授的弟子黑龙江大学孟庆琳教授创造性发挥其思想，提出"生产力发展的绿色道路"的概念，并简约地归结为"绿色生产力"。他认为，随着中国经济的发展，环境问题日益严重，解决和发展环境问题就成为一个迫切任务。但就目前环境和发展理论而言存在根本性缺陷，不能胜任这一任务。"绿色生产力"是有中国特色的"可持续发展"理论。中国不能照搬西方发达国家的可持续发展理论，西方可持续发展理论的要害是"稳定和可持续是硬道理"。而我们必须坚持"发展是硬道理"原则，在发展的前提下做到稳定环境和可持续。因此，"绿色生产力"是中国必须选择的未来发展模式，这一模式只能从中国特定的生产关系、上层建筑这样的大视角下才能被正确理解和最优化其过程。

中国社会科学院王振中教授认为，从现实讲，保护环境已成为国际经济和社会发展中的重要任务，例如现在联合国和世界银行在谈到资源问题时，用的标题都是"为后代而保护资源"；从理论上讲，国际经济学界已经从"GDP（Gross Domestic Products）国内生产总值等于 GDP（Gross Dometic Pollution）国内总污染"的困境中摆脱出来，今天已经发展到追求（Green GDP）绿色国内生产总值。从长期来看，中国与国际竞争的就是环境。因此可以说，"绿色生产力"的理念与"绿色国内生产总值"的理念是一致的。

中国社会科学院杨帆研究员指出，目前我国面临的严重缺水、土地荒漠化等环境问题已构成了对生存和发展的威胁，主流经济学已无法解决这些问题，甚至这些问题正是由主流经济学的错误而生，因此必须从生产力经济学等非主流理论中找到正确答案。

中国社会科学院薛永应研究员认为，人类社会生产力有三个高度：人类顺应自然、人类征服自然、人类和谐自然，相应的生产力理论研究也有三个高度。如果把"人＋工具"的要素理论看成是中国生产力经济学发展的初始阶段，则突破要素论的"系统生产力"理论的提出与完善就是中国生产力经济学发展的第一高度，它为建设中国完整的国民经济体系和把发展生产力作为"初级阶段"主要任务的大政方针做出了贡献。"市场生产力"是生产力经济学的第二高度，这一理念突破了静态、外生的计划经济生产力模式，反映了市场经济动态资源经济配置机制和"人十全要素"生产力的存在形式。"绿色生产力"是生产力经济学的第三高度。它要回答的是人类应如何配置生产资源才能做到生产力的"合理化""经济化""科学化""社会化""人性化"和"可持续化"，特别是使中国的经济发展走上与环境健康相统一的道路，这也是生产力观念从"征服自然"到"和谐自然"的根本转变。

二　"绿色生产力"的内容

北京大学刘方棫教授认为，要将绿色概念纳入生产力的内生变量中，控制污染、保护环境、使人与自然和谐发展。因此，"绿色生产力"要求生产过程具有"无污染、无公害、无损于子孙后代"的三无标准，达到有利于人类、生态和自然平衡，有利于资源永续利用和有利于生产和消费可持续发展的"三个有利于"长远目标。为此，要更新概念，树立合理的消费观念，不要看拥有消费物品的数量，而要看其可持续性，是否有利于资源环境的良性循环。要计量环境与资源消耗的成本，建立起资源环境成本内生化的价格体系。

黑龙江大学孟庆琳教授指出，"绿色生产力"与其他形态的生产力相比，其根本的区别在于约束条件不同。其他形态的生产力主要受"资源约束"和"技术约束"的限制，而绿色生产力主要受制度约束的限制。"制度约束"是"绿色生产力"的社会本性，是有别于资源约束和技术约束等"自然"本性的生产力形式。"绿色生产力"是关注环境的生产力发展道路，其实质是关注生产过程中的负作用。从环境和生产的负作用出发，如果一个生产过程对环境的损失过大，生产的负作用过强，即使我们有资源，有技术，也往往不能进行生产或不能不加限制地生产，这一要求只能用制度限制来实现，因而"绿色生产力"是一个制度约束的生产力。由于环境污染没有国界，要追求绿色生产力必须关注跨地区、跨国家范围内的生产力形态，因此就必须为之建立更大尺度上的制度约束才可能实现。如全球性环保公约、地区性流域治理协议等。另外，这种制度约束也属于大跨度的。这首先是因为绿色生产力不只是关心环境的"健康"，更关心发展，特别是可持续发展。如果把"可持续"理解为"永远"，那么从逻辑上讲绿色生产力的制度约束就具有无限大跨度的含义，即使在最小尺度上，绿色生产力的时间跨度也必须超过"代际交叠"的尺度。把"制度约束"纳入生产力经济学，突破了以往生产力经济学仅局限于资源和技术的"结构分析"框架，使生产力经济学在方法论上与主流经济学接轨。另外，"大尺度、大跨度、大范围的制度约束"也是生产力（绿色生产力）的科学定位。这是因为，其他经济学对之研究甚少或根本未将之纳入其中的领域，但它确是生产力经济学的本质特征和必须着重研究的内容，也是生产力经济学存在的科学根据。这些制度约束要求建立与绿色生产力相应的资源成本（价格）体系、环境成本（价格）概念。

中国社会科学院研究员王振中指出，目前国际上在探讨"绿色国内生产总值"的问题时，提出了一个非常重要的概念，即"真实国内储蓄"，其公式为：真实国内储蓄 = 净国内储蓄 + 教育支出 - 能源消耗 - 矿产资源消耗 - 净森林消耗 - 二氧化碳损害。其中二氧化碳损害的估计为每吨排放量 20 美元。据此推算，我国 2000 年国内总储蓄与真实国内储蓄相差 10.6 个百分点。且不论这样的计算是否准确，但是建立这样的核算体系是十分必要的，例如，OECD、UN 和世界银行设立了六项标准：具备可持续发展的国家战略、获取安全可饮用水的人数、保护区的土地面积、单位能源使用产生的 GDP、人均二氧化碳排放量和森林面积。

三　绿色产业论纲

黑龙江省社会科学联合会刘景林研究员提出第四产业的设想：绿色产业论纲。他认为，人类经济、社会、科技、文化的不断发展，越来越使我们清醒地认识到人类在开发利用自然资源的同时，必须很好地保护和修复自然资源，为达到这个目标和任务，从产业理论角度来思考，有必要提出第四产业的设想，即绿色产业。所谓绿色产业是指生产无污染、无公害产品的产业和保护环境、维护生态平衡的产业。这不是指某个具体产业，而是指一系列产业群体。根据目前人类经济社会发展的时间和我们的认识，绿色产业至少应包括绿色食品产业、自然资源修复产业（如天然林保护工程、退耕还林工程等）、自然资源替代产业、环保产业和生态平衡产业。这些都是具有正外部性的产业，其特点是具有服务的公共性和公益性、效益的外在性和长期性、发展的艰巨性和复杂性。绿色产业的发展有利于绿色生产力的发展和综合国力的提高；有利于经济社会的可持续发展及经济人口、环境的协调发展；有利于打破国际经济贸易的绿色壁垒，适应我国加入世界贸易组织的需要。在目前情况下，绿色产业一是需要理论创新的引导，二是需要经济政策的支持。例如建立相应的统计评价机制、法律法规保障机制、支持联合组织的发展。建立和发展国内、国际的绿色产业发展联盟。

四　生产力发展规律及其发展机制

中国人民大学李悦教授指出，要使产业生产力持续快速健康发展，增强国际竞争力，首要问题就是要按产业生产力发展规律办事，否则必然受到客观规律的惩罚，甚至会在剧烈的国际竞争中被淘汰出局。产业生产力发展的客观规律是：（1）产业生产力的全球化。（2）产业生产力的现代化。（3）产业生产力的入世化。（4）结构调整与产业转移并存。（5）垂直分工与水平分工并存。（6）军工产业与民用产业并存。（7）轻重工业并存。（8）劳动、资源密集型与资本技术和知识密集型产业并存。（9）国内外合作与不平等和不平衡并存。（10）高新技术产业发展与传统产业改造并存。（11）"三、二、一"取代"一、二、三"，即三次产业之间位次发生根本变化。（12）新中心取代老中心。
21 世纪世界经济中心将从欧洲向亚洲转移，从大西洋移向太平洋。亚
洲总体经济将超过世界上其他国家和地区的经济总和。中国将拥有世界
上规模最大的经济，成为亚洲地区领先的经济力量。（13）绿色生产力
取代灰色生产力。（14）工业国取代农业国。（15）原料相对有余取代
原料相对不足。

　　黑龙江大学焦方义教授认为，在各产业中如何发展科技生产力是一
个极其重要的问题，绿色生产力也不能例外。因为科技生产力是当代生
产力的标志，是先进生产力的体现。发展生产力主要依靠科技进步，科
技成果只有转化、高科技只有产业化才能形成科技生产力。风险投资在
科技成果转化和高科技产业化中发挥着关键性作用，发展科技生产力必
须完善我国风险投资市场体系，加快风险投资事业的发展。

　　黑龙江省委党校李宪徐副研究员认为，信息革命条件下生产力存在
形式具有新特点：信息革命时代生产力的网络化、数字化、全球化、生
产力要素、结构、系统的存在形式发生变化；虚拟经济中的生产力存在
形式及其变化具有与以往经济不同的特点。在信息革命条件下，生产力
变化规律也呈现出新特点。一是生产力量变异化及信息革命条件下生产
力量变特点。生产力量变异化的主要表现为人类片面追求生产力的量的
增长，造成生态问题、"核威胁"问题、"结构失调"问题等。信息革
命条件下生产力量变异化表现为由生产力量变速度更快、范围更大、边
界难以确定和把握等决定的异化现象会更加严重。二是生产力"质变
主导性"与信息革命条件下生产力的质变。质变主导社会生产力发展
变化，在信息革命条件下"质变主导性"会更加突出，质级高的生产
力成为社会生产力的决定性力量。三是知识生产力与收益递增规律。知
识生产力遵循的比较优势法则，不同生产力主体的共赢机制，知识经济
中的胜者通吃律及其收益递增规律都将成为知识生产力的重要特征之
一。因此，只有我们充分认识到信息革命条件下生产力发展机理，才能
在实践上提出对策，以适应 21 世纪生产力发展的需要。

　　五　有待进一步研究的问题

　　这次会议上，与会专家学者对"绿色生产力"理念观点一致，目
标明确。但同时指出，"绿色生产力"是一个新的概念和新的研究领
域，目前仅仅是一个开端，还有许多重要问题需要进一步研究。《生产

力研究》杂志社常务副主编徐则林指出这些问题是：（1）目前"绿色生产力"还没有一个完整的科学的经济学体系，没有这样一个科学体系就会造成概念混乱，无法形成有意义的学术讨论平台。（2）把"理念"变成实际行动仍然是一个亟待解决的大问题，例如如何科学地建立相应的指标体系，真实地计量经济活动的结果，如何建立数据统计资料以便利用国际社会通用的指标等是尚未完成的工作。（3）如何建立一套切实可行的法律、法规、政策体系，行政机构如何有效地防治污染和保护环境。（4）"观念"转变是一个艰巨的任务，如何使千百万人尽快地提高"绿色"意识是一项复杂的系统工程。

除此之外，对"绿色生产力"还可以提出无数问题，但与会专家学者认为，"绿色生产力"是有前途的研究领域。如果我们能大力提倡"绿色生产力"的理念，则会大大推进社会发展，更好地造福我国人民。

第十二章 以探索规律 揭示真理 创建理论为崇高使命

一 良师益友的典范 龙江学派的旗帜

为庆祝熊映梧70年华诞、执教50周年，黑龙江省经济学会副会长兼秘书长牛德林教授撰写文章。全文如下：

熊映梧教授是国内外颇具盛名和卓有建树的经济学大家。今年是他生命常青之树的第70个年头和执教科研50周年的纪念。纪念最好的活动莫过于对他的学习。他的学品、他的人格、他的作品、精神境界、创新贡献等许多令人敬慕和学习的地方。我认为，其中最值得我们学习、效法和弘扬的是他的那种不惧艰难险阻、求真务实、求实创新的崇高精神境界。

（一）不信神学 崇尚科学

熊映梧教授之所以能在坎坷境遇中，不怕围攻，不怕批评，不说违心话，而是实事求是，说真话，说有利于国家和人民的话，以极大的理论勇气和崇高的精神境界，坚持不懈地探索规律，揭示真理，标马克思主义之新，立新世界经济科学理论，因而取得累累硕果，做出杰出贡献，唯有崇尚这种崇高的科学境界，才能让他"咬定青山不放松"和"任尔东西南北风"。

熊映梧教授是一位彻底的马克思主义唯物主义者。他一方面，善于反思自己，勇于反思现实。在他的名作《我的经济观》和《我的马克思主义发展观》等科学论著中，真诚而坦率地说明了他曾经历过的"模仿—彷徨—彻悟—创新"的心路历程和科研道路，并且确立了"拼

将余生著新说"的宏伟使命，展现了一定要创立新世纪新经济学的英
雄气概。在广阔的经济学天地里，猛冲猛打，攻坚克难，进行着"公
正无私的科学探索"和夜以继日的创新、创立、创建的艰苦创作。另
一方面，更为难能可贵的是，他经受住了粗暴、严峻、无理、屈辱而又
不断升级的三次残酷大批判的重大考验……

熊映梧教授在他的答辩批判者的论文《再谈用发展观研究〈资本
论〉》中，旁征博引，从马克思本人的理论，到毛泽东的观点，再到邓
小平的论述，包括一切科学发展的客观规律等，来论证马克思主义科学
的本质是革命的批判，任何科学真理都是不怕批评和实践检验的。只有
反对思想僵化、故步自封和教条主义；只有从实际出发、求真务实和不
断创新，才能跟上时代前进的步伐、摆脱落后和赶超世界先进水平。

这一场关于《资本论》是否有"历史局限性"、马克思主义经济学
是否需要大发展的大辩论，真如海外一家知名刊物评论的那样，这是中
华人民共和国成立以来的第一次批评马克思《资本论》的文章，其重
大意义远远超过一般的学术讨论范围。它涉及对待马克思主义的根本态
度问题，关系到要不要确立科学的"坚持与发展观"的大是大非问题，
绝对不能贸然和漠然处之。在这方面，熊映梧教授的清醒、严肃、正
确、鲜明和果敢的论证，为我们树立了如何正确地对待坚持与发展马克
思主义的光辉典范。

（二）探索规律　揭示真理

有人贬斥熊映梧"爱标新立异"。而熊映梧却正是以"标新立异"
为荣。这是由他学术生涯实践所形成的创新发展观决定的。这个新时
代、新世界、新改革和新发展等，决定了标新立异和创新发展的世界观
和方法论，价值观和认识论。没有标新立异，没有创新发展，就不会与
时俱进，就不能跟上时代和大有作为。今年2月2日，《黑龙江日报》
记者章华在采访熊映梧教授时问道："您治学50年来，是什么精神支持
您坚持不懈，奋斗不止，卓有贡献？"他回答说："概括地说，就是寻
求真理，探索规律的创新精神……呕心沥血，学术特苦，而发现新的规
律和真理又其乐无穷，无限幸福美好！"

人们都说，经济科学的生命在于创新，经济科学的大发展更需要不
断地创新。熊映梧教授总结他几十年经济科学研究的经验时说，所谓创
新就是对于某个课题、命题或问题有了独到见解，包括新的认知、新的

主张、新的方法、新的内容等，就是在新的实践中创立、创新、发展新的理论，解决新的问题。其核心和根本，就是提出前人未曾提出的新理论，解决前人没有解决的新问题。熊映梧教授在《略论马克思主义大发展的涵义和条件》论文中，从发展的意义上对创新做出了新的概括，创造性地提出了"四新"的标准。即对马克思主义增添新内容；开创马克思主义的新学科；创建采用新方法；把马克思主义推上一个新阶段，从而达到一个新水平和新境界。

在我看来，到目前为止，尚无人能够提出超越这四条标准的更新标准。现在，熊映梧教授首创的这四条标准，经过跨世纪的实践检验，仍然是正确和实用的。凡是研读过熊映梧18部著作、5部文选、180多篇论文的，都会看到他忠诚恪守和认真奉行着这四条标准。

首先，他的许多学术论文和专著，都为马克思主义经济学的创新发展增添了许多新的内容。

其次，他同中国著名经济学家一起开创了理论经济学的新学科——中国生产力经济学。熊映梧教授同于光远、孙尚清、薛永应等著名经济学家，创立了生产力经济学。虽然有的名家倡议比较早，名望比较高，但却没有形成独创性和领导性较强的系统与权威的学术成果。从我们研究的文献来看，熊映梧的《生产力经济概论》出版最早；他运用自己的学术成果主编的《生产力经济学原理》（他的著名的"生产力经济学三部曲"的第一部）所获得的奖项最高（1988年孙冶方经济科学著作大奖）；他的"生产力经济学三部曲"的二部曲《当代中国社会生产力考察》和三部曲《适度经济增长的理论与对策》，荣获中国生产力经济学的特等奖。这些都足以证明熊映梧是中国生产力经济学的首创者，至少是主要创始人。从此，熊映梧同马克思主义理论经济学的创新学科"生产力经济学"密不可分地联系在一起，在中国经济科学史上占有世人公认的重要地位。他在创立马克思主义经济科学的新学科上，为中国学派、龙江学家赢得了崇高的荣誉，我们应当引以为傲和作为创新奋进的榜样。

再次，采用新方法。相对于传统的马克思主义唯物辩证法，熊映梧所倡导并且运用的是伴随着科技进步而产生和创立的一系列新的科学方法，诸如系统论、控制论、协同论、耗散结构论、创新整合论和比较法、定量分析法、动态与静态分析法和数学法等。这些年来，特别是在创新生产力经济学的过程中，较多地采用系统论、结构论和动态与静态分析法等等，从而使他的一些学术令人耳目一新、受益很大。

最后，把马克思主义经济科学推向一个新阶段，达到一个更高的新境界。熊映梧教授明确指出，如果给予马克思主义增添了许多新内容，包括一些基本原理，开创了一系列新学科，特别是在世界观和方法论等方面充分吸取了当代科学的新成果，那么，马克思主义经济科学也必然发展到了一个崭新的阶段。为此，熊映梧教授早在1978年就在《经济学周报》上著文强调："人人有权发展马克思主义。任何人不可能垄断科学……只有神学才被少数人垄断。"他主张百家争鸣，要"平等争鸣"和自主学术、独立创作。从而相互学习借鉴，减少主观意识和片面性，使我们的学术研究更接近真理、发现真理、揭示真理，更好、更快地推动科学创新发展。

作为黑龙江省经济学会会长和社科联主席的熊映梧教授，多次提议更好地发展龙江学派，意在立足中国，探讨改革与发展中的新课题，为中华民族的伟大复兴尽绵薄之力。10年前，熊映梧教授就在《熊映梧集》后记中，再次促进创立"中国经济学派"。他感慨浓烈地说："中国经济学家并不比洋经济学家笨，为什么不能创立中国经济学派呢？我是深信能够做到的，就看我们是否有勇气和毅力了。"为加快中国经济学派和有自己独特风格的龙江学派的形成，有远见的学者、出版家张文达社长同熊映梧教授一起组织"振兴龙江丛书"和"开放丛书"的编辑出版工作，出版了一大批新老经济学家"唯新唯好"的学术著作，在国内产生了巨大影响，受到国家出版部门的高度评价和广大读者的热烈欢迎。

（三）心忧天下　造福人类

熊映梧教授是一位很有社会责任感、心忧天下的经济学家。我非常赞同张文达先生在熊教授60周年，从教40周年时所作的评价："他的理论研究一直扎根在祖国的大地上，密切注视中国发展与改革进程。"我们从熊映梧自1983年以来出版的主要论著看，无不以研究中国经济为主题，诸如《当代中国社会生产力考察》《新中国的黄金时代——大改革大发展的十年》《适度经济增长的理论与对策》《市场经济与国企改革》《跨世纪的难题：中国国企改革》《中华民富论——半个世纪的观察与思考》《黑龙江省二次创业评析》以及论文《初级阶段中国的发展问题》《中国改革的理论思考》等。

熊映梧的发现、创造、真知灼见，都倾注在"中国如何发展"和"如何使中国人富起来"这个最根本的问题上。在这里，我们不妨粗略地回顾一下他的研究脉络。例如，1985 年，他针对片面追求工农业总产值高速增长的倾向，提出宜实行"结构型"再生产模式，主张实行"产品结构、技术结构、产业结构不断优化的适度经济增长战略"。我们看到他在《宏观经济控制——选择适度的经济增长率》（《经济展望》1985 年第 1 期）《结构优化的适度经济增长模式》（《世界经济导报》1986 年 9 月 1 日）曾多次阐述"适度增长"的见解。80 年代末，几度发生"经济过热病"，充分证明了他的远见卓识。1988 年，在我国改革的重要时刻，他发表了特别有见地的研究成果《中国改革的理论思考》（《改革》1988 年第 6 期），提出"中国改革宜确立优先目标"，论述"建立廉洁、高效的政府，公正的权威性的法治机构"的极端必要性；论述"应当把政治改革放在优先地位"的紧迫性及其应采取的具体对策，较早地阐发了建设法治国家的命题。他认为，"官倒爷"是权力商品化的产物，不铲除"官倒爷"，国无宁日。他建议："制定详尽的严厉惩治贪污贿赂的法律。"他强调，只有通过政治改革，消除权力商品化，才能扫清经济改革的障碍。

进入 90 年代以来，他研究的注意力，大都集中到了市场经济体制、国有企业改革、发展非国有经济等方面。熊教授学术理论创造的脉搏，总是伴随着国家改革、开放与发展的进程而跳动的。他是那样执着、深沉而自觉。

熊映梧教授在古稀之年，总结他半个世纪以来的"观察与思考"，创作出版了《中华民富论》。洋洋 33 万言，荟萃了他一生的研究成果。作为对中华民族具有强烈社会责任感的经济学家，熊教授在这部鸿篇巨制的结束语中，表明了他最关心的事是"重新认识社会主义，重新认识当代资本主义，调整中国与外部世界的关系，办好本国的事情，从而才能在 21 世纪跻身世界先进国家行列"。他以浓重的笔触强烈地呼吁：立足世纪之交，凡是有出息的中国经济学家要扎根本土，研究一个最难、最有价值的课题：怎样使十几亿中国人民生活得好些，富起来。这就是他所思、所想、所为、正在追求的目标。

当记者问他"最近在研究什么"时，他回答说：70 岁了，患老年病。思维还行。要着眼于 21 世纪中国经济发展问题，我主张吸收世界一切有益的文化成果，创立中国的经济学派。21 世纪经济学的主题应是"协调人类与自然的关系"。从国情出发，面对知识经济的来临，我们明智的对策是：工业化与现代化并举。他已经开始了上述问题的研究，把刚刚完成的论文《知识经济与生产力运行的特点》提交给了中国生产力学会第 10 届年会。

熊教授是生活在我们身边的良师益友。他言传身教使我们受益匪浅。我们龙江学者应以有熊教授这位良师益友而感到自豪，我们更应响应他的呼吁，扎根本土，做一名有出息的、"冒险牌"的经济学家，勇于探索社会主义建设的新问题。要像他那样有所发现、有所发明、有所创造、有所前进。

笔者谨以此文，庆贺熊先生 70 岁华诞和执教 50 周年。衷心祝愿熊先生健康长寿，创志更坚，在 21 世纪把更多、更好的创新成果奉献给您深深热爱的祖国和人民。

二　不幸病逝

为了沉痛悼念中国生产力经济学的主要创始人、世界生产力科学院院士、著名经济学家熊映梧教授病逝，《生产力研究》2003 年第 3 期发表了一组"封面人物"系列文章。下面是题为《沉痛悼念熊映梧教授》的系列文章。

（一）黑龙江大学熊映梧教授治丧委员会讣告

熊映梧教授生平

中国共产党优秀党员、原黑龙江省人民政府经济研究中心主任、黑龙江省社会科学联合会主席、黑龙江大学副校长、世界生产力科学院院士、著名经济学家熊映梧教授因病医治无效，于 2003 年 4 月 8 日 16 时 50 分在哈尔滨逝世，享年 74 岁。

熊映梧教授 1929 年 10 月 3 日生于湖北省松滋市。1949 年 3 月参加革命，1950 年 4 月加入中国共产党。参加革命后，先后就读于华北大学、中共中央党校、中国人民大学；1949 年 10 月到哈尔滨外国语学院工作，之后长期在黑龙江大学工作，历任黑龙江大学经济系主任、经济学院院长、副校长；中国生产力学会副会长，黑龙江省经济研究中心副主任、主任，黑龙江省社会科学联合会主席，黑龙江省人大常委会委员。

熊映梧教授是当代中国颇有影响的经济学家，富于开拓创新精神。他的学术生涯经历了模仿—彷徨—彻悟—创新的漫长道路。1953 年开始执教政治经济学，在教学研究的过程中，随着学术研究的深入和对现实经济发展的思考，使熊映梧教授从幻想回到现实，"肚皮使我的头脑清醒过来"，这句幽默的话语饱含着沉痛的反思。在熊映梧教授刚刚迈开独立思考的步子的时候，史无前例的"文化大革命"开始了，使他陷入深深的彷徨之中。"文化大革命"后期熊映梧教授开始彻悟。读了很多书，写了大量笔记。他用"拼将余生著新说"的精神，冲向沉默多年的中国经济学界。在短短的十多年里，熊映梧教授发表了 8 部专著，上百篇论文。作品数量之多，观点之新颖，文笔之犀利，气势之磅礴，很快赢得了经济学界的瞩目。

熊映梧教授多次到北京大学、武汉大学、复旦大学、厦门大学等著名学府讲学，受到青年学生和教师的热烈欢迎。他有着不畏权势、不怕围攻，反对神学、提倡科学的精神，在马克思逝世 100 周年时，发表了《用发展观研究〈资本论〉》这篇爆炸性论文。当回顾此文引起的风波时，熊映梧教授坦然地说：如果中国学术界因为马寅初、李平心、孙冶方、"三家村"受到批判而觉醒的话，个人受点委屈，那是不足挂齿的。

熊映梧教授早在 1980 年就提出"经济科学要把生产力的研究放在首位"。他是中国生产力经济学的主要创建人，其代表作有"生产力三部曲"：《生产力经济学原理》（获中国经济学界最高奖——1988 年度孙冶方经济科学著作奖），《当代中国社会生产力考察》（国家社科七五重点课题）和《适度经济增长的理论与对策》。他敢于打破过时的教条，早在 1983 年就指出"《资本论》也有历史局限性"，经济科学要大发展。他提出"适度经济增长论"，并根据统计资料测算出中国经济的适度增长在 6%—9% 区间。事实证明了这个理论的正确性。他在 1986 年获国家级"有突出贡献的中青年专家"称号。他晚年创作的《中华民富论》（1998）汇集了他主要的研究成果和学术观点。

近二十年，他曾到欧美东亚十余个国家和地区讲学，参加学术交流

活动，特别是四次访问台湾，增进了中外和两岸学界的友谊。2001 年
11 月熊映梧教授参加了第 12 届世界生产力大会（北京会议）。因他在
生产力理论方面的卓越贡献，当选为"世界生产力科学院院士"，并在
会上发表了"改善人类与自然的关系"演讲，为绿色生产力的发展作
了开创性的研究。

作为一名杰出的经济学家、教育家，熊映梧教授执教以来，始终工
作在第一线。对学生循循善诱、为人师表；对同事始终如一、朴实无
华；对工作几十年呕心沥血、辛勤耕耘，为国家培养了一批又一批优秀
人才，其中很多人成为各行业的骨干和带头人，可谓"桃李满天下"。

熊映梧教授是我党培养起来的老一辈优秀知识分子，他一贯热爱
党、热爱社会主义，忠诚于党的教育事业，为经济学院的建设，为学校
的学科建设、梯队建设、人才培养做出了巨大的贡献。他的座右铭是：
咬定青山不放松，立根原在破岩中，千磨万击还坚劲，任尔东西南
北风。

熊映梧教授的不幸逝世，使我们失去了一位可亲可敬的老师、经济
学界失去了一位德高望重的先生。熊映梧教授的逝世不仅是我校的重大
损失，也是我省、我国乃至国际经济学术界的重大损失。他的一生不顾
风险、不辞辛苦、孜孜探索为中国的学术而奋斗。高山仰止，德业千
古！我们要化悲痛为力量，学习他刻苦钻研学问、淡泊名利、无私奉献
的优秀品格；学习他孜孜不倦教书育人、谦虚谨慎、严于律己、宽以待
人的高尚精神。让我们化悲痛为力量，以优异的工作业绩缅怀熊映梧教
授。熊映梧教授安息吧！

黑龙江大学熊映梧教授治丧委员会

（二）沉痛悼念熊映梧副会长

中国生产力学会秘书处

中国生产力学会副会长、黑龙江大学教授熊映梧同志不幸因病于
2003 年 4 月 8 日逝世，使我们失去了一位老朋友、大学长、好同志。
这不仅是中国生产力学会的一大损失，也是中国经济学界不可弥补的
损失。

映梧同志 1929 年 10 月出生于湖北省松滋市，少年时代是在战乱中
度过的。1949 年 3 月中学毕业，向往自由民主，投奔解放区，进入华

北大学。以后曾就读于中共中央高级党校和中国人民大学研究生班。长期在高校任教，1978 年被评为经济学副教授，1982 年晋升为教授。1986 年荣获"国家级有突出贡献的中青年专家"称号。历任黑龙江省政府经济研究中心主任、黑龙江省政府科技经济顾问委员会副主任、黑龙江省社会科学界联合会荣誉主席、黑龙江大学副校长兼经济学院院长、中国生产力学会副会长。2001 年当选为世界生产力科学院院士。

映梧同志的一生是不畏险阻，孜孜追求真理的一生。他紧随时代的步伐，不断提出新见解，有的见解具有前瞻性，有的见解甚至是惊人的。他著作等身，为后人留下了非常有价值的精神财富。我会同人皆知，他积极参加了我会的创建和领导工作，他是我国新时期生产力理论、生产力经济学新学科创建人之一。他是我会极受推崇、享有盛誉的学术带头人之一。

1978 年他发表于《经济学动态》的论文中，首次提出"在当前理论经济学研究中，应当把研究社会生产力发展的规律性放在首位"。1980 年他又在《经济科学》杂志上发表《经济科学要把生产力的研究放在首位》的论文。文章尖锐指出："忽视生产力是当代马克思主义经济学者的致命弱点……今天马克思主义经济学要摆脱困境，求得繁荣和发展，就必须跳出自己画的'地牢'——只研究生产关系，到社会再生产的广阔天地去"。1981 年，他发表了题为《生产力系统论》的论文，把系统论引入生产力经济学的研究，提出了生产力经济学学科体系的基本框架。

1983 年他的著作《生产力经济概论》出版，这是中国第一部生产力经济专著。1984 年又出版了《生产力经济学原理》，钱学森见到赠书后，曾致信熊映梧，对生产力经济学的研究表示了极大的热情和支持。此书后来被国家教委列为高等学校文科选用教材，经修改补充后由黑龙江人民出版社于 1987 年出版，并荣获 1988 年度孙冶方经济科学著作奖。1991 年他主持完成了一项国家社会科学"七五"计划重点课题，其最终成果《当代中国生产力考察》一书正式出版。1993 年又完成了一项国家社会科学资助项目，其最终成果《适度经济增长的理论与对策》一书正式出版。生产力经济学界的同人们把上述三部著作称为熊映梧生产力研究"三部曲"。这"三部曲"是熊映梧建立的一个完整的生产力经济学的理论框架。第一部是理论分析，第二部是理论的应用，

第三部则是把理论研究和实证考察的成果应用于对策建议，用于指导实践。这"三部曲"，1995 年荣获全国生产力经济学优秀著作特等奖。

他的近作是《中华民富论》（江苏人民出版社 1997 年版），这是他半个世纪研究成果的总结性著作，如该书副标题所示，是"半个世纪的观察与思考"。全书是围绕着怎样使十几亿中国人富起来这个主题展开的。他认为使十几亿中国人富起来是中国 21 世纪面临的最大的理论问题和现实问题，中国经济学者应对此作出回答。作为一个有爱国心责任感的学者，他认真地回答了这个问题，给出了一份比较完美的答卷。

映梧同志已经离我们而去，再也见不到他含义深邃、文笔犀利的著述，但他的精神常驻，风范永存，他一生所热爱、所追求、所献身的事业定会兴旺。

（三）缅怀我的挚友熊映梧

中国生产力学会原副会长兼秘书长　薛永应

中国生产力学会继会长孙尚清英年早逝之后，而今，又遭遇不可弥补的损失：学会副会长、生产力经济学创始人之一熊映梧教授又离我们而去！

熊映梧是我最尊敬的挚友，他在他最有创作条件的时间和地点离去了。我思念他，我缅怀他，为此小文寄托我的哀思。

老熊是一个理论功底深厚又富创造性的经济学家。除了政治经济学领域的建树之外，他堪称中国和世界的新兴学科生产力经济学的创始人之一。1980 年，中国生产力学会（当时称中国生产力经济学研究会）在贵阳召开成立大会，他和我同坐在一张沙发上参加讨论，我俩深感方法论对一门理论经济学特别是一门新兴学科的极端重要性。而当时，自然科学领域正兴起"系统论热"，刚刚研究了系统论精髓的我们一致认为，只有把自然科学领域的"系统论"引进生产力经济学，才能使这门学科生机盎然、茁壮成长。随即我们谈论了在生产力经济学中应用系统论的一些原则问题。

各自回到工作岗位后，大约过了两个月，1981 年二三月间，我写成《生产力系统论》初稿，寄给老熊请他提修改意见。真是无巧不成书，这位著名经济学家不约而同地也写出了一篇同名的论文，真是同名同实但立论不同、角度不同。正应了那句话：英雄所见略同。后来，我的论文发表在 1981 年第 8 期《经济研究》月刊上，熊文发表在 1981 年第3期《社会科学战线》季刊上，几乎是同年同月生的孪生兄弟。同人们评论，这两篇论文，突破了几十年的理论局限，设想了新兴生产力经济学的方法论基础和体系框架。为刚刚诞生的新学科奠定了最重要的第一块基石。此后，人们在谈论生产力经济学的创立和发展时，总要提到所谓"南薛北熊"，这可以说是生产力经济学思想史上的一段佳话。

老熊是一个心底无私、服从真理的光明磊落的学者。我记得，1981年前后，他是承认理论经济学（他指的是政治经济学），而不承认生产力经济学的。但经过自己和全国无数学者的钻研和讨论后，他放弃了自己的只承认政治经济学而不承认生产力经济学的观点，接受生产力经济学与政治经济学并驾齐驱、同为理论经济学的正确主张。他不仅这样说，还实实在在做了大量的理论工作。他和他的弟子们文思泉涌，短短两年间写出了《生产力经济学原理》等大量理论著作，并获得了中国经济学界的"诺贝尔奖"——孙冶方经济科学奖。

老骥伏枥，志在千里，烈士暮年，壮心不已。年逾七旬的老熊，仍然放不下他钟情的经济学创作。《生产力研究》2002年第1期上发表了熊映梧和他的高足孟庆琳写的关于"绿色生产力"的文章（熊文《改善人类与自然的关系》、孟文《中国的选择：生产力发展的绿色道路》）。我如饥似渴地阅读之后，心情十分激动，黎明即起，奋笔疾书，写成一篇"急就章"，在随即召开的研讨会上和《生产力研究》上，献给同人参考。

我认为，老熊的这篇文章，提出了生产力理论史上一个闪光喷香的新概念——"绿色生产力"，喊出了生产力理论史上划时代的、令人振聋发聩、耳目一新的最强音——中国应该选择生产力发展的绿色道路，使中国首创的生产力经济学开始攀登第三高度。

回顾我们走过的道路，的确是不断攀登的奋斗历程。1980年创始的生产力经济学，使中国结束了"政治经济学半部《论语》治天下"的单调局面，然而，在10多年的时间里，我们过久地停留在静态生产力研究的框架里；1994年我们开始步入动态生产力研究，又经历了大约8年，今天我们才终于开始攀上第三个高度，这就是首先由老熊领跑的"绿色生产力"理论阶段。

老熊在他的《改善人类与自然的关系——新千年经济学的头号课题》一文中高瞻远瞩，指出"后工业化时代最重要的社会经济问题是人类与自然关系的恶化"，进而提出"生产力发展的灰色道路不能再走下去，必须走绿色道路，即在保持生态平衡、避免环境污染的前提下，实现经济的适度增长"。

我的理解是，"绿色生产力"不是色彩概念，而是社会概念；不是健康概念，而是生产力概念，生产方式概念，或者更进一步，是生产方式与生活方式相统一的复合概念；不是美学范畴，而是经济学范畴。

如果说，以人类顺应自然为特征的生产力（包括以渔猎采集为主要内容的史前文明时期和以种植畜牧为主要内容的农业文明时期）是人类生产力的第一高度，以人类征服自然为特征的生产力（包括市场经济体制统治世界的工业文明时期）是人类生产力的第二高度的话，那么，刚刚萌芽的以人类和自然和谐为特征的生产力（大约可从 20 世纪算起，可称为后工业文明时期）就是人类生产力的第三高度；作为人类实践在人类思维上的反映，对这一状态的探索和预测的生产力理论研究，则是生产力经济学的第三高度。老熊等学者的成果，就是这第三高度的标志。

上帝似乎成心不让人们永远舒畅，正当我们和老熊一样欢庆思想的解放和飞腾之时，总是乐极生悲！上帝把老熊召唤去了，留下了许许多多的工作，许许多多未竟的事业，那就由我们继续跋涉吧！

（四）悼映梧同志

中国生产力学会常务理事、副秘书长　张佐友

噩耗传来，把我惊呆了，悲痛至极！今年春节互致问候时，他只是说眼睛不好。我没把他的眼疾看得多么严重，心想人老了总会有点毛病的，只要心脏还好，他的大脑又好使，就可以继续在纸上著书立说，在讲台上传道解惑。孰料，这才几天，心脏这个要害却让他永远离开了我们！平心静气地想，他不算"英年早逝"，已超越"人生七十古来稀"这个老皇历。他也不算"壮志未酬"，他为自己立下的"拼将余生著新说"、"我行我素写春秋"的抱负已基本实现，著述颇丰，且不乏传世精品，为后人留下极宝贵的精神财富。但七十刚出头，也仅仅是达到了国人预期的平均寿命。别人可以"七十正当年，八十不算老"，而他为什么七十刚出头，就先我们而去了呢？老天爷太不公平了！

我和老熊，1949 年同在华北大学学习，但那时不在一个班级，互不相识，是生产力经济学和生产力学会把我们拉近，通过以文会友成为

好朋友的。我俩互称"大学兄"。他称我为大学兄，可能是因为我比他年长一些。我称他为大学兄，则确实是因为他的学识比我渊博，我从心眼里尊敬他。

老熊在中国经济学界曾经是一个有争议的人物，因为他时不时就冒出一些标新立异的观点和见解，有时一语惊人，甚至受到一些指责，说他"离经叛道"。现在，争议该终止了，是"盖棺定论"的时候了。经过历史和实践的检验，老熊的那些标新立异，不正好是现在所提倡的理论创新吗？因他的文章而引起的笔墨官司中，谁是赢家毋庸置疑。

他一生的学术研究活动，可以说都是以对生产力的研究为出发点和归宿点的。早在1978年他就提出"在当前理论经济学研究中，应当把研究社会生产力发展的规律性放在首位"。后来又多次论述这个问题，文章发表在《经济学动态》《经济科学》《生产力研究》等杂志上，并最终形成了"生产力首位论"这个著名论断。他的所有著作和文章都是围绕着这一论断展开的。老熊的这方面的文章，尽管陈岱孙、巫宝三两位经济学界的泰斗都认为是有新见解的好文章，却还有人说三道四。随着时间的推移，在实践中这一论断的真理性表现得越来越充分。现在，已不见公开的反对意见了。

他还提出"用发展观研究马克思主义经济学"的倡议，写了不少这方面的文章，后来汇集成册，1988年由中国经济出版社出版。这个问题惹来的非议最多。现在，总的来看，老熊的这些文章，不但内容观点是正确的，论据是充分的，还完全符合解放思想、实事求是、与时俱进的马克思主义思想路线。

被他自己认为"余生奢望"的，经半个世纪的观察与思考，用心血凝聚而成的《中华民富论》于1998年由江苏人民出版社出版。对于这本书至今尚未听到有什么异议。提到此书，让我想起斯密的《国富论》。老熊这部著作原来的名字也叫《国富论》（《中华国富论》），后来正式出版时改成《中华民富论》。斯密的《国富论》是一部不朽著作，它影响了那个时代的历史进程，英国资产阶级把《国富论》的原理付诸实践，走上了富国强国之路。老熊的书名为《民富论》，乍一看来，国富与民富只有一字不同，但两者的差别很大。资本主义在《国富论》的指导下，国家确实富了，但同时出现了极不公平的两极分化现象。老熊的《民富论》则是在人民群众走向共同富裕的基础上实现国富，这样的民富与国富是符合中国国情的，是社会主义的。

10 年前，他曾把《中华民富论》视为他有生之年的最后一部著作，并且强烈企盼上帝给他以时日。他说过："但愿上帝容许我干完这件大业，才进天堂。"1998 年，如愿以偿，这件大业完成了。本该休息休息，安度晚年了，但他不甘寂寞，又为自己提出新的目标。2001 年年初，他在《生产力研究》上发表一篇题为《新时代呼唤新经济学——简论"天人合一"经济学》的论文。之后，这年的下半年，我和他一块参加了在北京举行的第 12 届世界生产力大会。我是绿色生产力论坛的主持人之一，他是这个论坛的主旨演讲人。在这个论坛上，他又发表了题为《改善人类与自然的关系——新千年经济学的头号课题》的演讲。从上述论文和演讲的标题就可以看出命题的宏大和意义的深远。如果说《民富论》是为中国人民及子孙后代着想的话，而"天人合一"经济学则把改善人类与自然的关系视为新千年经济学的头号课题，是为全人类及子孙后代着想。其境界更高，再一次表现出他不顾年老体衰、不计毁誉得失、心系中华、心系全人类、执着追求、苦寻真理的品格。老熊的禀性我了解，他不只是出题目，每次出了题目之后，他总是要认认真真地自己先回答。然而，这次关于这个大题目，他只是列出了一个纲要，老天爷太吝啬，没有再给他一点时间，带着遗憾，他匆匆地走了，再也不可能更具体、更深入、更全面、更完满地回答这个问题了。

老熊是我国新时期生产力理论、生产力经济学科的创建人之一，他1983 年出版的《生产力经济概论》是我国第一部生产力经济专著。他的生产力研究"三部曲"（《生产力经济学原理》《当代中国社会生产力考察》《适度经济增长的理论与对策》）建立了一个比较完整的生产力经济学理论框架。他是中国生产力学界极受推崇的学术带头人之一。他积极参加了中国生产力学会的创建和领导工作，在中国生产力学界的同人中德高望重，享有盛誉。他还是《生产力研究》杂志的顾问，为提高杂志的学术水平操了不少心。《生产力研究》创刊时，老熊的题词是"新学科新刊物永葆创新精神"，为杂志指明了发展方向。之后，总是把他的最新、最好的研究成果送给《生产力研究》。《生产力研究》先后发表老熊的论文 11 篇，而且多是刊在卷首的首篇，是著名经济学家中在《生产力研究》上发表论文最多的，堪称《生产力研究》的首席撰稿人。

老熊的不幸逝世，是中国生产力学界的重大损失。老熊的同志们、同人们、朋友们、学生们将永远怀念他，永远不会忘记他的历史功绩，将继承他的遗志，把生产力经济学科建设得更好，把中国生产力学会建设得更好。

（五）熊映梧先生与生产力经济学

黑龙江大学经济学院　孟庆琳

生产力经济学是中国自创的学科，也是"改革开放"的产物。20世纪70年代末，中国从"阶级斗争"转向"经济建设"，自此开始了中国历史上的中兴时代，"生产力经济学"正是为此而生。如果为生产力经济学作最好的诠释，莫过于如熊映梧先生所言是"建设新世纪的经济学"（熊映梧，1985），这里自然内含着生产力经济学不同于阶级斗争经济学之意。生产力经济学从诞生到现在已有20多个年头了，现在已无人不知了，这和熊映梧的名字是分不开的。

最初"生产力经济学"一词不是熊映梧第一个创造的，而那时的"生产力经济学"还不称其为"学"，仅作为"生产关系"的辩证推理对立面而"逻辑"地存在，其内容也仅有从马克思经济思想库中找到的"二要素论""三要素论"等十分抽象和简单的概念。人们初期怀疑这样的东西能否成为一"学"是有道理的。直到熊映梧先生主编的《生产力经济学原理》（1987年）出版，这样的争论才告一段落。在这部书中，熊映梧先生第一次创造性地运用系统理论和结构主义经济方法令人信服地建立了一套完整的生产力经济学科学理论体系，使生产力经济学第一次有了一个可以讨论的范式和平台，自此生产力经济学才真正成为一门学问。熊映梧先生的结构主义和系统论生产力经济学思想的影响最为广泛和深远，直到今天生产力经济学的许多著作都适用这一方法和基本概念，其差别只在结构划分的大与小、多与少之间，仍无本质突破，足见这部著作具有的洞察力和方法论上的深刻性和准确性经得起时间的考验。这本书于1988年获得孙冶方经济学著作奖，此后（第二年）生产力经济学被列入国家教委的经济学二级学科目录。自此生产力经济学才正式有了"名目"，成为公认的一门学科。这些成果的取得当然非熊映梧先生一人之力，是当时经济学界许多开创研究生产力经济学大家如于光远、孙尚清、刘方棫、薛永应等坚持努力的结果。但是没有熊映梧先生的卓越贡献，这些结果可能不会在20世纪80年代末就能取得。

生产力经济学是中国的政治经济学的一大突破，但改革是要冒风险的，特别是对政治经济学更是如此。中国的政治经济学一向不仅是经济学，更多的是"政治"，更何况是在20世纪80年代拨乱反正初期"文革"遗风犹在，"凡是"余毒未除，创新就不仅要有学识，更重要的是有献身科学的胆量。熊映梧先生的座右铭是郑板桥的一首诗：

咬定青山不放松，

立根原在破岩中。

千磨万击还坚劲，

任尔东西南北风。

"咬定青山不放松"中的"青山"说的就是生产力经济学，在常人看来这样做学问未免有点不成熟和犯了幼稚病，但熊映梧先生说的是：就是皇帝的新衣也得有人说出来，在科学和责任面前，熊映梧先生真的像孩子一样虔诚，不畏惧说真话。熊映梧先生生前最大的愿望是希望能争取到生产力经济学方向的博士点，把他创立的这门学问做大，其心情就像我当年想考熊先生的研究生一样。在他住院前找我和他讨论博士点时，他还满怀希望地说这次要是博士点批下来，我们收的第一批学生要研究生产力基本理论，不搞对策之类的东西，其追求科学的童心、壮志流于言表不输于年轻人，使我心里直感惭愧。不幸这竟是我们最后一次见面，熊映梧先生终于没有等到这一天。

（六）礼执弟子　情同父辈　哲人老去摧肝胆

——缅怀恩师熊映梧教授

王　恺

接到恩师突然去世的消息，实在难以想象。拿着电话愣了半天，语无伦次不知所云。这怎么可能呢？一个星期前我刚刚与熊老师通过话，先生精神健旺，情绪乐观，思想仍很敏捷。很高兴地与我交谈经济学院的学科建设，博士点的争取已有眉目，可望了却多年夙愿，并筹划现在的博士研究生要在基本理论方面努力等，有一种"老夫聊发少年狂"的跃跃欲试，哪里有半点病的羸弱？但事实是无情的，恩师真的离我们而去，怎不令人扼腕叹息，悲痛万分！

痛定思痛，十二年来在恩师身边，聆听教诲，授业解惑，音容笑貌，仿佛就在昨天，桩桩往事涌心头。

记得我们刚刚入学，第一堂课就是先生讲的，当时先生戴黑眼镜，大胡子，身穿一件洗得发白的蓝上衣，威严又不失温和，风度气质使大家肃然。一旦开讲，纵论经济科学，两小时不知不觉过去了。下课后，同学们兴奋异常，纷纷议论，有这样的老师，真不枉入高校一回，中国经济振兴有望，学习愿望徒增。

熊老师亲自为我们授课，已是二年级，给大家印象最深的是先生并不是一、二、三地背书，讲条条，而是把我们当成学术讨论的对象，难点讲过，总要讲讲他自己最近考虑和研究的问题，启发大家思考。到了三年级，先生开始给我们讲他自己的理论体系——初创的生产力经济概论，就更有新意：常常把课堂搞成讨论会形式，把他的研究成果或挂或写在黑板上，讲一段后，就要大家发言。我们这些研究生特约上台东划一下，西改一下，口无遮拦，而先生则非常高兴又专注，特别喜欢发表不同意见的同学。他特别偏爱我们，是给学生讲得最多的一届。今天，我们同学遍布在祖国各地，大江两岸，都在从事经济科学的理论研究和实践，大家都十分尊敬恩师，每年为他祝寿。我坚信，在众弟子的事业中，都浸透着先生的心血和劳动。

肃穆的追悼会上，很多同学从外地赶来，送恩师最后一程，表达缅怀之情，如果先生地下有知，当含笑九泉，最后用挽联一副送别敬爱的熊映梧老师。

道契前贤，敬前贤，不囿前贤，敢辟蹊径执谠论；

教兴后学，勉后学，励掖后学，欣看桃李践仁行。

三　名垂青史　万古流芳

2008 年 5 月 6 日《黑龙江日报》特刊刊发《熊映梧——站在中国改革潮头的瞭望者》专文。以下为这篇文章的全文。

（一）永无止境的创新和再创新

今年的 4 月 8 日，是熊映梧先生离开我们五周年的日子。我们无法跨越阴阳之界，来实现和他的直接对话，但是，在他留下的丰富的著述文章里，我们寻找他的思想轨迹，感受他的创新激情。当我们把中国改革开放的伟大进程和熊映梧先生的思想创新轨迹，在时间的轴度上进行研究的时候，会产生一种来自心底的震撼。

因为，熊映梧先生不仅仅是黑龙江省，更是全国思想解放的一个先驱者；因为，熊映梧先生始终站在中国改革开放的潮头，进行不断的具有前瞻性的理论创新；因为熊映梧先生作为生产力经济学的创建人之一，构建了一个完整的学科大厦……自中国的改革开放以来，作为学者的熊映梧，虽然出身祖国边陲，不占有学术研究的天时、地利，却提出和创建了中国理论界的一个又一个第一，而且不断地被中国的改革开放实践所证明。仅此，他就应该成为改革开放的黑龙江的骄傲，应该成为黑龙江几代学人的骄傲，应该成为黑龙江人的骄傲。

任何人都无法对一个新的思想、新的理论，做一种量化的价值判断，因为一个思想的小烛，引燃的是千万个熊熊燃烧的火炬。"理论创新永无止境，解放思想永无止境"，这是熊映梧先生学者人生的全部。在中华民族伟大复兴的道路上，改革需要更多的创新，思想需要更大的解放，熊映梧先生为我们立下了标杆。

（二）"七个第一"的卓越贡献和重大时代价值

一是巨石击水：第一个提出"生产力首位论"。

1980年5月5日，邓小平会见几内亚总统杜尔时的谈话中说："讲社会主义，首先就要使生产力发展，这是主要的。"这是改革以来的文献资料中，最早把"首先"和"生产力"连在一起的表述。至少在此之前，鼓吹经济学研究生产力还是犯忌的，再加上"首先"，那就等于"异端邪说"。

1978年，十一届三中全会前夕，熊映梧先生在内部刊物刊发文章，提出了一个经过30年观察与思考得出的结论：当前在理论经济学的研究中应当把研究社会生产力发展的规律放在首位（《经济学动态》1978年第11期）。接着又相继在《学习与探索》和《光明日报》发表文章，强调研究生产力的问题。

然而，真正引起大震动的却是《经济科学要把生产力的研究放在首位》（北京大学《经济科学》1980年第2期）。文章说："忽视生产力是当代马克思主义经济学者的致命弱点"。"历史经验告诉我们，丢掉了生产力这个根本的东西，光在生产关系上面做文章，使马克思主义经济学走进了'死胡同'。"

在那个"生产关系的不断革命"还没有彻底退热的年代，鼓吹经济学研究生产力还是犯忌的，再加上"首先"，那就等于"异端邪说"。熊映梧的观点，无疑是向传统政治经济学的公开宣战。巨石击水，立即在中国经济学引起了一场轩然大波。支持者认为，"首位论"是一大突破，反映了时代的大趋势；反对者斥之为"违背了马克思列宁的教训"。

在人们的争论和笔墨讨伐声中，他却悄悄退回书房，潜心于"生产力经济学"的开创性研究，"朝着早已烂熟于心的目标，不知疲倦地探索求进。"

熊映梧写道：我专心致志研究生产力，不是由于职业偏好，或者钻冷门，而是有感于时代的需要，是总结了历史教训而做出的选择。因为他相信，"科学是通过一代又一代学者等标新立异而向前发展的。"因为他相信，"科学是一门学问，它能使这一代的傻瓜超越上一代的天才。"因为他相信，"神学总是一代不如一代，而科学恰是后人超过前人。"

二是石破天惊：第一个提出《资本论》也有历史局限性。

在 20 世纪 80 年代，"南卓北熊"，被称为北京以外最著名的经济学家。"南卓"，就是广东的卓炯，是中国社会主义商品经济理论的创立者，提出了商品经济的社会分工决定论，即商品经济"万岁"论；"北熊"，自然就是熊映梧，是生产力经济学的主要创始人之一，但他比卓炯先生走得更远。

1983 年是马克思逝世 100 周年。纪念，当然隆重热烈。然而，熊映梧先生却在有意或无意之中，选择了这种别样的、完全另类的纪念。在《用发展的观点研究〈资本论〉》（《社会科学》第 7 期）文章中，公开宣称，《资本论》也有历史局限性。

文章直截了当地提出："《资本论》这样伟大的著作有没有历史局限性呢？换句话说，《资本论》是科学著作还是天书呢？当然，谁也不会公开说，《资本论》是天书，但是，否认它有历史局限性，把它奉为永恒的绝对真理体系和万古不变的信条，难道不是事实上把《资本论》当作天书了吗？"并进而以学者的思维在四个方面论述了《资本论》的历史局限性。

文章发表后，犹如一块天外陨石，引发了 20 世纪 80 年代中国经济学界，乃至整个学术界最大的一场学术风波。一些海外媒体纷纷发表消息、评论，并加以转载，称为"中国三十多年来第一篇批评《资本论》的文章"。学术性的争鸣和政治性的批判，如盛夏的暴雨，骤然而至。紧接着，一场自"文化大革命"结束以来少见的规模广泛的清除精神污染"活动"在全国展开，熊映梧先生的文章，也就成了整个学术界清除精神污染的"靶子"。如今已是《社会科学》杂志社副主编的王恩重先生，当年还是刚毕业的大学生，他评价说，熊映梧教授在文章中对《资本论》研究中所提出的问题，从现在来看，他对马克思主义研究和马克思所创建的科学社会主义发展无疑是有极大的学术价值和历史贡献的。

当回顾此文引起的风波时，熊映梧先生这样写道：如果中国学术界因为马寅初、李平心、孙冶方，"三家村"受到批判而觉醒的话，个人受点委屈，是不足挂齿的。我是抱着"曾经沧海不怕水"的态度。有人问我：为何敢如此"胆大妄为"，屡屡标新立异？我回答说：追求真理的强烈欲望，压过了恐惧心理。

三是富民之本：第一个提出"公民产权本体论"。

1995—1997 年年初，有一种声音从各种不同的角度，对改革开放的走向提出质疑。关于"所有制"的争论也无可回避地显象化。这场争论，被称为冲破姓"公"姓"私"思想疑惑的第三次思想解放。在这个过程中，熊映梧先生第一个观点明确地提出"公民产权本体论"。

熊映梧认为，在无产者的基础上只能建立一个穷社会主义，只有大家都是有产者的基础上，才能建立共同富裕的社会主义社会。因此坚决地主张：以普遍的公民产权为基础，建立共同富裕的社会主义，简称"公民产权本体论"。"在社会主义社会市场经济条件下，每个社会成员占有一定数量的劳动力、知识技能、房屋及其他生活资料、存款、债券等，也就是拥有一笔资本。这些对劳动的占有权、知识产权、房屋所有权、存款及债券所有权等，构成公民产权的内容。"

他从马克思把社会主义称作"自由人联合体"出发，得出了一个合乎逻辑的结论，在社会主义社会，无产者要变成自由人，就不仅拥有对劳动力的所有权……每一个成员应当是有产者，从而他们才是自由的，最基本生存条件才有保障。

在论及姓"公"姓"私"的问题时，熊映梧认为，"公有"与"私有"的界限是相对的。一国的国有制对内可谓是最大的公产，而对外，在国与国之间无非是大私对大私。公也好，私也好，凡是有利于生产力发展的产权形式就是先进的。"苏联计划经济体制70年间上演了一出'懒—穷—垮'的悲剧，也宣布了以国有制为基本形式的社会主义模式的破产。"

熊映梧先生宣称："公民产权论，是实现共同富裕的社会主义的理论基础。历史将证明它的正确性。"遗憾的是，熊映梧先生不能亲眼看到党的十七大报告，报告中写道："创造条件让更多群众拥有财产性收入"。因为，拥有财产性收入的前提，首先要拥有产权。

四是十年一剑：第一个系统提出"适度经济增长理论"。

温家宝在《政府工作报告》提出：2008年GDP增长目标为8%左右。这是控制"经济增长由偏快转向过热"的理性调整，"适度经济增长"再次成为一个高频词汇。而熊映梧先生早在26年前就提出"结构优化的适度经济增长"问题，并用十年时间形成一个完整的理论。

中国的改革起步之初，几乎所有的人都沉浸在"翻两番"的热望中。熊映梧先生就开始了经济增长的"冷"思考。前瞻性地提出了经济要适度发展的建议，并且预测到，如果高速度得不到控制，适度增长不能实现，就不可避免地会出现比例严重失调。1982年又在全国第一部生产力经济学专著《生产力经济概论》中提出了"两种经济增长模式"的理论和"结构优化的适度经济增长"战略。

1985年，熊映梧教授在《人民日报》和《经济研究》发表文章，建议采取"结构优化的适度经济增长模式"。黑龙江省有关部门审议"七五"计划时，熊映梧教授指出几个基本指标定得过高，应该调降，省政府采纳了这个意见。1993年出版专著《适度经济增长的理论与对策》，1998年出版专著《中华民富论》也有专门的论述。

他从研究苏联把所谓的"高速度"作为社会主义经济发展的规律，而最终导致经济崩溃入手，从我国几十年来经济大起大落所带来的一系列严重后果的历史教训入手，针对高速经济增长模式弊害情况，提出"适度经济增长理论"，并根据统计资料测算出中国经济的适度增长在6%—9%区间。

他认为，以损害产业结构、导致技术停滞或倒退的虚假的"高速度"，未必就是社会生产力的提高，也不一定能够带来相应的经济效益，还会给经济和社会发展带来一系列的问题，甚至成为未来的发展隐患。

五是世纪之巅：第一个开启"绿色生产力"发展的全面研究。

2001 年 11 月，第十二届世界生产力大会在北京、中国香港举行，熊映梧先生因在生产力理论方面的卓越贡献，当选为世界生产力科学院院士。在这次会议上，他作为"绿色生产力"论坛的主旨演讲人，发表了《改善人类与自然的关系——新千年经济学的头号课题》演讲，引发了中国学术界对绿色生产力的研究。

熊映梧先生认为，工业化以来，形成了一条生产力发展的"灰色通道"，其特点是经济效率大大提高，资源过度消耗，生态破坏，环境污染。这条片面追求高速、高效的经济发展路线，代价太大，后患无穷。进而大声疾呼：生产力发展的"灰色道路"不能再走下去，必须选择生产力绿色发展道路，即在保持生态平衡、避免环境污染的前提下，实现经济的适度增长。

熊映梧先生总结了自二百多年前亚当·斯密《国富论》发表以来，也就是经济学诞生以来，经济学的两大学派及其一切分支"都是研究人与人之间的利益关系"，"各国、各民族、各阶级倾力于人们间的利益之争"。而新千年经济学的头号课题，应该是超越人们间的利益之上的人类与自然的关系。早在 1998 年出版的《中华民富论》中，他曾经预言："不久之后，协调人类与自然地关系，将超越一切阶级利益、民族利益、国家利益，乃至区域利益至上。"

在生产力研究方面"挂笔久已"的薛永应先生，在看到《生产力研究》（2002 年第 1 期）熊映梧、孟庆琳等学者的文章后，心情激动，黎明即起，奋笔疾书。"这几篇文章，这一期刊物，提出了生产力理论史上一个闪光喷香的新概念——绿色生产力，喊出了生产力理论史上划时代的，令人振聋发聩、耳目一新的最强音——中国应该选择生产力发展的绿色道路，使中国首创的生产力经济学开始攀登第三高度。""时代的车轮驶入新世纪，生产力经济学家们没有辜负人民的期望，他们持之以恒，终于提出了更新颖、更完善、更科学的生产力理论。"

第十二届世界生产力大会和熊映梧先生的演讲，是一个标志。至此，绿色生产力、可持续发展的理念，逐步走向中国政治、经济的前台。

六是创立新说：第一个创建"生产力经济学"大厦。

上帝说："要有光！"于是便有了光。但凡尘没有上帝。最早提出"生产力经济学"概念的虽然不是熊映梧。但是，作为创始人之一，他却构建了"生产力经济学"的完整大厦，从"图纸"的设计，到"地基"的夯造，再到大厦的"封顶"。

人们在回忆和论述生产力经济学的创立和发展时，总会提到"南薛北熊"。1981年，熊映梧先生和北京的薛永应教授不谋而合地写出了同一题目的论文《生产力系统论》，又在几乎相同的时间发表在两本不同的杂志上，以其突破了几十年的理论局限，共同为刚刚新兴的生产力经济学奠定了一块最重要的基石。成为生产力经济学思想史上的一段佳话。

1982年的最后一天，熊映梧先生完成全国第一部生产力经济学专著《生产力经济概论》。此后的10年间，他倾力完成了生产力经济学三部曲：第一部《生产力经济学原理》（1987年出版），是理论分析，奠定了这门学科的框架；第二部《当代中国社会生产力考察》（1991年出版），是理论的应用，也是近四十多年来第一部对最基本国情的实证研究；第三部《适度经济增长的理论与对策》（1993年出版），是把理论研究和实证考察的成果应用于对策建议，用以指导实践。

孟庆琳教授评价说，生产力经济学诞生已有20多个年头了，它和熊映梧的名字是分不开的。从生产力经济学提出，人们怀疑这样的东西能否成为一"学"。直到熊映梧先生主编的《生产力经济学原理》（1987年出版），这样的争论才告一段落。在这部书中，熊映梧先生第一次创造性地运用系统理论和结构主义经济方法令人信服地建立起一套完整的生产力经济学科学理论体系，使生产力经济学第一次有一个可以讨论的范式和平台，自此生产力经济学才真正成为一门学问，才正式有了"名目"，成为公认的一门学科。这本书于1988年获得孙冶方经济学著作奖，第二年生产力经济学被列入国家教委的经济学二级学科目录。这些成果的取得当然非熊映梧先生一人之力，但是没有熊映梧先生的卓越贡献，这些成果可能不会在20世纪80年代末就能取得。

七是鸿篇巨著：第一个创立《中华民富论》传世名著。

详见本书第九章。

（三）熊映梧的光辉人生

《黑龙江日报》记者 刘中山

新中国成立的第三天，熊映梧年满 20 岁。一个刚刚从华北大学毕业的青年学生，怀着革命的崇高理性和青春的热血激情，再次远离老家湖北，来到遥远的黑龙江。从此，他在这片黑土地上工作生活了 55 个年头。

作为学者，熊映梧的学术生命却始于 1978 年——他年届半百的时候。坦荡的熊映梧，曾经无数次地向他的学生们讲述自己的历史，"大跃进"年代，曾经为"左"倾思潮描绘的"美好的前景"所激动，发表过不少鼓吹"三面红旗"的文章，热情宣传过"共产风"。三年经济困难时期，已过而立之年的他，"肚皮使我的头脑清醒过来"，面对现实，更多地开始独立思考。然而，在那样的一个年代里，独立思考的结果是，1964 年因反对"毛泽东思想是马列主义的顶峰"，招来一场历时半年多的省级大批判。十年"文化大革命"，他自然是难逃厄运，"全程批判"跟随始终，劳改队也成了他主要的"工作"场所。但是，作为学者，熊映梧深知物极必反的道理，于是就有了每天从劳改队回家后的彻夜苦读，有了在"蜗居"里写下的思考，有了"长夜"过后"拼将余生著新说"的精神和勇气，有了他在遍布荒芜的经济学领域燃起的点点烛光。

熊映梧当过不少官（历任黑龙江大学经济系主任、经济学院院长、黑龙江大学副校长，中国生产力学会副会长、黑龙江省经济研究中心副主任、主任，黑龙江省社会科学联合会主席、黑龙江省人大常委会委员），但他的家人包括他自己，更多的只是把他当成一位学者、一位教授。

作为教授的熊映梧，课讲得好，是出了名的。1977 年入学的弟子王恺回忆：我们刚刚入学，第一堂课就是先生讲的，当时先生戴黑眼镜，大胡子，身穿一件洗得发白的蓝上衣，威严又不失温和，风度气质使大家肃然。大家印象最深的是，先生并不是一、二、三地背书，讲条条，而是把我们当成学业讨论的对象，讲一段后，就要大家发言。我们这些弟子上台东划一下，西改一下，口无遮拦，而先生则非常高兴而又专注，特别喜欢发表不同意见的同学。

熊映梧先生作学术报告或演讲，更是只用一张纸，写个大纲，然后就是学富五车的文思泉涌，才高八斗的口若悬河，思想的火花常常引来掌声的爆响。20世纪80年代初，在北大，当时的经济学泰斗陈岱孙老先生有一次为他主持演讲，来听讲的学生爆了棚，把教室的窗户也挤坏了。在那个崇尚知识的年代，熊先生在学术界有着很高的知名度，国内外很多学者和学生，是因为熊映梧才认识和了解黑大的，一如很多人因为听了郑绪岚的歌，才知道了美丽的太阳岛，才认识了哈尔滨。因此，他的学生都以做他的弟子而骄傲。

作为学者的熊映梧，在20年的时间里，出版了18部专著，发表了100多篇极具价值的论文，创下了中国经济学界的很多个第一。自然也获得过许多的奖项，但他最看重的是1988年的孙冶方经济学奖。北京联合大学师范学院张佐友教授，和熊映梧是华北大学的同学。两人之间有一个外人不太好理解的称谓：互称"大学兄"。张佐友教授说，他称我为大学兄，可能是因为我比他年长一些。我称他为大学兄则确实是因为他的学识比我渊博，我从心眼里敬重他。1983年，《生产力经济概论》出版后，钱学森对其中的观点极为赞赏，前后写过五六封信，有褒扬，也有探讨，这些信如今已被上海交大钱学森博物馆收藏。

熊映梧虽生于荆楚之地，却长一副北方人的面相，方面大耳，看似地道的东北人，却对东北话不甚了解。当赵本山作为东北文化的符号而风靡全国的时候，他却因为听不懂许多的东北土话，而徒唤奈何。或许是因为作为学者的特殊思维，或许是因为"唯楚有才"的故乡心结，他更喜欢"滚滚长江东逝水，浪花淘尽英雄"的历史和文化的厚重，更喜欢金庸的"飞雪连天"、"笑书神侠"为国为民的侠之大者。

熊映梧曾经去过很多国家和地区讲学，但他的英语并不好，正如他在1978年年初写下的学术性散文《天外奇谈》所说："在年轻时学的那一点洋泾浜英语，早在牛棚的劳改期间忘光了。"但他却有两个很专业的英文翻译，一个是夫人，另一个是女儿。他的女儿说，熊先生的特点是敢说，学了一句英语，就敢说十句。因为，他对新事物的接受能力超乎常人。早在20世纪90年代中期，电脑还很稀罕的时候，他就开始尝试电脑写作了。当然，对他这个年龄的人，拼音无疑是个障碍，后来有了手写的软件，他便得心应手了。他尚未来得及出版的最后一部书——《新中国五十年经济兴衰反思录》，就是完全用电脑写作完成的。

（原载2008年5月6日《黑龙江日报》）

附录

钱学森给熊映梧的两封信

1. 钱学森谈生产力经济学

此为著名科学家钱学森同志于 1985 年 4 月 2 日写给熊映梧同志的一封信。

熊映梧同志：

由吴健同志转来的大作《生产力经济学原理》收读，为我明确解决了"二因素""三因素"之谜，以及生产力经济学的内涵，十分感谢！

您主编的书，我赞同。我对产业革命，经同吴健同志讨论学习，认识有点发展：我以为科学革命和技术革命都是基层性质的，零星性质的，进入社会整体这个更加宏观的上层，我们应该用马克思的"社会形态"（Gesellschaftsrmmation）。社会形态的急剧变化是"社会革命"。社会革命又可分为三种：（1）经济的社会形态（马克思《资本论》一卷序言用语）的飞跃的产业革命；（2）政治的社会形态的飞跃是政治革命，即国家国体的根本变革；（3）意识的社会形态的飞跃是文化变革（不是所谓"文化大革命"）。产业革命、政治革命、文化革命都是社会革命。我们目前在进行的、小平同志称作是第二次革命的，基本上是产业革命，一种社会革命。您意如何？请教。

关于生产力经济学，我不知道您的宏观生产力系统与朱熹明同志的"国民经济结构学"如何区别，我看好像是相同的。您的书和朱熹明的书都对历史的发展讲得太少；我对朱熹明同志说要研究变化，研究"动力学"，即此意。从历史上看，生产力系统变得越来越复杂；小炉匠的生产力系统怎比得上今天的发达国家的生产力系统！人总是被迫去研究学问的，资本主义社会中空前紧张的生产关系促使人们去创立政治经济学；也正是现代社会生产力系统，特别是建设国家规模的生产力系统的复杂性才促使我们去创立生产力经济学。您看对不对？要研究"动力学"呀！

顺着这个时序发展，我看还有一门基础理论性的经济学，金融经济学。人们不是常说，"全身都是干劲，就是没钱，所以事办不成"吗？《内部参考》1985年第23期（3月25日）上游所谓江苏仪征化纤一期工程的"仪征模式"，也是运用金融办厂。现在还有生产资料租赁制，等等。我们要建立金融经济学，非常重要。您的中心能搞吗？

就写到这里。

此致

敬礼！

钱学森

1985年4月2日

2. 钱学森致函熊映梧提出对生产力的理解观念要现代化

此前，熊映梧教授将他主编的《当代中国社会生产力考察》一书寄给了钱学森，钱学森读了此书后复信熊映梧。钱学森信全文如下：

熊映梧教授：

我非常感谢您寄来尊著《当代中国社会生产力考察》，我要好好学习这本书。社会生产力问题是当前我国社会主义建设中的大问题，但我们这些搞自然科学工程技术的人，常常总爱讲生产力靠科学技术，而忘了还要有生产的自主管理来提高生产力。至于社会生产力问题，那更是包括社会科学和自然科学技术，以至行为科学的系统工程，生产力系统工程。看来观念要现代化。我这些外行话，不知是否妥当，请指教。

再次致谢！并致

敬礼！

钱学森

1992年2月15日

（原载《黑龙江日报》1992年3月14日）

新中国 50 年经济曲折发展的反思

《哈尔滨工业大学学报》（社会科学版）2000 年第 4 期。

回顾新中国 50 年经济曲折前进的历程，经验教训甚多，本文略论一二，聊作引玉之砖。

一 首先要认清国情

回顾新中国成立 50 年经济兴衰的历程，深切感到认清国情之必要。建国初，时时不忘"现代工业只占国民经济的 10％，个体农业手工业占 90％"这个基本事实，搞建设就比较踏实，也容许多种经济并存，从而顺利地完成了国民经济恢复的任务；1953 年为什么来了一个大转弯呢？这与对国情的误识有密切的关系。那时，某些人以为没有工业化也可以实现社会主义改造，提出"一化三改"的过渡时期总路线，忽视国情，先搞生产关系改造的冒进，接着又在生产力发展方面搞"大跃进"，再加上打倒一切的十年"文革"，便把本来可以稳步发展的国民经济搅得残破不堪。更令后世人感到遗憾的是，我国错过了世界经济大发展的黄金时期，使自己处于远远落后于发达国家的可悲境地。

对于国情的判断，曾经有过如下六论：

一曰新民主主义论；

二曰从资本主义到社会主义的过渡时期论；

三曰进入社会主义社会论；

四曰从资本主义到共产主义的过渡时期论；

五曰建设高度文明、高度民主的社会主义论；

六曰社会主义初级阶段论。

经过 50 年的历史检验，两头的论断比较符合国情，但只是描述现象，未深入揭示中国现代社会的本质；中间四论太离谱，二论及四论的起点是不存在的资本主义，高度文明及高度民主是我国人民的长远奋斗目标。

把旧中国定义为半殖民地半封建社会，似乎无可置疑。其实，半殖民地是表明某国对宗主国的政治依附关系，并不能反映其经济特征。按经济形态来分析，近代旧中国属于封建社会末期。新中国是在封建废墟上建立的社会主义制度，不同于马克思设计的在发达资本主义基础上建立的社会主义。如果后者可称作"资本主义后的社会主义"的话，那么前者是否可称之为"封建后的社会主义"。这个定义不包含任何贬义，只是如实地反映其社会经济本质。封建后社会主义，首先表明我国创建社会主义制度的基础不是发达的工业社会及市场经济，而基本上还是一穷二白的农业社会及自然经济。因此，在取得政权后，当务之急是补工业化和市场化两课。

封建后的社会主义还昭示人们，旧社会遗留给新中国的主要祸害是贫穷、愚昧、专制。由于建国后不久的一段时期我们把主要矛盾错判为"社会主义与资本主义的矛盾"，无休无止地开展反资斗争，乃至发动史无前例的大抓"走资派"（从国家主席到生产队长无一幸免）的"文革"，这样，既耽误了主要任务——工业化与市场化，又大大损伤了元气。至今，"文化大革命"遗风仍然破坏着法律与秩序，阻碍社会进步。抓错主要矛盾，必然忽视肃清封建残余，使许多怪事时有发生。例如，"大跃进"及"文化大革命"的蛮干胡干，90 年代邪教"法轮功"的风靡一时，这不都是封建残余在作怪吗？亡羊补牢，在今后相当长的历史时期内，一定要牢牢抓住人民大众与封建残余这对矛盾，通过工业化和市场化，彻底消除贫穷、愚昧、专制三大封建遗产，从而建立一个民主的、共同富裕的社会主义社会。至于社会主义与资本主义的矛盾，孙中山早年制订并经毛泽东充分肯定写入《共同纲领》的"节制资本"方针，为处理这对矛盾规定了正确的原则。

要正确判断国情，切忌采用教条主义方法，必须严格尊重事实。旧中国是一个封建社会，那么，要讲过渡时期，合乎逻辑的结论只能是从封建主义到资本主义的过渡时期。在极"左"思潮影响下，硬说中国是处于从资本主义到社会主义（甚至说到遥远的共产主义）的过渡时期，必然把主要矛盾错定为社会主义与资本主义两条道路的斗争，从而演绎出来一系列的"反资"运动。可见，错判国情，以此作为制定路线政策的依据，将引发多么可怕的后果！

二 50 年的经验：多种经济共同发展是唯一的富民强国之路

用实证方法考察一下新中国 50 年经济运行的兴衰史，可以清楚地看到：凡是容许多种经济共同发展，如 1950—1952 年及改革开放时代，则国民经济稳步增长，人民生活逐步改善，国力日益增强；反之，实行消灭一切民有经济，构建国有经济的一统天下，必然挫伤生产力的主导因素——人的积极性，造成万马齐喑的悲惨局面，使经济衰落，人民生活困苦。

有资料表明，1950—1952 年 GDP 增长率在 20%—24% 区间；又据国家统计局资料，1953—1978 年 GDP 增长率为 6.1%；1979—1999 年 GDP 增长率为 9.8%。这三个时期经济兴衰的对比足以证明，多种经济共同发展远远优胜于单一的国有经济。

我在《混合经济模式：中国的经验和前途》一文指出，20 世纪的历史证明，兼有公私经济优点的混合经济模式是有生命力的。

从英国发端的私人资本主义制度的特征是：少数人个体占有资本，多数人沦为无产者靠出卖劳动力为生。这样就造成一大社会问题：两极分化，即马克思在《资本论》中深刻分析的"一极是财富的积累，一极是贫困的积累。"马克思提出的解决办法是用革命把私人资本没收，变成国有财产，以此为基础构建一个以全民所有制（国有制）为标志的国家社会主义社会。苏联从 1917 年夺取政权后是这样干的，上演了一出"懒—穷—垮"三部曲的历史悲剧。私人资本主义与国家社会主义都被逼上改革之路。资本主义国家在生产力大发展的条件下，通过资本社会化、大众化以及调节收入分配的社会福利政策、税收政策，使各阶层的所得在普遍提高的基础上缩小了差别，甚至有的发达国家出现中产化倾向，从而大大缓和了阶级矛盾，形成了比较安定的社会环境，迎来了二三十年大发展的黄金时代；社会主义国家在内部穷困及外部挑战的双重压力下，先后走上了改革之路：以苏联为代表的东中欧一批社会主义国家纷纷改制，走上了私有化的道路，以中国为代表的社会主义国家则走的是社会主义市场经济道路，恢复《共同纲领》原则，允许多种经济成分共同发展。

再回顾一下"三大改造"的历史教训及改革开放的成功经验，就看得十分清楚了。对农民来说，给他们土地（所有权或长期使用权），他们就有发展农村经济的积极性；不管用什么形式剥夺农民的土地，许诺多么动听的美好未来，都将严重挫伤农民的积极性，破坏农业生产力，改革的第一个大举动很简单，就是还田于民，实行家庭承包（家庭农场制）。过去几十年束手无策，如今由十几亿农民自己想出的高招轻易地解决了。这也再次证实了《国际歌》的真理：从来就没有救世主，全靠自己救自己！至于全民所有制部门职工，多年来只拿微薄的工资（改革前工资总额占当年国民收入的比重长期在11%—18%区间，其 m/v 大大高于美英等国），对所谓"全民所有制经济"看不见、摸不着，故普遍发生主人翁不关心国家财产，甚至怠工的怪现象。如果国企员工人人持股，像"耕者有其田"一样，"业者有其资（本）"，那将把主人翁的责任心及积极性调动起来，从根本上解决国企积重难返的老问题。

人类经济形态的更替，并非简单地否定过去，从原始社会进入农业社会，不是马上用私有制取代一切方面的公有制，土地公有就保留了好长一段时间。再看看社会主义公有制，中国的经验教训证明，凡是完全否定个人利益的公有制人民不拥护，因而是短命的。改革时期的许多创造显示，两种形式的公有制有生命力：一是在私有基础上的联合（新型合作组织）；二是公有中人人有份（国企改为股份制公司，员工人人持股）。公私兼容，可以说是世界经济发展的趋势。资本主义制度注重效率，如今也不得不兼顾公平，建立较完善的社会保障及税收制度，调节收入再分配，缩小贫富差别，保持社会安定；社会主义也改变了过去单纯追求公平，否定竞争的片面性，注重效率了，懂得了只有竞争发展生产力，才能实现社会主义目标。在全球范围内，社会主义与资本主义和平竞赛对人类是有益无害的。

三 公民产权本位论

从历史来看，各朝各代都只有两种基本的产权形式：国有制与个人所有制。任何一个国家为了行使管理社会的职能，都必须掌握部分资源，国有制应运而生；不论哪一个国家，也无力包办全体社会成员的生活，自谋生路也是天经地义的事情，因而每个社会成员都需要拥有一些生活资源，个人所有制便成了人类社会不可缺少的条件。国家社会主义者把一切财富都集中在国家手里，彻底消灭一切私有经济。几十年的试验证明，聚财于国不能合理地配置资源，也不能使无产者摆脱贫困状态。全部财富集中在国家手里，其实，为此建立了一个庞大的官僚机构，运作成本极高，而且他们有可能为了某种政治目的滥用资源，或化公为私，变国有制为官有制。工人名为主人，可是一旦下岗，靠微薄的救济费度日，十分穷苦。可见，在大家都是无产者的基础上只能培育一个穷社会主义的怪胎。因此，我们必须从产权结构方面探寻社会主义的新模式。

我主张"公民产权本位论"，即每个公民以拥有对自己劳动力所有权及一定数量的土地（使用权）、储蓄、股票、住房和其他生活资料、知识专利等。马克思曾经设想在社会主义社会重建个人所有制，但恩格斯解释为仅仅是对生活资料的所有。这是同他们把社会主义设计为计划经济，否定市场商品货币分不开的。在市场经济下，上述各要素既可以用于个人消费，也可作为投资，两者可按所有者的意图很方便地转换。改革以来，城乡各阶层居民业已拥有或多或少的资本，如城乡居民储蓄现时已超过 60000 亿元，再加上手中的现金及其他有价证券，估计约七八万亿元，人均约为 5000 元。人们强调"生存权是最基本的人权"，而生存权必须以公民产权为基础。可见，公民产权是有充分的根据的。

公民产权有两点需要加以调节：

（1）各公民占有的财产或多或少，任其发展下去可能造成贫富悬殊的两极分化。根据某些国家实行福利主义的经验以及社会主义的宗旨，可以通过完善的税收制度及社会保障制度缩小收入差距，使其保持在有利于生产力发展和社会稳定的限度内。

（2）公民产权的分散性，不能适应经济发展需要资本集中的趋势，这就要求通过合作制或股份制把分散的资本联合起来，发挥"1＋1＞2"的效应。这也是上述在个人所有的基础上公有化之自然规律。

人类经历了几千年的农业社会，又走过了几百年的工业社会，即将迈入知识社会。农业社会的主导产业是以土地为基本生产资料的农业，工业社会的主导产业是以机器技术为特征的工业，而知识社会则是知识起主导作用的新经济的天下。如果说对土地、牲畜、家具、机器、厂房、货币资本等生产要素可以任意剥夺，那么，对知识是没法共产的。知识与有形财产不同，它是一种无形财产，社会承认个人的知识产权，它就存在并发挥作用；谁想无偿占有它，它就消失得无影无踪。用法律术语来表达，即知识产权兼具人身权和财产权两方面，二者不可分。在未来的知识社会里，知识产权将是主要产权形式，公民产权本位论将得到充分证实。

托夫勒在《权力的转移》一书中，分析了权力的三种形式：暴力、金钱、知识。如果说牛仔英雄代表着"暴力性权力"，衣着漂亮、大腹便便的老板（特别是银行家）象征着"金钱性权力"，那么，像比尔·盖茨这一代文质彬彬的技术专家则是"知识性权力"的典型人物。的确，"未来的帝国乃是智力的帝国。"（温斯顿·丘吉尔语）

四 向市场经济过渡都有一个"原始积累"阶段

马克思在《资本论》第一卷第二十四章中用了大量篇幅论述原始积累问题，他的主要观点是：

（1）在资本主义积累之前有一种原始积累，它不是资本主义的结果，而是其起点；

（2）所谓原始积累只不过是生产者和生产资料分离的过程，一方面使大批农民脱离土地，变成出卖劳动力的无产者，另一方面在少数人手里积累了大量货币。这种剥夺的历史是用血和火的文字写入编年史的；

（3）资本主义靠剥夺小生产者起家，在它自身发展的进程中，必然走向自己的反面，剥夺者被剥夺；

　　（4）在协作和对土地及生产资料共同占有的基础上，重建个人所有制。后来，恩格斯解释为生产资料公有，生活资料个人所有。马克思和恩格斯设想用这样的社会模式避免原始积累的重演，但是历史并未按照他们的愿望运行。

　　从中国向市场经济过渡的史实看（虽只有 20 多年，却已十分明显），由计划经济转变为市场经济，也必然有一个"资本原始积累"阶段。因为，（1）计划经济时代，把 70％ 多的人口冻结在农村，2/3 的劳动力终生务农，向市场经济过渡首先就需要有一个劳动力市场，把农民解放出来，为发展第二、第三产业提供充足的人力；（2）发展市场经济不能由国家包办，民营经济应唱主角，因此，民间资本也要有一个积累过程；（3）中国是在原有的政治机构下构建市场经济体制的，资本所有者的活动必须得到权力所有者的批准，于是普遍发生"权钱交易"的腐败现象，也就是欧美经济学讲的"寻租"；（4）大批靠政府保护才能生存的国企一旦进入市场，纷纷败下阵来，大量国企员工下岗（据说近几年保持在 1200 万人左右的高水平），许多在岗的国企员工工资或低于民办企业或不能领到全额工资。吃惯了"大锅饭"的主人翁不得不面对激烈的生存竞争。这也是中国资本原始积累的特点之一，也就是说，要由领导阶级承担转型的代价，这正是当前社会不安定的主要因素之一。

　　怎样对待资本原始积累呢？

　　其一，无论是好还是坏，都不可避免，俗话说，是祸躲不掉。因此，我们应当正视这个现实，采取有效的对策，减少经济转型的损害。不要幼稚地以为，在"市场经济"前加上"社会主义"四个字就可以逢凶化吉。其实，市场经济没有制度特征，不存在所谓"资本主义市场经济"与"社会主义市场经济"之分，区别在于不同国家的市场经济的外部环境（制度、历史、地理等）有所不同而已。在社会主义的制度环境中的市场经济，而且又有了资本主义的历史经验，应当能够减少原始积累的痛苦。

　　其二，应当继承"有饭大家吃"的社会主义传统，改善原有的社会福利制度，建立现代社会保障体系，为转型时期离土的农民、下岗的工人、裁减的公务员提供社会援助。这是社会安定的根本保证。以全民所有制部门员工来说，计划经济时代年工资总额仅占年国民收入的

11%—18%，m/v = 89/11—82/18 = 800%—450%（同期，美国员工工资总额占 GNP 的 60%，即 m/v = 40/60 = 66.6%）。其实，那时靠低工资积累起来的国有资产，其中一部分属于"工资代储"，与此相关，国家承诺对员工包就业、包住房、包医疗、包养老……转向市场经济后，国家改革了"大锅饭"制度，不再包这包那。既然如此，国有资产中的"工资代储"部分，理应归还员工，用以建立三种基金：

（1）社会保险基金；

（2）在岗员工持股基金；

（3）下岗员工买断基金。

倘若这样做了，就可以解决主人翁不关心国企这个"老大难"问题，也给了下岗员工一条生路，特别是可以保证社会安定。有人说这将造成大量国有资产"流失"，本属于民还之于民，怎么能算流失呢？

其三，强化法治，严惩贪污腐败分子，制止非法掠夺公产或他人财产；健全税制，遏制高收入，缩小收入差别。据悉，我国基尼系数在 0.4—0.5 区间，超过了正常的差距，甚至可以说出现了两极分化迹象。这种早期原始积累现象在 20 世纪末的社会主义国家本来是可以避免的，至少是可以减轻的。但由于估计不当，政策失误，会造成社会不安定局面。

总结我国向市场经济过渡原始积累的经验，可以使人们（特别是决策者）头脑清醒一点，防患于未然，从而减轻过渡的痛苦及震动。

五　始终抓住发展生产力的根本任务，实行结构优化的适度增长战略

建设社会主义是靠阶级斗争，还是靠发展生产力？这个简单的真理，我们经过 30 年的摸索才懂得，为此付出了巨大的代价，耽误了发展的良机。在生产力低下的基础之上，只能建立一个没有生命力的"穷社会主义"。改革开放 20 年，GDP 以年均 9.6% 的速度持续增长，才使我国初步改变国弱民穷的困境，避免了苏联等国社会主义制度崩溃的厄运。这个历史性的转变，源于从"以阶级斗争为纲"转到"以经济建设为中心"，抓住了发展生产力这个根本。

马克思的唯物史观认为，生产力是社会变迁的终极原因，生产力决定生产关系，经济基础决定上层建筑。以马克思主义为指导的共产党执政后，本应以发展生产力为根本任务，并依据生产力状况调整生产关系。可是，像中国这样穷而大的国家，急于进入社会主义的乐园，便没有耐性去踏踏实实发展生产力，而在改变生产关系上做文章，并且不断加快社会改造的速度，乃于 1956 年（比预计提前 12 年）敲锣打鼓进入社会主义社会。1956 年是什么样子呢？GDP 是 1028 亿元，人均 GDP 163.69 元；粮食总产量为 19275 亿吨，人均 303 公斤，这不是地地道道的"穷社会主义"吗？

改革开放以来，1979—1999 年，由于工作重心转到经济建设方面来，承认"发展是硬道理"，并采取了一系列促进生产力发展的政策，实现了 GDP 年均增长 9.6% 的好成绩。国力大大增强，GDP 已居世界第 7 位；城乡居民收入有大幅度增加，储蓄额超过 60000 亿元，实现了小康目标。前 30 年"以阶级斗争为纲"，闹得民穷国困；近 20 年"以经济建设为中心"，向着民富国强的康庄大道迈进。50 年失败与成功的鲜明对比，证明了一个真理：只有大力发展生产力，才能实现共同富裕的社会主义目标。

这里，不能回避关于"什么是社会主义"的争论。曾经有这样一个经典公式：社会主义＝公有制＋计划经济＋按劳分配。依据这个公式去搞社会主义，没有一个成功的。如中国的"三改"、公社化，彻底消灭私有制及一切个人利益，从而消灭了劳动者发展生产力的任何积极性。所以，必须改革产权制度，改变国有制的一统天下，重新营造多种所有制经济共同发展的格局。邓小平总结了历史经验及新情况，给社会主义下了一个新定义："社会主义的本质，是解放生产力，发展生产力，消灭剥削，消除两极分化，最终达到共同富裕。"不发展生产力，长期处在贫穷中，即使都是"全民所有制"，也不称其为社会主义，最终必然垮台。

明白了社会主义的根本任务是发展生产力，并不一定懂得怎样发展生产力。从苏联开头，所有社会主义国家都奉行"高速度发展"战略，并美称为社会主义制度的"优越性"。我总结了这方面的教训，提出了"适度经济增长"的新理论，认为有三种可供选择的经济发展战略：

（1）结构优化的高速发展战略，这是最佳的战略，很难实现；

（2）结构恶化的高速发展战略，如"大跃进"，片面突击钢铁生产，虽然产量翻一番（水分很大），却破坏了国民经济的正常比例关系，造成了一场空前的大灾难。这是最糟的战略；

（3）结构优化的适度经济增长战略，这是切实可行的次佳战略，可保持国民经济长期稳定增长，得到较好的资源配置效果。根据我国历年统计资料，中国适度增长率在6%—9%，50年经济运行起伏很大，但平均为7.7%，近几年稳定在7%—8%。这证明，适度经济增长是一条客观规律。

这几年，我国大力调整产业结构，压缩市场供大于求的产品量，如纺织压锭，关闭成千上万个小煤矿小钢厂，特别是减少过剩的低质高成本的粮食生产。这实际上是纠正高速战略的恶果。

人类进入知识经济的新时代，无形资产将成为主要的财产形式。前些时候思科、微软市值超过传统产业的大公司，成为老大老二，就是新经济、新时代到来的征兆。可以说，今后国家经济实力不取决于钢多少、汽车多少，而决定于知识经济的领先地位。换句话说，经济的进步越来越取决于它的质、产业结构的高级度、产品的科技含量，等等。

熊映梧主要著作

1. 熊映梧、王绍顺：《苏联社会主义经济问题研究——为纪念斯大林诞辰一百周年而作》，黑龙江人民出版社1979年版。

2. 熊映梧：《生产力经济概论》，黑龙江人民出版社1983年版。

3. 熊映梧：《理论经济学若干问题》，中国社会科学出版社1984年版。

4. 熊映梧主编：《生产力经济学原理》，黑龙江人民出版社1987年版。

5. 熊映梧：《用发展观研究马克思主义经济学》，中国经济出版社1988年版。

6. 熊映梧主编：《中国人口·黑龙江分册》，中国财政经济出版社1989年版。

7. 熊映梧：《熊映梧集》，黑龙江教育出版社1989年版。

8. 熊映梧、金南浩：《新中国的黄金时代——1979—1988年经济大改革大发展的十年》，黑龙江教育出版社1990年版。

9. 熊映梧主编：《当代中国社会生产力考察》，人民出版社1991年版。

10. 熊映梧：《熊映梧选集》，山西经济出版社1993年版。

11. 熊映梧主编：《适度经济增长的理论与对策》，黑龙江教育出版社1993年版。

12. 熊映梧、张文达主编：《中国边贸实务大百科》，黑龙江教育出版社1994年版。

13. 熊映梧、刘常勇主编：《公营企业改革——海峡两岸的共同课题》，黑龙江教育出版社1995年版。

14. 熊映梧：《市场经济与国企改革》，黑龙江教育出版社1996年版。

15. 熊映梧：《跨世纪的难题：中国国企改革》，湖南出版社1996年版。

16. 熊映梧：《中华民富论》，江苏人民出版社1998年版。

17. 熊映梧主编：《黑龙江省二次创业评析》，黑龙江教育出版社1999年版。

18. 熊映梧：《为新时代的经济学催生》，黑龙江人民出版社2000年版。

参考文献

[1] [美] 阿尔·戈尔:《未来改变全球的六大驱动力》,冯洁音等译,上海译文出版社 2013 年版。

[2] [德] 安奈特·舍尔佛:《20 世纪最伟大的经济学家——熊彼特传》,刘斌等译,机械工业出版社 2010 年版。

[3] [德] 庇巴·尼格拉斯、海兹·维夫赫曼:《46 位大经济学家和 36 本名著》,海南出版社 2003 年版。

[4] [德] 海因里希·格姆科夫等:《马克思传》,侯焕良译,人民出版社 1978 年版。

[5] [美] 保罗·肯尼迪:《大国的兴衰》,王保存等译,求实出版社 1988 年版。

[6] 本传编委会编著:《诺贝尔奖获得者传》,湖南科学技术出版社 1981 年版。

[7] [英] 佛朗西斯·惠恩:《马克思〈资本论〉传》,陈越译,中央编译出版社 2009 年版。

[8] [美] 格里斯曼等:《全球经济中的创新与增长》,何帆等译,中国人民大学出版社 2003 年版。

[9] 胡子宗:《社会主义市场经济哲学》,上海人民出版社 2002 年版。

[10] [美] 米耶·西尔斯编:《经济发展理论的十位大师》,刘鹤译,中国经济出版社 2013 年版。

[11] [美] 哈里特·朱克曼:《科学界的精英——美国的诺贝尔奖获得者》,商务印书馆 1979 年版。

[12] 金哲等主编:《世界新学科总览》,重庆出版社 1987 年版。

[13] [美] 劳伦斯·D. 阿克曼:《形象决定命运——塑造个性化名牌形象的八条法则》,王楠崇译,中信出版社 2002 年版。

[14] ［英］罗纳德·哈里·科斯、王宁合：《变革中国——市场经济的中国之路》，徐尧、李哲民译，中信出版社 2013 年版。

[15] ［美］麦克·哈特：《影响人类历史进程的 100 名人排行榜》，赵梅等译，海南出版社 1999 年版。

[16] 林毅夫：《解读中国经济》，北京大学出版社 2012 年版。

[17] ［瑞士］雷尼·卢辛格主编：《改变世界的 12 位经济学家——从亚当·斯密到斯蒂格利茨》，金天胤、吴宁昕译，浙江人民出版社 2011 年版。

[18] 刘世英主：《10 位经济学人的探索旅程》，中国铁道出版社 2009 年版。

[19] 厉以宁：《中国经济双重转型之路》，中国人民大学出版社 2013 年版。

[20] 潘春良等主编：《黑龙江社会科学优秀成果 50 年概览》，黑龙江人民出版社 2000 年版。

[21]《世界 100 位诺贝尔奖获得者智慧金言》，马正飞编译，金城出版社 2004 年版。

[22] ［美］托马斯·麦克劳：《创新的先知——约瑟夫·熊彼特传》，陈叶盛等译，中信出版社 2011 年版。

[23] ［美］泰勒·孝文：《发现你内心的经济学家》，董晶晶译，广东经济出版社 2010 年版。

[24] 吴晓波：《吴敬琏传——一个中国经济学家的肖像》，中信出版社 2010 年版。

[25] 吴枫主编：《中华思想宝库》，吉林人民出版社 1990 年版。

[26] 吴敬琏著：《中国增长模式抉择》（增订版），上海远东出版社 2011 年版。

[27] 薛敬孝主编：《世界经济思想文库》，吉林人民出版社 1992 年版。

[28] 叶秀山：《西方著名哲学家评传》，山东人民出版社 1984 年版。

[29] ［英］约翰·雷：《亚当·斯密传》，陈应年译，商务印书馆 1983 年版。

[30] ［美］约翰·钱斐：《决定一生的八种能力、八项修炼》，杜晋丰译，九州出版社 1999 年版。

[31] 赵文明等编：《百年管理思想精要》，中华工商联合出版社 2003

年版。

[32] 张军:《改革、转型与增长——观察与解释》,北京师范大学出版
社 2010 年版。

后　记

　　熊映梧教授一直认为：马克思主义中国化、时代化、大众化的经济科学观是批判旧世界和创造新世界的科学理论，要完成新时代、新世纪的新使命，必须创建新的经济科学。他不仅有科学发展观，而且有马克思主义中国化、时代化、大众化的经济学家观。如果没有哲学层面的设计，任何经济理论都缺乏正确的根基和灵魂。由于时间和能力的限制，本书没有触及经济哲学问题，不能不说是一个遗憾和缺欠。

　　为了弥补缺憾，特摘录熊映梧的有关论述：

　　中国进入了全面改革和社会主义现代化建设的伟大时期。我们需要对马克思主义进行再认识，对经济学主题进行再认识，对经济学家社会责任进行再认识，对社会主义经济理论体系进行再认识。

　　一个有出息的士兵要有当元帅的壮志，同样，一个有志向的经济学家也应有成为世界一流经济学家的宏愿。当然，立下雄心壮志之后，就要坐得住"冷板凳"，不急功近利，要踏踏实实在书房里埋头苦干。

　　近几年，中国经济学家创立了一门新的经济学科——马克思主义生产力经济学，这是对发展马克思主义经济学的一个重大贡献。

　　伟大的社会实践产生伟大的理论，中国学者若科学地预测或总结十多亿人口的国家在短期内富强起来的道理，难道不是伟大的学说吗？

　　影响我们正确认识自己和他人的主要障碍是教条主义，"冷战"时代的结束，和平与发展时代的来临，呼唤着新经济的诞生。未来，中国最大的问题是怎样使十几亿中国人富起来，有出息的经济学家应当对此作出满意的回答。

　　"建设新世界的经济学"是建立在共产主义必胜的基础上的。

　　如果从全民族的视角、历史的高度来看，我深深感到内疚：为什么中国这样一个历史悠久的头号大国却出不了具有世界影响力的大经济学家呢？中国数以万计的经济学者为什么不能超过上一代的天才，不前创造出可以同亚当·斯密的《国富论》、大卫·李嘉图的《赋税原理》、卡尔·马克思的《资本论》相媲美的巨著呢？

我们坚信经济运行有其自身的客观规律，经济学家的责任是揭示经济规律。

新时代呼唤新经济学，即"天人合一"经济学；"天人合一"经济学是和平发展时代的要求，是知识社会的产物。

如果我们中国学者把中国问题——由计划经济转入市场经济，使十几亿人民由穷变富写清楚了，给发展中国家一个光辉的典范，这种著作的实际价值大概不逊于任何世界名著、任何理论体系吧！

我主张对东西方经济学各派兼容并包、充分吸取世界上一切有益的文化成果，根植于中国本土，创立中国自己的学派。

"天人合一"经济学应在众多门类经济学已有成果基础上去创建，如市场经济学、生产力经济学、生态经济学、环境经济学、灾害经济学等。从研究人员的构成来说，需要懂得哲学、经济学、自然科学、工程技术等多方面人才通力的合作。

以上关于中国学派、中国特色和新世界、新时代的中国经济学家论，上升为哲学观念，完全可以称为中国特质经济学观，也是熊映梧教授坚持的，我们应以此为榜样。

最后，衷心感谢黑龙江大学经济学院熊娟教授的热情帮助，感谢社会各界对完成本书的关怀、支持和帮助。

徐　旭
2016 年 12 月